全国旅游专业规划教材

民宿数字化运营管理

主　审 / 孙玉琴
主　编 / 刘灵傲
副主编 / 余楚凤 王雨璇

旅游教育出版社
·北京·

前言

随着旅游业的快速发展，民宿作为一种新型住宿形态，越来越受到广大投资者及消费者的青睐，民宿市场规模在不断扩大。习近平主席在十四届全国人大会议上提出："在强国建设、民族复兴的新征程，我们要坚定不移推动高质量发展……推动城乡区域协调发展。"而民宿作为推动城乡协调、促进乡村经济发展的一个重要抓手，正在乡村建设中发挥着重要作用。

近年来，《关于推进实施国家文化数字化战略的意见》《文化和旅游部关于推动数字文化产业高质量发展的意见》等政策文件相继出台，文旅产业价值链正被数字技术重塑，民宿数字化运营管理亦成为行业发展的新趋势。民宿数字化是指将民宿管理和运营的各个方面与数字化技术和工具相结合，以提高民宿的运营效率、服务品质与客户体验，满足消费者对于个性化住宿产品的需求。然而，民宿的数字化运营管理需要大量高质量复合型人才的支撑，培养一批"懂住宿行业""懂数字运营"的高素质专业人才是推动行业实现数智化转型的必然选择，高校作为人才培养高地，需要为行业发展提供有力的人力资源支撑。2023年，教育部等五部门印发了《普通高等教育学科专业设置调整优化改革方案》，明确提出推进文科专业数字化改造、深化文科专业课程体系和教学内容改革等要求。其中，民宿数字化运营管理课程是酒店管理类专业数字化改造的专业课程之一，机关教材则是开展民宿数字化运营管理教学的重要支撑。本教材结合教育部对新文科教学内容改革及一流学科的要求来设计、编写，其具有以下三大特征：

第一，教材内容具有前瞻性和系统性。本教材在厘清行业发展现状的基础上，对民宿行业发展趋势进行研判，从而有效把握民宿数字化运营管理中的关键问题并根据运营逻辑进行系统编排。具体而言，本教材在对民宿数字化运营管理概述、基础理论的分析下，亦从民宿建筑设施数字化、民宿数字化管理信息系统、民宿数字化营销管理等运营管理核心内容展开论述，同时从人力资源、安全管理、企业文化建设、产业链管理等方面提出民宿数字化运营管理保障性发展内容。

第二，教材编写过程中注重学科交叉和知识融合。本教材涉及民宿数字化技术、管理学、市场营销学等多个学科领域的知识和技能，具体体现在民宿数字化运营管理基础理论概述等部分，多学科交叉知识的融入可以帮助读者培养多维度能力，同时拓宽读者思维。

第三，教材的可读性强并具有较强的实践指导意义。在编排过程中，教材撰写团队多次前往民宿企业开展实践调研，获取一手调研数据，教材内容包含丰富的调研成果。教材在阐述知识要点的基础上，每章都设有本章导读、学习要点、思考与练习等，能够帮助读者深入掌握核心知识点，同时激发读者的阅读兴趣。本教材不仅适用于本科、大专院校旅游管理类专业学生使用，还可作为泛住宿行业从业者的培训或自学资料。

本教材由上海外国语大学贤达经济人文学院校级一流本科专业酒店管理专业的学科带头人孙玉琴教授策划并担任主审，数字文旅学院副院长兼酒店管理系主任刘灵傲担任主编，酒店管理专业教师余楚凤和王雨璇担任副主编，撰写团队成员均具有丰富的实践经验和学术背景。本教材共分为十一章，具体分工如下：第一章和第九章由刘灵傲副教授编写；第二章由上海对外经贸大学会展与传播学院的全华教授和梁振华副教授编写；第三章由王雨璇老师编写；第四章、第十章由宋杰老师编写；第五章、第六章由余楚凤老师编写；第七章由刘洁老师编写；第八章由上海公安学院信息化与网络安全系周秦汉老师编写；第十一章由孙玉琴教授及王雨璇老师编写。上海市崇明区文化和旅游局、上海崇明民宿协会，上海海岛人家民宿、逅院民宿、久居民宿等为教材案例、图片等提供一手素材。上海大数据联合实验室（旅游领域）副主任刘丹老师、上海外国语大学贤达经济人文学院酒店管理专业黄腾达同学参与了部分章节的资料收集工作。本教材由孙玉琴教授统编、主校。

教材引用了部分专家、学者的著作成果，并参考了系列网站资料，相关引用内容均以参考文献的形式展现于教材中，教材编写团队对此进行说明及致谢。同时，团队还要感谢所有支持本教材编写的人员和机构，特别感谢上海崇明区文化和旅游局局长、上海崇明民宿协会、逅院民宿、海岛左邻民宿、久居民宿、上海外国语大学贤达经济人文学院院长的大力支持和指导，同时也要感谢出版社和编辑团队为本教材所做的努力和贡献。由于时间、视野的局限性，本教材可能存在些许不足，恳请各位同行和读者批评指正。希望本教材能够为广大学生及民宿从业者提供有益的参考和帮助，为推动民宿行业的数字化运营管理和发展做出贡献。

目　录

第一章　民宿数字化运营管理概述

【本章导读】

继农业经济、工业经济之后，数字经济作为新的经济形态而被广泛认知，其重要组成部分——产业数字化，也成为文化和旅游产业战略规划的重要方向。民宿，作为文化和旅游产业的重要载体之一，其运营管理也走上了数字化转型的道路。2022 年，中央一号文件[①]明确提出，要“支持农民直接经营或参与经营的乡村民宿发展”；2023 年，中央一号文件[②]进一步强调了要“实施乡村休闲旅游精品工程，推动乡村民宿提质升级”。

为实现民宿的提质增效与产业的转型升级，民宿运营管理的数字化转型是一条必由之路。通过数字化技术，对传统的民宿运营管理模式进行革新，实现运营数据的数字化采集和管理、运营流程的数字化重构、基于数据驱动的决策管理等。一方面，民宿业主将更精准地了解并分析客户需求，以便开发和提供个性化、定制化的服务产品，增强客户体验，增加客户黏性，实现业务增长和盈利；另一方面，民宿的经营者或管理者能借此提高管理效率，降低各项成本，创新和优化运营方式。

在实际执行过程中，数字化技术如何赋能民宿企业的管理模式、运营手段和价值再创？民宿企业又如何借势数字化以应对数字经济带来的新一轮市场变革？对这些问题，本章将带领读者一一探索。

【学习要点】

1. 民宿数字化运营管理的基本概念与内涵。

2. 民宿数字化与数字化民宿的定义、联系与区别。

---

① 2022 年中央一号文件《中共中央　国务院关于做好 2022 年全面推进乡村振兴重点工作的意见》。

② 2023 年中央一号文件《中共中央　国务院关于做好 2023 年全面推进乡村振兴重点工作的意见》。

3. 民宿数字化运营管理的意义。

4. 民宿数字化运营管理的发展趋势。

第一节　民宿数字化运营管理相关概念

一、运营管理

目前在国际上，“运营管理”一词有如下三种主流的定义：

（一）ASTD（美国培训与发展协会）

运营管理是指在组织中，通过计划、组织、实施和控制各项生产、销售、市场、财务等运营活动，以实现组织目标的过程。

（二）BPI（英国项目管理协会）

运营管理是指在组织中，通过管理各项业务活动，以实现长期目标的过程。它包括计划、组织、实施和控制各项活动，并对结果进行评估和改进。

（三）APICS（美国运营管理学会）

运营管理是指在组织中，通过计划、组织、实施和控制各项活动，以实现长期目标的过程。它包括生产、销售、市场、财务等各项业务活动，并对结果进行评估和改进。

综上，运营管理是指对企业的各项业务活动进行计划、组织、实施和控制，以实现企业目标的过程。它包括对企业的生产、销售、人力资源、财务等方面的管理。其目的是提高企业的效率和效益，实现企业的战略目标和发展规划。

运营管理涵盖了企业的各个业务领域，包括生产制造、供应链管理、销售和服务等。在民宿行业中，运营管理涉及房源管理、客户服务、营销推广等多个方面。通过有效的运营管理，企业可以优化各项业务流程，提高产品质量和服务水平，降低成本，增强企业的市场竞争力。

【知识链接】

《旅游民宿基本要求与等级划分》——经营与管理

2023 年 2 月 1 日实施的国家标准《旅游民宿基本要求与等级划分》(GB/T 41648-2022)，为旅游民宿管理部门和经营者提供了规范的、可参照的依据。文件规定了旅游民宿的等级和标志、总体要求、公共环境和配套、建筑和设施、卫生和服务、经营和管理、等级划分条件、等级划分办法。

其中,《旅游民宿基本要求与等级划分》第 9 章针对旅游民宿的经营与管理提到了如下内容:

①建立经营档案，方便对客服务;

②加入当地相关民宿行业协会;

③公布投诉电话，能有效处理各类投诉;

④建立设施设备维护保养、烟道清洗、水箱清洗等管理制度，定期维保，有效运行;

⑤建立管理制度和服务规范，定期对接待人员进行培训;

⑥保持融洽的社区关系。

二、数字化运营管理

数字化运营管理是指利用数字化技术和工具（如大数据、云计算、人工智能等）对企业运营和管理进行改造和优化，以提高企业的效率和竞争力。其核心是数据驱动的决策，通过收集、分析和应用各种数据，实现企业运营的数字化、智能化和自动化。数字化运营管理不仅包含数字化技术的应用，还涉及企业运营流程的优化、信息共享与协同工作等。

数字化运营管理的方法包括数字化技术、精益生产、六西格玛等，通过运用这些方法，企业能够完成业务流程的优化、生产效率和质量的提高以及成本的节约，最终实现可持续发展。

数字化运营管理的特点主要表现为:

（一）数据驱动

数字化运营管理以数据为核心，通过收集、分析和应用各种数据来实现运营和管理的优化和升级。数据贯穿整个运营过程，帮助企业更好地把握市场需求和消费者行为，提高决策效率和准确性。

（二）自动化与智能化

数字化运营管理通过应用自动化技术和工具，如自动化流程、自动化管理、自动化营销等，实现企业的自动化运营和管理。同时，数字化运营管理还应用人工智能技术和工具，如机器学习、自然语言处理、智能推荐等，实现企业的智能化运营和管理。这可以大幅提高工作效率和降低成本，同时提升企业的竞争力和创新力。

（三）全渠道覆盖

数字化运营管理通过多个渠道与用户进行互动和交流，更好地了解用户需求和反馈，提高用户满意度和忠诚度。同时，全渠道覆盖还可以为企业提供更全面的市场信息和竞争情报，帮助企业更好地制定营销策略。

（四）客户关联性

数字化运营管理更加注重与客户的互动和关联，通过建立客户数据库和用户画像，了解客户需求和行为偏好，为客户提供个性化的服务和体验，提高用户黏性和客户转化率。

（五）实时性与可扩展性

数字化运营管理具备实时性特点，可以及时获取和处理各种数据，对市场变化和用户需求进行快速响应和调整。同时，数字化运营管理还具备可扩展性，各个业务环节都可以扩展和优化，以适应不断变化的市场环境和用户需求。

（六）高效性与可持续性

数字化运营管理可以显著提高工作效率和质量，同时降低成本和风险。数字化技术的应用可以帮助企业实现可持续发展，降低对环境的影响和资源消耗。

【知识链接】

花间堂——私域会员运营新打法

私域和公域的概念在互联网运营中经常被提及，它们分别指的是品牌或个人在自有平台上所拥有的用户流量和数据，以及在第三方平台上所获取的用户流量和数据。由于私域体系搭建困难，客户习惯培养周期较长，目前大部分住宿品牌更愿意在OTA上放低价，致使“奶头乐效应”十分明显。

除了华住这样的“大私域”，一些度假酒店或民宿得益于场景优势，也将私域运营做出了成效。华住旗下的“花间堂”构建了私域会员体系，依靠华住会员体系和花间堂忠实“花粉”，设计有社交功能的产品，围绕40万“花粉”做差异化体验，通过数字化平台提高客户关联性，促进“花粉”会员认同品牌的生活方式和理念。

三、民宿数字化与数字化民宿

中国旅游景区协会专家委员会专家毛加庆谈到民宿经营时，称其“是有故事、有温度、有情怀的事业，也是有设计、有美学、有盈利的生意”。作为一种新型旅居方式，民宿趋向于打造具有归属感的精神场所；作为一门“生意”，民宿的运营管理与其盈利和发展休戚相关。

民宿数字化是指将民宿管理和运营的各个方面与数字化技术和工具相结合，以提高民宿的运营效率、服务品质与客户体验。其包括如拓展销售渠道、优化价格、创新设计、多元化经营、客户口碑、持续改进等方面。以平台商城为例，其不仅可以提供餐饮、旅游服务等以实现二次消费收入，也能够提供如接送服务、导游服务等增值服务，以增加游客对民宿的好感度和忠诚度。

数字化民宿则是指利用数字化技术和工具，对民宿进行改造和升级，使其更加符合现代消费者的需求和习惯的企业形态。包括拥有智能化设备、互联网平台、智能家居、数据分析设施设备等方面。例如，使用智能家居设备提高游客的入住体验，通过智能化的服务平台提供升级服务体验等。

需要注意的是，二者概念不是绝对割裂的，反之，其内涵相互渗透，均涉及应用数字化技术和工具以提高民宿的质量和效率。不过，民宿数字化侧重于运营和管理活动中的数字化改造，而数字化民宿则更强调已经利用数字化技术对民宿进行智能化升级后的状态。

民宿数字化和数字化民宿是当前民宿业发展的两条路径。通过数字化技术和工具的引入，民宿可以更好地提高自己的效率、品质和客户体验，从而更好地适应现代消费者的需求和习惯。同时，数字化民宿的改造和升级也需要全面考虑线上和线下的各个方面，以提供更加优质、便捷、个性化的服务。

民宿数字化和数字化民宿的特点主要表现在以下几个方面：

（一）智能化服务

通过基于互联网的服务和科技系统，数字化民宿可以提供一站式的住宿服务，包括预订、入住、住宿体验、支付等全流程的便捷化操作。例如，通过智能化的服务平台，客户可以实现在线预订、在线支付、在线客服等功能，大大提高了客户体验和服务效率。

（二）数字化装修

数字化民宿可以通过数字化技术对建筑室内进行设计和布置，例如，采用数字元素如 LED 等呈现主题元素，营造出独特的氛围和个性化特色。

（三）数字化管理系统

数字化民宿可以通过数字化管控手段，实现住宿人员信息的精细化管理，例如，采用智能门卡、自助取卡机等，提高住宿体验的质量和运营效率。

（四）数据驱动决策

数字化民宿可以通过数字化管理系统收集和分析各种数据，例如，客户信息、预订数据、入住率等，以数据为驱动进行营销策略的制定和优化，提高运营效率和市场竞争力。

（五）创新性和前瞻性

数字化民宿鼓励创新思维和方式，通过不断尝试新的数字化技术和工具，探索新的商业模式和竞争优势。例如，利用人工智能技术提供智能化的客房服务、推荐服务等。同时，数字化运营还具备前瞻性，可以通过数据分析和趋势预测，提前做好市场布局和战略规划。

【知识链接】

数字化赋能，舟山民宿运营模式迭代

舟山民宿发展至今已有 20 多年的历史，最早出现在嵊泗基湖村。早期的民宿，就是简陋的家庭旅馆。在数字化经济蓬勃发展的当下，舟山民宿从揽客方式到经营理念、经营模式、服务内容，以及设施设备等都发生了翻天覆地的变化。数字化赋能，助推民宿转型升级，让民宿产业在新时代迸发“新活力”。

朱家尖南沙的吉岚居，2018 年开始在携程、途家等平台挂上了民宿信息，其目前 60% 的客源都来自携程和途家。花屿·爱丽丝民宿的主人在疫情期间用手机拍了一些民宿的风景和日常发到朋友圈和抖音，收获了意想不到的营销效果。嵊山的“等风来”民宿是舟山为数不多安装智能家居的民宿之一。据民宿业主胭脂介绍，每间房的门边都有

个智能面板，游客可以根据喜好设置房间里的所有智能设备，也可以用手机或者遥控器控制。床边有一排功能按键——晚安模式、起夜模式和离开模式等，若按下离开模式，窗帘、灯光自动关闭，空调进入节能模式，以保证游客再次回到房间时是适宜的温度。智能家居，为游客提供了生活便利，也提升了民宿的体验感。

第二节　民宿数字化运营管理的意义

一、推动管理模式的变革

通过数字化赋能，民宿运营管理模式将在多方面发生积极改变。

（一）提升房源管理效率

通过数字化平台，民宿可以更方便地管理房源信息，包括房间数量、设施、价格、预订状态等。同时，数字化平台也可以实时更新房源信息，确保信息的准确性和及时性，提高管理效率。

（二）提升内部管理效率

数字化平台可以帮助民宿实现各部门之间的协同作业，提高内部管理效率。同时，数字化平台也可以实现自动化工作流程，减少人工干预和错误率，提高工作效率和准确性。

（三）提高民宿安全性

通过数字化管理系统，民宿可以更好地对客房和客人进行管理，保障客人的人身和财产安全。同时，数字化技术也可以实现能耗监测和管理，帮助民宿降低能源消耗和实现环保可持续发展。

（四）获取竞争优势，创新商业模式

通过数字化管理和智能化的服务体验，民宿可以吸引更多的年轻游客和高端用户，提高市场占有率和竞争力。同时，数字化技术也可以帮助民宿创新商业模式和营销手段，拓展新的收益来源。

（五）推动民宿产业可持续发展

数字化运营管理可以通过数据分析和预测，合理安排民宿的能源使用和物资采购，实现节能减排和环保可持续发展。例如，通过智能化的能耗监测和管理，民宿可以合理安排能源使用和节能减排；同时，数字化运营管理也可以实现物资的精准采购和库存管理，降低物资浪费和成本。

总之，民宿数字化运营管理使得民宿管理模式产生了多方面改变，从提高管理效率和服务质量、提供更加智能化的服务体验、提高安全性和环保性到创新商业模式和竞争优势等方面，为民宿的发展带来了新的机遇。

【知识链接】

旅悦集团：数字化赋能民宿经营全链条

在旅悦集团副总裁兼文旅事业部负责人朱宇佳看来，数字化赋能是经营的每一个环节都能带来价值的关键。为了实现这一目标，旅悦集团研发了阿拉丁智能选址系统，通过商圈热力图、竞争商圈成交量、平均间夜售价等数据采集，帮助民宿业主测算门店未来的经营收益。

这只是数字化赋能民宿经营的第一步。朱宇佳表示，旅悦集团利用丰富的前端数据，提升中后台效率，将大数据赋能到民宿经营的全链条。这意味着，从选址到运营、管理、服务等各个环节，数字化都发挥着重要作用。

未来，数字化民宿的关键发力点是更好地提升消费者体验。在每个环节上做好优化和提升，是旅悦集团追求的目标。通过数字化赋能，旅悦集团希望为消费者提供更加个性化、便捷的住宿体验，同时也为民宿业主带来更高的经营效益。

二、实现运营管理手段的创新

数字化在民宿运营管理手段方面的创新，不仅可以为民宿带来新的核心竞争力，同时也能够完善和扩大民宿运营管理手段。具体而言，数字化运营管理对民宿运营管理手段的创新与完善体现在以下几个方面：

（一）产品创新

可以尝试采用新型建材为客房的装饰，营造出独特的氛围和宜居性。例如，引入智能家居和家庭影院等设备，满足住客的多元消费需求。

（二）销售模式创新

数字化运营管理可以通过互联网和社交媒体等渠道，实现多元化的销售模式。例如，通过官方网站、电商平台、社交媒体等渠道，进行在线销售和推广；同时，也可通过与其他旅游相关机构合作，实现联合销售和收益共享。

（三）服务创新

可以开展设施试用服务，推出会员 VIP 定制服务等，优化和改善乡村民宿的服务，满足住客的多元需求。同时，可以在网络渠道拓展方面提供互动式的营销策略，如发布新闻和开展互动活动等，提升客户黏性。

（四）用户体验创新

数字化运营管理可以通过用户友好的界面和智能化的服务，提高住客的体验。例如，通过构建数字化预订平台和小程序等，住客可以方便、快捷地进行预订、退房、续住等操作；同时，智能语音助手、人脸识别等也能够提供更加个性化的服务和体验；房间的智能控制，也为游客打造了全新的智能体验。

（五）设备技术创新

可以采用一些智能化运营管理手段，例如，开发自动化定时功能和智能检测机等，实现自助式服务。同时，运用无线远程技术，为住客提供更加便捷的服务。

总体来说，数字化运营管理在民宿运营管理手段方面的创新主要是通过引入新的技术手段，优化服务体验、提高服务质量、增强营销效果，提升民宿的竞争力。

【知识链接】

德清莫干山旅游旗舰店上线，“吃住玩购”一网打尽

全国首个民宿目的地官方旗舰店——莫干山旅游旗舰店于 2020 年 9 月正式在飞猪平台上线。德清县政府与飞猪旅行签署莫干山民宿目的地数字化营销合作协议，通过政府联手互联网平台进行目的地数字化营销推广，构建以民宿目的地为入口的莫干山及周边“住、吃、玩、购”信息＋交易数字化平台，打造目的地独具特色的对外推广窗口和数字化运营阵地。

莫干山旅游旗舰店的开设，开启了国内目的地全品类线上营销的新篇章。这也是全国首家民宿目的地民宿官方旗舰店，开辟了政府官方资源借助新媒体平台运营的先河。

德清县政府相关负责人介绍，旗舰店将结合本地景区、主题乐园、酒店客栈、特色旅游纪念品等，构建一站式目的地体验馆，在旗舰店内一站式售卖莫干山景区门票、旅行社参团、酒店预订、土特产等旅游相关的优质产品。

三、民宿的价值再创

价值再创（Value Reinvention）是指通过重新审视和重新设计企业的价值链、商业模式、产品和服务等，以实现企业价值的创新和提升。在民宿数字化运营管理领域，价值再创包括以下几个方面：

（一）商业模式创新

通过数字化运营管理，民宿可以重新设计和创新自身的商业模式。例如，通过数字化平台和智能化的服务，民宿可以提供更加个性化的服务模式，如定制化旅游、私人管家服务等，以满足客户的多元化需求。

（二）价值链优化

数字化运营管理可以帮助民宿优化价值链，提高效率和降低成本。例如，通过数字化平台和集中的采购管理，民宿可以降低物资采购成本，提高物资管理效率。同时，数字化运营管理也可以帮助民宿优化人员配置和降低人力成本。

（三）服务模式创新

通过数字化运营管理，民宿可以提供更加智能化、个性化的服务模式。例如，通过数字化平台和智能家居设备，民宿可以为客人提供智能化的入住体验、语音助手、人脸识别等，从而提高客户体验和服务质量。

（四）营销策略创新

数字化运营管理可以帮助民宿制定更加精准的营销策略。例如，通过数字化平台和大数据分析，民宿可以更好地了解客户需求和市场趋势，制定更加精准的营销策略。

（五）可持续发展创新

数字化运营管理可以帮助民宿实现可持续发展。例如，通过数字化平台和能耗监测设备，民宿可以降低能源消耗和环境污染，实现环保可持续发展。

【知识链接】

花筑——大数据实现文旅民宿价值再创

新形势下，文旅民宿产业正在被重构，数字化转型不仅能从内部对传统民宿产业进行提质升级，更能融合外部资源打造文旅民宿的新生态。2021 年，随着民宿市场的爆发，消费者对于民宿的卫生、安全、特色以及预订的便捷等服务需求越来越高。在这一行业发展趋势下，民宿行业需要品牌化和数字化。

旅悦集团旗下民宿品牌“花筑”，以景区目的地民宿酒店市场为核心，利用集团自主开发的 XPMS 智能管理系统，将品牌化运营从前期设计、包装到消费场景体验全渠道进行应用升级，让大数据与文化基因相结合，进而促进民宿品牌化全渠道升级。从选址开始，旅悦集团就将智能化定位、景区综合数据作为参考，以当地特色风景为依托进行品牌化运营，住花筑民宿，给人以住在“景区”的体验，让消费场景与特色文化风俗相结合。与此同时，通过打造一系列“民宿 + 体验”的文旅产品，旅悦集团也得以将消费者满意的住宿体验变成线上传播的高分口碑，通过品牌化运营形成口碑到流量的良性转化，变线上流量为客流，引导有效供给，增加门店收益。

第三节　民宿数字化运营管理的研究历程

一、国外对于民宿数字化运营管理的研究历程

近年来，民宿发展势头越发强劲，数字化民宿成为引领民宿行业高质量发展的排头兵，民宿数字化运营管理受到学术界和业界的广泛关注，相关研究成果日趋成熟。民宿数字化运营管理研究经历了从早期的用户行为到供需匹配、价值创造、创新模式，再到数据驱动、智能化和政策研究的发展历程，呈现出多领域、多层次的研究态势。

在早期研究阶段，相关研究集中在用户行为和市场规模等方面，主要探讨民宿顾客对数字化平台的接受程度以及民宿数字化平台对传统酒店业的影响。例如 Miyoung Jeong 等通过研究顾客使用民宿网站行为意图的前因变量发现，顾客对网站提供信息的满意程度是决定其是否再次使用网站的关键因素。

随着共享经济的兴起，研究逐渐扩展到供需匹配、价值创造、创新模式等方面，关注民宿数字化平台的商业模式和运营机制。Jeon 等通过评估网络环境下顾客使用民宿网站的动机、流动体验、情绪反应和行为意图之间的关系发现，享乐和功利动机对顾客

使用民宿网站的流动体验、情感反应和行为意向有显著影响。Zekanovic-Korona 等认为 Airbnb（爱彼迎）在共享经济时代建立了杰出的商业模式，爱彼迎的这种商业模式不仅是一个租赁媒介，更是一个分享旅游体验和兴趣的社交网络。

近些年，随着人工智能、大数据等新技术的应用，民宿数字化运营管理相关研究也逐渐向数据驱动、智能化方向发展。研究者开始关注数字化平台上的数据分析、个性化推荐、智能定价等技术应用，以及这些技术对平台运营和用户体验的影响。Troisi 等通过运用数据驱动方法重新解释商业模式中的价值创造，为包括民宿在内的酒店住宿业的大数据创新使用提供新的分析视角。联合国世界旅游组织专家 Jan van der Borg 认为数字化和数据化是旅游业未来发展的趋势，通过数字化和数据化的手段可以提高旅游业的管理效率和服务质量，并为客户提供更加个性化的服务。同时，他也指出了数字化和数据化带来的挑战，例如，数据安全、隐私保护等问题。范德博格在《酒店与酒店管理：简化运营和最大化盈利能力》一书中表示，在数字化时代，酒店和招待业应该更加注重利用数据来进行精准营销和管理，以提供更加个性化的服务和提高客户满意度。日本国家旅游研究院院长 Masato Takamatsu 比较关注数字化转型、客户驱动的开发以及数字化架构设计等方面对于旅游高质量发展、旅游可持续发展、旅游韧性发展的促进作用。此外，政策研究也成为民宿数字化研究的重要方向，研究者开始关注政府对民宿数字化平台的监管政策、税收政策等，以及这些政策对平台发展和市场格局的影响。

国外民宿数字化运营管理实践案例

位于美国得克萨斯州迪克西·黛西露营地（Dixie Daisy）的 Super Cute Retro Airstream 房车民宿在数字化方面的特点主要有以下几个方面：

● 数字化预订平台：Super Cute Retro Airstream 房车民宿在各大旅游预订平台上都有销售，如 Expedia、Airbnb 等。这些平台提供了详细的房源信息和客户评价，帮助客户方便、快捷地进行预订。

● 智能门锁：为了提高安全性和便利性，Super Cute Retro Airstream 房车民宿安装了智能门锁，客户可以通过手机 APP 远程控制房车的门锁，方便、快捷。

● 数字化服务：Super Cute Retro Airstream 房车民宿提供了数字化的服务，例如，客户可以通过手机 APP 联系房东，询问相关问题，也可以通过 APP 控制房内的智能家居设备，如灯光、空调等。

● 数字化营销：Super Cute Retro Airstream 房车民宿通过社交媒体、官方网站等渠道进行数字化营销，发布相关活动信息、优惠信息等，吸引更多的客户关注和预订。

● 数字化管理：Super Cute Retro Airstream 房车民宿采用数字化的管理方式，例如，通过云端平台进行房源管理、客户信息管理等，提高管理效率和服务质量。

二、我国对于民宿数字化运营管理的研究历程

随着我国乡村振兴等战略的稳步推进，民宿在优化农村产业结构、改善环境以及促进城乡一体化建设中发挥着重要作用，迅速引发各界关注，在全国“遍地开花”。相较于国外民宿数字化运营管理研究，国内民宿数字化运营管理研究起始较晚。

21 世纪初期，国内学者开始初步探讨民宿业的数字化发展，主要关注民宿平台的建设和运营模式，以及数字化技术对于民宿业的影响和作用。例如，李燕琴等以北京和台北为例，从 Airbnb 收集数据并运用内容分析法比较两地民宿业房源、房东、周边环境和游客心情等差距，构建对比图，发现二者民宿在位置选择、空间营造、房东特征、品牌管理和游客忠诚方面皆存在差距。

紧接着，随着移动互联网的发展和大数据技术的兴起，学者们开始关注民宿业的大数据分析和个性化推荐等数字化应用，他们对于民宿业数字化与用户体验、经营效率等方面展开了更深入的研究。例如，房孟春等运用网络文本分析法等，分析民宿在线信誉评价系统，获取隐藏其中的消费者最为关注的民宿信誉评价指标，包括设施设备、服务、娱乐文化因素、卫生舒适、位置、价格、餐饮等，从而帮助优化消费者的购买决策并为民宿运营管理者赢得竞争优势。

近年来，随着人工智能技术的快速发展，学者们开始探讨人工智能在民宿业中的应用，如智能客服、智能预订系统等。例如，LI LEO 等为了提高设计师对以往民宿知识与用户评价的服务的设计管理，通过人工智能与管理学科的技术辅助建立群智能服务设计系统。刘羽嘉等为了在降低成本和减少能源损耗的同时增加收益，设计了一款民宿无人值守智能管理系统，目前该智能管理系统可实现民宿的无人值守管理，既降低了人力成本又减少了能源损耗，为响应国家智能用电服务的乡村振兴战略奠定了基础。

总体而言，通过分析我国民宿数字化运营管理研究历程，我们可以看出民宿数字化运营管理在共享经济时代的重要性和发展潜力。浙江大学旅游与酒店管理学系教授李琳及其团队对民宿数字化转型进行了深入研究，认为数字化是未来民宿发展的趋势，民宿需要通过数字化手段提高服务质量和效率，提升客户体验，从而在激烈的市场竞争中获得更大的市场份额。数字化主要包括两个方面：营销和服务。其中，营销方面包括社交媒体营销、搜索引擎优化（SEO）、内容营销等；服务方面包括客户预订、智能入住、智能客房、智能餐饮等。针对民宿数字化转型的策略，可以加强数字化基础设施建设、提高员工数字化素养、加强数字化安全管理、打造个性化数字化服务等。但是，中山大学旅游学院孙九霞教授借助自我呈现理论的概念框架，采用网络民族志和实地调研相结合的方法，以边村的一位“新村民”ZH 为个案，透过 ZH 在数字世界中建立的目的地形象，对比讨论了虚拟与现实中旅游村的实际错位和具体关联。研究认为在某种程度

上，数字世界中的旅游村落形象具有一定的超真实性，与现实形象具有互构性，两者并非完全一致。由于游客难以探知数字世界与真实世界的旅游村之间隔着多远的距离，因此“虚拟旅游”仍有很长的路要走。

中国民宿数字化运营管理实践案例

途家：在途家平台上，用户可以找到众多风格各异的民宿，包括但不限于风格独特的藏式民居、配备智能家居的现代简约民宿等。途家在数字化运营管理方面表现出色，提供了智能化的预订和支付系统，客户可以轻松完成预订和管理自己的行程。

小猪民宿：小猪民宿作为一个年轻化的民宿预订平台，拥有鲜明的特色。房东可以在平台上分享自己的房间、沙发、帐篷等，注重与房客的互动。同时，小猪民宿也提供了人性化的预订和支付系统，客户可以轻松完成预订和管理自己的行程。

第四节　民宿数字化运营管理发展趋势

一、民宿运营管理发展历史与现状

（一）国外民宿运营管理发展的历程和现状

随着旅游业的快速发展，民宿作为一种独特的住宿方式在全球范围内受到越来越多游客的青睐。不同国家和地区的民宿发展历史和现状各不相同。

1. 英国民宿运营管理发展历史和现状

英国是最早发展民宿的国家之一，其民宿起源于 20 世纪 60 年代初期。当时，英国的西南部和中部地区的农家为了增加收入，开始将家中空置的房间提供给游客使用，并提供了早餐和住宿服务。这种经营方式逐渐发展成为一种家庭式的招待方式，被称为 B&B（Bed and Breakfast）。随着英国的民宿数量逐渐增多，逐渐成为旅游市场的重要力量。如今，英国的民宿已经形成了较为完善的产业链，包括旅游营销、住宿服务、餐饮服务、活动策划等方面。英国民宿经营者一般将容客量定于 6 人以下（卫生条件限制较少、课税较轻）。

2. 法国民宿运营管理发展历史和现状

法国的民宿发展历史较短，但发展迅速。1951 年，法国第一个农村民宿开张。法国的民宿经营方式以副业为主，许多屋主将家中空置的房间出租给游客使用。政府也出台了一系列政策支持民宿的发展，并建立了民宿协会来规范行业管理。法国限定民宿房间一般不得多于5间。

3. 日本民宿运营管理发展历史和现状

日本的民宿发展历史较长，起源于20世纪50年代末期。当时，由于社会经济高度成长，夏季旅游胜地与冬季滑雪活动人潮汹涌，旅馆住宿空间明显不足，因此一些农场开始提供住宿服务，成为最早的民宿。日本的民宿在发展过程中逐渐形成了以当地特色和文化为主题的经营方式。日本民宿是属于旅馆的一种，故无最大房间数的限制。

基于语言、习性及文化等因素，英国及法国的民宿业所招待的游客包含境内及境外游客。而日本选择居住民宿的客户以本地（国）居民为主。这既增加了农家的收入，又让游客体验当地生活，使地方经济得以发展。同时，这种民宿可以承担保护天然资源、保存古迹及农家生活文化之责等。

在英国、法国、日本等地，民宿的数量或规模都在逐渐扩大，这显示了民宿在现代旅游中颇为社会大众所接受，并且各国政府及业者都认同并朝永续经营发展的目标努力。为了维护居住民宿游客的权益，各国政府机关都会介入管理辅导。在英国、法国、日本，民宿业都采取许可制，必须先取得执照方可营业。政府也会对业者在消防、建筑安全及食品卫生上有所规范。英法两国设有等级制度以区别民宿的优劣供游客参考，我国则是采取“民宿服务质量认证制度”。

（二）我国民宿运营管理发展的历程和现状

国内民宿的发展历程可以追溯到20世纪90年代，当时民宿主要以农家乐、家庭旅馆等形式出现。随着旅游业的快速发展，民宿逐渐成为旅游市场的重要组成部分。近年来，随着消费者对旅游体验的追求和对个性化住宿的需求的增加，民宿行业得到了快速发展。

目前，国内民宿住宿服务、餐饮服务、旅游营销、活动策划等相关产业链也逐渐完整化，其“民宿 + 书店”“民宿 + 咖啡”的创新融合已发展为业内常规操作，全国各地不断涌现“住宿 + 美术馆”“住宿 + 音乐”“民宿 + 非遗”等瞄准文化细分领域的多元业态。同时，政府的一系列政策也非常强有力地支持民宿的发展。2022年和2023年中央一号文件都明确鼓励发展“乡村民宿”;《国务院办公厅关于服务“六稳”“六保” 进一步做好“放管服”改革有关工作的意见》提出“鼓励各地区适当放宽旅游民宿市场准入，推进实施旅游民宿行业标准”;《中华人民共和国国民经济和社会发展第十四个五年规划和2035年远景目标纲要》提出“壮大休闲农业、乡村旅游、民宿经济等特色产业”。

在地域分布上，国内民宿主要集中在旅游资源丰富的地区，如云南、浙江、福建等省份。同时，在乡村旅游、生态旅游等热门旅游目的地，民宿也得到了快速发展。在建筑属性上，大部分民宿是通过对原有民居的改扩建而形成，占比达 47.81%。由传统老宅、废弃厂房、旧学校等的提升与改造而成的占比也较高。总体来看，对老旧房修缮和改扩建形成的旅游民宿占总体用房的比例达到 84.7%。在投资方面，投资 50 万元以下的民宿占比 10.35%，投资 50 万元以上、500 万元以下的占比为 55.79%。投资 1500 万元以上的占比 13.44%。在经营性质上，有 53% 的民宿使用自有房屋经营，通过租赁方式经营民宿的占比 41%，与房主共同经营的较少，占总样本的 6%。

根据文化和旅游部的国内旅游抽样调查统计结果，2023 年一季度，国内旅游总人次 12.16 亿，比上年同期增加 3.86 亿，同比增长 46.5%。国内旅游收入（旅游总花费）1.30 万亿元，比上年增加 0.53 万亿元，增长 69.5%。回暖的旅游业催生了对酒店民宿的需求，巨量引擎城市研究院数据表明，2023 年第一季度酒店民宿相关搜索量同比增长 204%。从巨大的增量中可以看出，大家旅游意愿高涨，对酒店民宿的关注度迅速增加。随着我国居民生活品质的提升，人们的消费升级带动了需求的增加，刺激着住宿市场的增长。据公开资料显示，截止到 2022 年 12 月 31 日，内地（大陆）住宿业设施总数为 43 万家，客房总规模 1529.1 万间。其中酒店业设施 27.9 万家，客房总数 1426.4 万间。7 月、8 月的暑期是全国酒店入住率最高的时间（见图 1–1）。酒店非连锁化率约占 61%，酒店品牌化的空间仍较大，发达国家酒店品牌连锁化率可达 60% 以上。疫情 3 年来，虽然住宿酒店业受到了较大的影响，但行业整体的酒店存量依然呈现上升趋势。

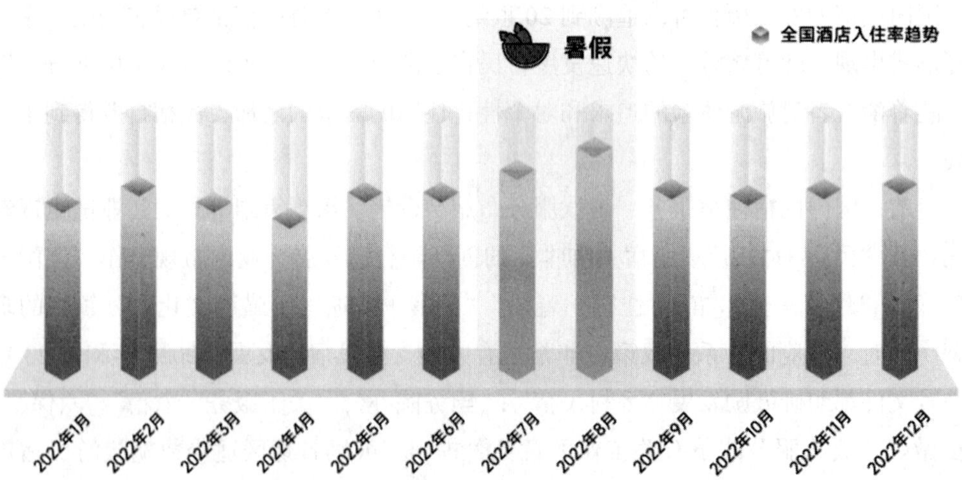

图 1–1　2022 年全国酒店入住率现状

（数据来源：同程、酒店之家，《2022 年中国住宿业发展报告》）

二、民宿数字化发展现状和趋势

国内民宿的数字化发展可以追溯到 21 世纪初。在这个阶段，一些民宿经营者开始尝试利用互联网进行宣传和预订。他们通过建立自己的网站、使用搜索引擎优化（SEO）技术、投放在线广告等方式来吸引潜在客户。然而，这一阶段尚未出现具有代表性的企业和网站。

随着互联网的普及和在线预订平台的出现，国内民宿的数字化发展进入了快速发展阶段。一些大型的在线预订平台如途家、小猪等开始崭露头角，为民宿经营者提供了更广阔的市场和更多的客户。途家成立于 2011 年，是国内最大的在线短租平台之一，提供全国各地的民宿预订服务。小猪也是一家知名的在线短租平台，成立于 2012 年，专注于提供高品质的民宿住宿体验。这些平台通过提供便捷的预订、支付和评价系统，推动了民宿业的数字化进程。抖音、小红书和微信等新媒体平台的强势出现，则为整个民宿行业提供了更广阔的宣传和营销渠道，为民宿经营者提供了展示房源、服务质量、旅游攻略的机会。通过拍摄短视频和灵活的图文介绍方式，民宿可以展示自己的特色和优势，吸引潜在客户的关注和预订，为消费者提供了更加直观、生动地了解民宿的方式，增强了消费者的预订意愿和信任度。例如，通过微信公众号和小程序等工具，民宿可以建立自己的品牌形象和营销渠道，向潜在客户推送优惠信息、活动预告等营销内容。

根据《中国在线预订市场研究报告》数据显示，2020 年中国在线预订市场规模就达到了近千亿元。其中，民宿预订市场规模约为 120 亿元，同比增长了约 30%。该报告还指出，在线预订市场的渗透率在不断增加，尤其是疫情期间，用户对于在线预订的接受度逐渐提高。

巨量引擎城市研究院数据显示，2022 年全年，抖音平台酒店民宿视频发布量超 1.4 亿条，2023 年 Q1 同比 2022 年 Q1，视频发布量增长 22%；酒店民宿商家的订单量则同比增长 516%（见图 1–2），其中直播订单量增长 418%（见图 1–3）；酒店民宿相关搜索量同比增长 204%（见图 1–4）。此外，入驻抖音平台的酒店民宿商家数量也呈爆发式增长，2023 年 3 月对比 2022 年 1 月，入驻抖音平台的酒店民宿商家数量增长超过 7 倍（见图 1–5）。

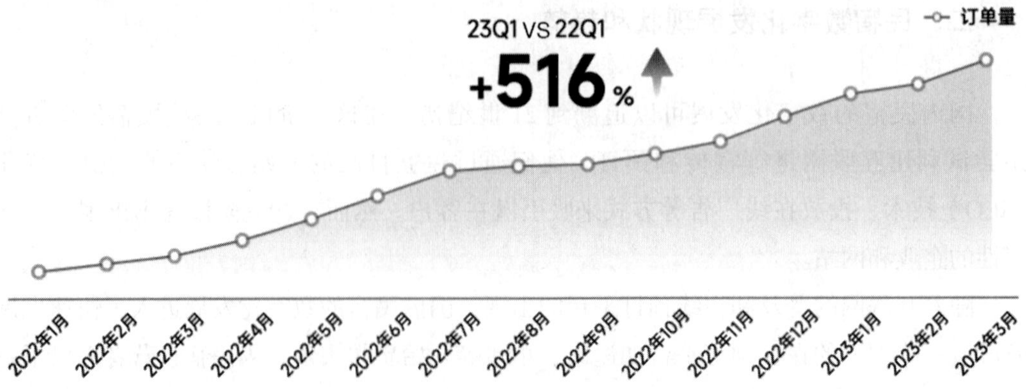

图 1-2　酒店民宿订单量

（数据来源：巨量引擎城市研究院，2022.01—2023.03）

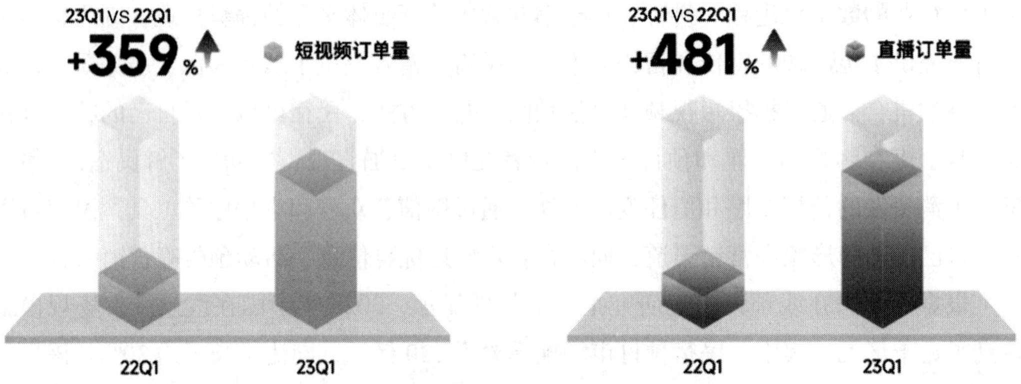

图 1-3　酒店民宿商家不同渠道获得订单量

（数据来源：巨量引擎城市研究院，23Q1 VS 22Q1）

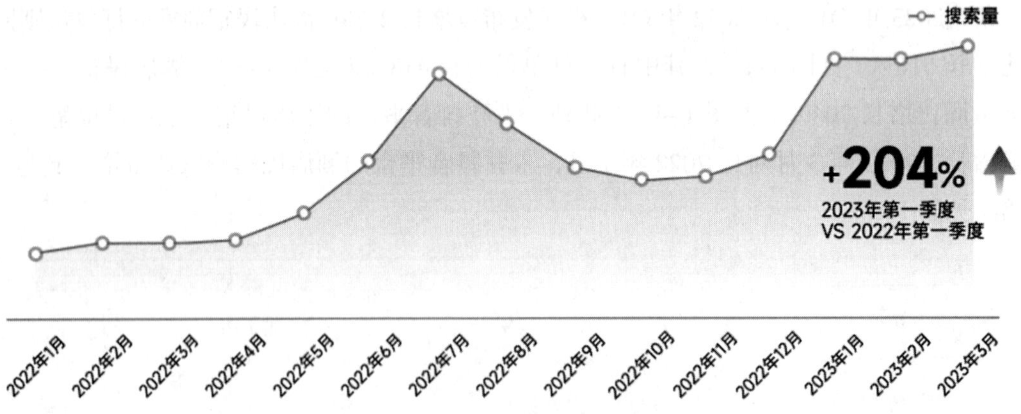

图 1-4　酒店民宿相关内容搜索量

（数据来源：巨量引擎城市研究院，2022.01—2023.03）

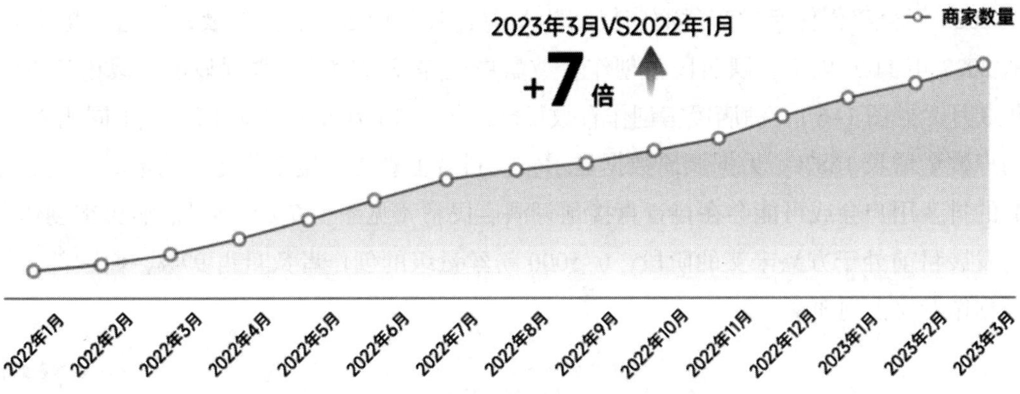

图 1-5　酒店民宿商家数量

（数据来源：巨量引擎城市研究院，2022.01—2023.03）

数字化正在对民宿行业产生深远的影响。随着智能化的普及和技术的不断发展，未来民宿数字化发展趋势还将不断加强。同时，由于缺乏统一的数字化标准和规范，民宿行业的数字化转型还需要进一步完善和规范化。

【知识链接】

小红书 APP 是年轻人交流生活方式的主要平台，90% 的用户在小红书了解品牌 / 商品信息。用户群体中，80% 为女性用户，60% 为 iOS 用户，60% 为一、二线城市用户，70% 为 90 后用户。小红书的用户还有一个最显著的特征就是崇尚精致生活，喜欢旅行、拍照和分享；年轻有消费力，审美水平较高，这也给品牌创造了得天独厚的优势——品牌可以通过内容 & 互动，传递品牌故事，建立用户联系。小红书平台中，有大量侧重于分享的旅游经验笔记，攻略、酒店民宿等信息高频出现，“旅游”关键词下笔记数量高达 152 万，贴合媒体属性。

民宿主“老胡”觉得在小红书上只发民宿宣传照太单一，在他不断的丰富下，其民宿的小红书内容有三个方向：“老胡”妻子的精美私房烘焙、“老胡”自己设计的原创木工手作和以他女儿“野宝”为形象的漫画创作。“老胡”把这些内容放在其民宿的场景下，打造了美宿、美食、美物的系列内容，获得了良好的口碑，仅一个多月的运营，多篇笔记就获得了数万阅读量，5 月的订单，小红书渠道占了近 15%。

三、数字化赋能民宿产业发展趋势

通过短视频进行民宿数字化营销，已经初见成效。巨量引擎城市研究院报告显示，仅 2022 年全年创作者发布过酒店民宿相关内容收获近 250 亿播放量和 5 亿 + 互动量。从 2022 年 11 月以来，酒店民宿创作者数量更是爆发式增长，数据显示，截止到 2023 年 3 月（见图 1–6），酒店民宿创作者数量已经超过 13 万人。据统计，23Q1 同比 22Q1 用户数量增长 168%。另据调研数据显示，在抖音上观看或搜索旅行目的地后，超过半数的抖音用户会或可能会在抖音直接预订酒店民宿（见图 1–7）。不过酒店民宿创作者的发展目前处于方兴未艾的阶段，0~5000 粉丝量级的创作者数量占 97%，而腰部、头部创作者仅占到 3%。

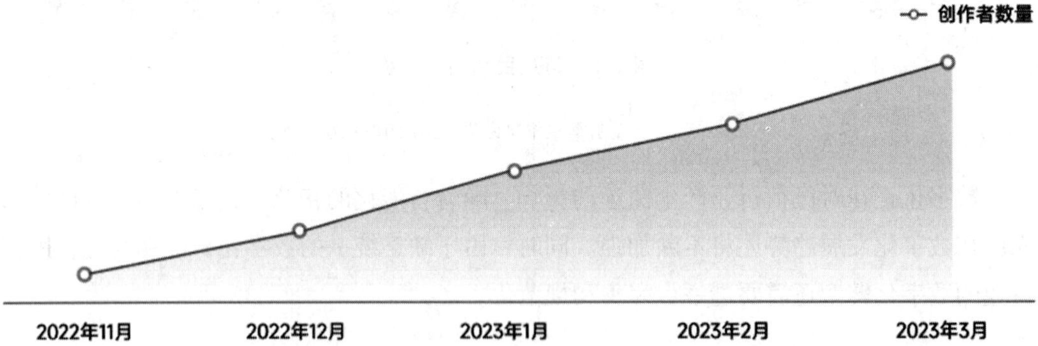

图 1–6　打卡酒店民宿创作者数量（抖音平台）

（数据来源：巨量引擎城市研究院，2022.11—2023.03）

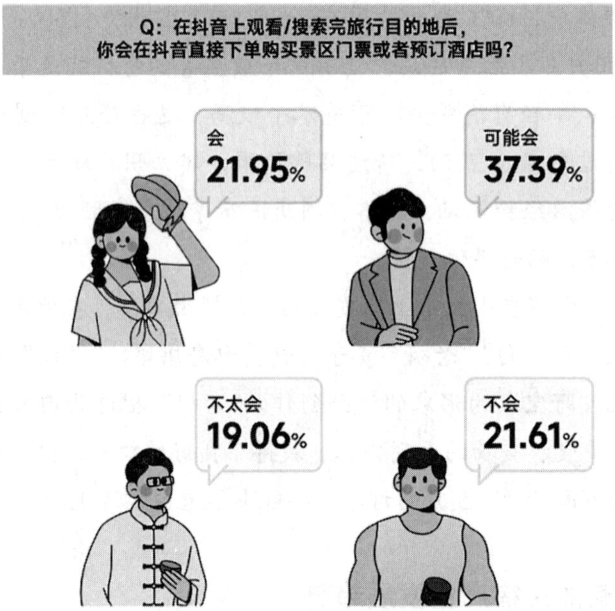

图 1–7　用户下单意愿

（数据来源：巨量引擎城市研究院，2023 年 6 月，《2023 抖音旅游内容体验调研》，N=4812）

在此基础上，数字化赋能推动中国民宿发展目前正在进入新的阶段，未来的民宿产业发展将有如下趋势：

（1）乡村数字基础设施进一步发展：目前乡村数字基础设施整体相对较完备，预计未来部分县域数字乡村发展会加快，因此民宿产业也会积极响应国家政策，努力加快数字化转型，提高服务质量和效率。

（2）民宿数字化程度进一步提高：数字化赋能民宿产业，民宿数字化运营管理也会成为新的趋势。未来民宿将更加注重数字化营销、数字化服务、数字化管理等方面，通过数字化手段提高民宿的品牌形象和知名度，提升客户体验和服务质量。

（3）民宿数字化运营管理能力进一步加强：数字化赋能还体现在民宿数字化运营管理能力方面。未来民宿将更加注重数字化营销渠道的建设，建立自己的数字营销平台，通过数据分析来了解客户需求和行为，制定更加精准的营销策略，提高营销效果和客户满意度。

（4）民宿数字化安全进一步加强：数字化赋能也带来了数字化安全的需求。未来民宿将更加注重数字化安全管理，通过智能门锁、人脸识别、一卡通等技术的应用，提高民宿的安全性，保障游客的人身和财产安全。

除此之外，随着生成式 AI 技术，尤其是大型语言模型等席卷全球，引领了新的人工智能发展范式，AIGC 和生成式大语言模型将在民宿产业未来的发展中起到颠覆性的作用：

● 自动化内容生成：AIGC 技术可以自动化地生成高质量的文本、图像、音频和视频等内容，这将为民宿产业的内容创作和营销带来新的可能性。民宿经营者可以利用 AIGC 技术生成吸引人的房源描述、旅游攻略、宣传海报等，提高民宿的曝光度和吸引力。

● 个性化推荐和定制化服务：生成式大语言模型可以学习和理解用户的偏好和需求，从而为民宿经营者提供更加精准的个性化推荐和定制化服务。例如，根据用户的历史预订记录和评价，生成式大语言模型可以为用户推荐符合其需求的房源和服务，提高用户的满意度和忠诚度。

● 多模态交互和智能客服：随着多模态技术的发展，民宿产业的交互方式将变得更加自然和便捷。用户可以通过语音、文字、图像等多种方式与民宿进行交互，提高用户的体验度和满意度。同时，生成式大语言模型可以作为智能客服，为用户提供 24 小时不间断的在线咨询和帮助，解决用户在预订和住宿过程中遇到的问题。

● 数据分析和市场预测：AIGC 和生成式大语言模型可以帮助民宿经营者更好地理解和分析市场趋势和用户需求。通过对大量数据的分析和挖掘，这些模型可以为民宿经营者提供有关市场趋势、竞争态势、用户需求等方面的有价值的信息，帮助民宿经营者做出更加明智的决策。

● 创新商业模式和拓展业务领域：AIGC 和生成式大语言模型的发展将推动民宿产业的商业模式创新和业务拓展。例如，通过与其他产业进行合作和创新，将民宿产业与旅游、文化、艺术等领域进行融合，为用户提供更加丰富多样的住宿体验。同时，随着技术的不断发展，民宿产业也将不断推出新的产品和服务，满足消费者的多样化需求。

总之，数字化与人工智能赋能将推动民宿产业发展进入新的阶段，未来民宿将更加注重数字化基础设施建设、数字化运营和服务、数字化安全等方面的发展。同时，随着新技术的应用，民宿也将不断创新和变革，为客户提供更加优质的体验和服务。

【知识链接】

2023 年，以 AIGC 为代表的人工智能技术呈现井喷式的发展。众多旅游企业扎堆上马类 ChatGPT 应用。携程宣布成为百度文心一言（英文名：ERNIE Bot）首批生态合作伙伴；去哪儿平台已上线类 Chat GPT 的智能问答机器人“万能 AI 小骆驼”，帮助用户定制行程、解答旅行中的难题，已收录问题涵盖旅游路线推荐、景区厕所、误食有毒菌菇等。巫溪县文化和旅游发展委员会、重庆市武隆区文化和旅游发展委员会等文旅监管部门宣布成为百度文心一言首批生态合作伙伴。

【本章小结】

随着科技的飞速发展，数字化已经渗透到各行各业，民宿产业也不例外。本章深入探讨了民宿数字化运营管理的相关概念、意义，当前的研究与实践现状，以及未来的发展趋势。首先，我们明确了运营管理和数字化运营管理的定义，进一步区分了民宿数字化与数字化民宿的概念。这些基本概念为后续的学习奠定了坚实的基础。接着，我们详细了解了民宿数字化运营管理的意义。民宿的数字化不仅能改变传统的管理模式，使得管理更为高效和精准，还能带来运营管理手段的创新，如通过大数据分析用户行为，实现个性化推荐等。更重要的是，数字化有助于民宿实现价值的再创，提升其在激烈市场竞争中的地位。在探讨研究和实践现状时，我们发现国际和国内对于民宿数字化运营管理的研究都在不断深入，实践中的应用也日益广泛。这表明民宿数字化运营管理已经成为行业的热门趋势。最后，我们展望了民宿数字化运营管理的发展趋势。通过对国内外民宿发展历程和现状的梳理，我们可以看到数字化正在深刻地改变着民宿产业的运营管理方式。随着技术的不断进步，尤其是新的 AIGC 和生成式大预言模型的出现，民宿数字化的趋势都将持续深化和不断发展变革。

【思考与练习】

1. 民宿数字化运营管理的核心是什么?

2. 在民宿数字化运营管理概述中，数字化转型的动力是什么?

3. 如何平衡数字化运营管理的效率和人性化服务的需求?

4. 选择一家民宿，分析它在运营管理中有哪些数字化的探索与尝试?

5. 对于初创民宿或小型民宿，如何在资源有限的情况下实现有效的数字化运营管理?

第二章　民宿数字化运营管理基础理论

【本章导读】

民宿是一个古老的新事物，究其起源不超过百年。近期国内民宿经济持续发展壮大，不失为一种富民经济的体现，更是一场寄托着人文情怀与人生理想的声势浩大的文旅结合运动。民宿经济把闲置资源盘活，形成了“民宿+”的发展形态，打造了“民宿主人的生活”和“家的文化”，注重文化演绎、情感交流、个性化服务和生活方式的传递。在以上思想的引领下，民宿行业不断在建筑、服务、艺术、餐饮、品牌上加强创新，利用数字化技术，促进民宿行业实现了数字化、智能化，为游客提供了丰富的文化体验和丰满的场景服务，满足游客对个性化、特色化的住宿需求。鉴于此，通过了解民宿数字化运营管理的基础理论及其基本内涵和蕴含的基本要义，以及对民宿企业高质量发展的指导，为后期学习打下基础。

【学习要点】

1. 数字经济理论、产业融合理论、企业创新管理理论和个性化服务理论等的基本内涵，以及对民宿行业高质量发展的指导等。

2. 依据相关理论，掌握民宿经营的基本方法和运行注意事项。

3. 通过学习个性化理论以后，掌握在经营民宿过程中如何向游客提供标准化服务、个性化服务与精准化服务。

第一节　数字经济理论

一、数字经济基本内涵

（一）数字经济基本概念

1996 年数字经济之父唐·塔普斯科特（Don Tapscott）出版的《数字经济：网络智能时代的希望与危险》中首次提到“数字经济”，英文为 Digital Economy，随后在 1998 年美国商务部开始发布这一概念。近期在大数据、云计算、AI、区块链和物联网等各项技术的带动下，促进网络技术和经济运行充分融合，数字经济像雨后春笋一样不断兴起，带动各国经济增长，成为各个发达国家和发展中国家经济复苏与高质量发展的主要抓手。在《二十国集团领导人杭州峰会公报》里，把“数字经济”定义为以信息和知识的数字化为关键生产要素，以现代信息网络为重要载体、以有效利用信息通信技术为提升效率和优化经济结构重要动力的广泛经济活动。在此次峰会上，主要强调了数字经济的两个关键性特征：其一是数字化知识与信息是数字经济发展的关键性要素；其二是现代网络和信息通信技术改变了以往的生产方式。这一改变方式与马克思主义的基本观点一致，即数字经济区别于其他经济的关键，主要在于生产要素和生产过程的变化。

（二）数字经济的基本领域

数字经济主要包括四个部分：数字产业化、产业数字化、数字治理与有价值的数据。

1. 数字产业化

数字产业化是以通信产业为核心新兴产业，涵盖信息制造业、电信业、软件和信息技术服务业、互联网业等。以上产业在数字经济中处于主导地位，为各类行业提供基础设备和数字技术支持等。2021 年 6 月国家统计局发布的《数字经济及其核心产业统计分类（2021）》，将数字经济产业范围界定为五大类（见表 2–1）。在分类中前 4 类数字产业化部分，是数字经济发展基础与核心产业；第 5 类为产业数字化部分，是数字技术与实体经济的融合。

表 2-1 数字经济及其核心产业分类

总类	大类	中类
数字产业化	数字产品制造业	计算机制造、通信及雷达设备制造、数字媒体设备制造、智能设备制造、电子元器件设备制造、其他数字产品制造业
	数字产品服务业	数字产品批发、数字产品零售、数字产品租赁、数字产品维修、其他数字产品服务业
	数字技术应用业	软件开发、电信/广播电视和卫星传输服务、互联网相关服务、信息技术服务、其他数字技术应用业
	数字要素驱动业	互联网平台、互联网批发零售、互联网金融、数字内容与媒体、信息基础设施建设、数字资源与产权交易、其他数字要素驱动业
产业数字化	数字化效率提升业	智慧农业、智能制造、智能交通、智慧物流、数字金融、数字商贸、数字社会、数字政府、其他数字化效率提升业

资料来源：根据国家统计局、中信证券研究部发布资料整理

2. 产业数字化

产业数字化是指数字技术在传统产业中，利用其产生的效率和质量的提升。包括但不限于工业互联网、智能制造、车联网、平台经济等融合的新兴产业、新模式、新业态，这些产业通过数字化转型，可以达到生产自动化、管理数字化等目的，促进生产效率的提高和生产成本的降低，最终方便广大民众。

3. 数字治理

数字治理是利用“技术+治理”的相结合模式，以“数字经济+治理”为特征的技管结合，以及数字化公共服务等。利用数字化手段提升公共服务水平与服务效率，为政府决策提供数据支持和智能化分析。

4. 有价值的数据

有价值的数据专指能够产生经济价值的数据，包括但不限于数据收集、数据标准、数据权利确认、数据注释、数据定价、数据交易、数据流转、数据保护等。以事务产生的数据为基础，在发展数字经济过程中发挥着重要的作用和占有重要的地位，能够为企业提供市场分析、用户画像等信息，为企业决策提供技术支撑。

（三）数字经济的基本特征

1. 数字化

数字经济是以数字化为核心，把传统产业中的各种信息与数据转化成数字形式，实现信息的高效传递与数字的深度挖掘，不仅提高传统产业的运行效率，还创造大量的新业态和新模式。如实业领域的电子商务、共享经济和平台经济等。

2. 网络化

数字经济是以网络为载体，利用互联网通道传播信息和挖掘数据资源，不仅提高了信息的速度、信息覆盖的广度、数据挖掘的深度，更为决策提供了精准服务，还使得企业能够更加准确地了解市场需求和消费者的行为，从而更好地满足市场和消费者的需求。

3. 智能化

智能化是数字经济的主要特征之一，利用人工智能、机器学习等技术，实现对数据的深度学习和挖掘，进而提高决策的精准度。智能化不仅提高了企业的生产效率和管理水平，还能提高消费者的购物体验和生活质量。

二、数字经济对实体经济未来发展产生的影响

数字经济是未来经济社会发展的重要方向，随着互联网技术的普及，在未来发展过程中，将会更加注重创新和跨界融合，带动产业结构升级、产业跨界融合、居民生活品质的提高。同时，数字经济也将面临诸多机遇与挑战，需要政府、企业和社会各方来共同治理，推动数字经济健康、持续发展。

（一）推动传统产业结构转型与升级

数字经济利用数字技术与要素创新模式，促进传统经济向新兴经济转型升级。传统产业通过数字化转型，实现生产自动化、管理智能化、运营数字化，进一步提高运营效率、生产效率，降低生产成本，促进资源优化配置。近期数字经济产业不断涌现，为助力经济高质量发展和传统产业转型发挥了巨大作用。

（二）实现产业跨界融合

在数字经济发展过程中，突破传统产业存在的“信息孤岛”现象，促进行业跨界融合与创新发展，实现“互联网＋产业”的深度融合，推动新技术、新业态、新模式的不断涌现。跨界合作与创新发展成为数字经济的主要特征，也是新经济增长的主要动力之一。

（三）提高社会生产力和居民的生活品质

传统经济发展利用数字技术提高生产效率、降低成本、优化资源配置，为政府服务公众、企业运营、满足居民生活的需求提供支撑。通过智能化生产、个性化定制等多种模式，满足企业、社会团体和居民日益增长的个性化需求。与此同时，数字化治理和数

字化公共服务，提高公共治理水平和公共服务效率。

【知识链接】

“数智化”已成为行业新趋势，利用数字技术和智能技术为传统产业注入新活力，实现改造、升级和创新。在民宿领域，数智赋能主要体现在三个方面。

一、提升用户体验。数智化管理模式通过大数据分析，精准把握用户行为和偏好，深入了解用户需求，提供智能化服务和个性化推荐，增强用户满意度和忠诚度。同时，数智化实现高效客户服务，提高用户满意度和口碑。

二、助力民宿产业升级。通过大数据分析和预测，企业能洞悉民宿产业的发展趋势，引导民宿转型升级，探索新的市场和业务。这样一来，整个产业都能实现质的飞跃，迈向更美好的未来。

三、提高民宿企业生产效率。数智赋能加强内部智能化管理和运营，提高运营效率和管理水平，降低成本，提高经济效益。同时，数智化管理模式帮助企业深入了解市场供需和竞争对手情况，为制定精准市场策略提供支持。这将有助于民宿企业开发新产品和创新营销策略，提升市场占有率和竞争力。

三、数字经济为传统民宿产业赋能

民宿是众多游客旅途中的新选择，相较于提供标准化服务的酒店，城乡民宿让游客更便于近距离体验当地文化和了解地方民俗。在推进城乡民宿高质量发展过程中，要充分利用数字化、智能化手段为民宿经济赋能。互联网平台是吸引客源的重要渠道，智慧民宿为游客带来升级体验服务，多地打造智慧服务平台为民宿发展提供了新机遇。

（一）利用互联网获客渠道更广

游客利用小长假实施短途游和周边游，缓解工作、生活压力，带动城市周边的民宿不断升温。为了吸引更多客源体验民宿旅游，民宿业主利用旅行类交易平台、网络社交媒体、分享类平台来发布各类民宿营业信息，成为乡村民宿招徕游客的重要渠道。民宿业主还利用微博、抖音、小红书、美团介绍自家民宿的特色和服务内容，发布前期游客在此进行休闲活动、食宿体验、民俗体验和社区融入等的体验活动的评价，让更多的游客增加对该民宿的认同与了解，吸引更多潜在的旅游者成为游客。

【同步案例】

小红书线上开通民宿预订功能，首期实现开门红

自2020年3月起，国内超过200家品牌民宿与知名民宿公寓管理系统“订单来了”建立战略合作关系，实现了资源的互利共享。目前，用户可直接在民宿的企业号主页、企业号笔记及与企业号相关联的POI页面进行预订操作，流程简便，体验优化。展望未来，小红书计划在接下来的几年内，力争吸引不少于1000家民宿品牌入驻小红书，不断丰富平台内容，拓展服务模块，提升用户满意度。此外，小红书也与短租民宿预订平台小猪短租达成了深度合作协议。小猪短租公司提供的数据显示，通过小红书渠道实现的交易额已突破千万元大关，充分证明了双方合作取得的成绩，以及未来合作释放的潜力。

（二）利用智能化系统为游客提供高质量服务

在发展民宿过程中，国内多家乡村利用智能化系统打造“智慧民宿”，为游客提供更多高端化、个性化的服务。在民宿的安全性方面，利用人脸识别、指纹识别和数字保护等智慧系统，为游客在民宿入住时提供安全保障。在家居方面，利用手机和遥控器，设置房间内所有智能设备，包括灯光、空调、窗帘等。在乡村民宿设置采摘园，游客通过认养农作物，通过物联网观看作物长势、种植过程管理，到了采摘季节来到民宿经营场所进行采摘，可以增加游客的重游率。互联网和智慧化管理手段成为吸引客源的主要渠道。智能化是民宿发展的必由之路，也是民宿发展的必然趋势。智慧民宿不仅为游客带来舒适的人居环境，还能解决民宿运营的服务效率低、管理难等问题，实现安全管理和高效运行的基本目标。因此，数字化和智能化的高科技手段与民宿产业进行融合，让游客既能享受到自然风光、田园生活，又能拥有高品质的人居环境，是民宿行业发展需要重点关注的焦点。

（三）促进民宿产业转型升级

在国内多个地区开发智慧民宿平台、进行数字乡村建设，带动民宿产业转型升级，为乡村振兴提供助力。其一是借助大型互联网平台，促进传统民宿行业向数字行业转型，利用小程序和社交媒体平台提供线上预订服务，吸引更多游客来此消费，为当地居民提供直接和间接就业岗位，提高当地居民的收入水平。其二是各地在开发数字民宿过程中，与美丽乡村建设相结合，一方面线上建设数字民宿和智慧化管理，另一方面是加强线下民宿的基础设施与周边环境的提升，建设具有休闲度假特色的景观工程，从而促进民宿行业转型升级与高质量发展。

第二节　产业融合理论

产业融合这一经济现象出现在20世纪六七十年代，伴随着信息化时代的到来，促进数字技术与各类产业彼此交叉，就是最早的产业融合现象。20世纪90年代，随着互联网技术的不断发展，产业融合理论开始兴起，该理论是以产业为主要研究对象，将经济学、管理学和其他领域的知识融合到一起，目的是增强企业竞争力。

一、产业融合理论基本内涵

（一）产业融合的基本概念

产业融合理论的核心思想是把企业与社会、经济系统有机结合，目的是获取最大的经济效益，它建立在企业的组织架构与社会经济系统的结构之上，依据生产企业与社会经济各个系统的联系。在行业竞争中，通过与各个社会经济系统的联系，获取最大的效益。从狭义上讲，产业融合是在产业界限内，在技术创新、行业管制放宽等背景下，产业界限开始模糊，促进产业与其他系统进行联系。从广义上讲，产业间渗透交叉最终融合，形成产业新业态。

（二）产业融合的基本类型

从技术、产品、市场、制度、产业等多种角度，可以将产业融合具体分为几种类型：（1）从技术视角可以分为技术替代融合与技术整合，或者互补融合；（2）从产品的视角可以分为替代型融合与互补性融合，以及结合型融合等；（3）从市场的角度可以分为需求方的功能融合与供给方的机构融合；（4）从制度的视角可以分为微观层次的标准融合与宏观层次的制度融合；（5）从产业角度可以分为产业间融合方式与产业间融合程度。

（三）产业融合的基本特征

其一，产业融合创新性。在产业融合过程中，创造出新的产业和新的业态，推动科技创新与商业模式创新。如“互联网＋产业”融合模式，带动新一轮数字经济和电子商务的快速发展，为经济转型升级增质提效。

其二，产业融合综合性。在不同产业之间的融合，是同一产业链上不同环节的融合，呈现出综合性特征，在经济发展和社会进步等方面，具有重要的应用场景。

其三，产业融合共享性。不同产业之间的融合可以实现资源的共享、资源优化配置。如农业与旅游的融合，促进农业用地发挥多重功能，既可以发展观赏农业，又可以发展经济作物，还能发展农家乐与观光旅游，促进农户增收，带动农业经济高质量发展。

其四，产业融合协同性。不同产业之间的融合，促进不同产业系统之间实现协同发展，推动经济、社会可持续发展。如生产资料与环保产业的融合，可以实现能源的清洁生产与利用，降低对环境的污染，实现绿水青山的目标。

其五，产业融合包容性。不同产业之间的融合需要跨界合作与开放创新，需要各个产业之间的包容与协同，只有通过开放创新与协同合作，才能推动产业融合的深入发展，实现经济、社会的可持续发展。

产业融合具有创新性、综合性、共享性、协同性、包容性等特征，这些特征促进产业融合，推动经济高质量发展和社会进步，对经济效益、社会效益、生态效益的“三位一体”的发展具有重要的指导意义。产业融合已经成为经济发展的新趋势和新特点，需要政府、企业、社会团体等各方协同推进，助力产业融合向更高层次发展，实现经济、社会的可持续发展。

二、产业融合背景下的民宿经济发展的意义

（一）促进民宿经济高质量发展

在《国民经济和社会发展第十四个五年规划和2035年远景目标纲要》中，提出“壮大休闲农业、乡村旅游、民宿经济等特色产业”，将沉睡的资源唤醒。民宿作为新兴旅游产品，在促进城乡融合、助力乡村振兴、实现共同富裕中扮演了重要的角色。民宿的兴起，为中国乡村提供新的经济发展机遇，开发出适合游客吃住行游购娱的旅游产品，吸引国内外游客进行消费，激发地方经济活力，带动农户和手工业者在民宿企业中就业和创业，带动农户增加经济收入，不失为一条带动农户实现共同富裕的道路。

（二）加强资源保护和传统文化传承

首先，开发民宿是以传统建筑、闲置民房和古镇为主，经过“修旧复旧”改造以后，注重环境友好和可持续发展，倡导尊重自然、文化和历史遗产，通过维护当地生态系统、传统建筑和乡村风貌，将闲置的资源唤醒和修复。其次，民宿的灵魂是基于地域文化形成的文化氛围，以文化表演与体验为媒介，让游客参与沉浸式体验，了解当地的

文化、风俗和传统，有助于不同地域和文化之间的交流，推动地方文化的传承与保护。

（三）助力乡村振兴和促进乡村旅游发展

首先，民宿产业布局在城乡接合处和乡村地域，形成了民宿集群，挖掘乡村特色旅游资源，以更高品质的服务、更丰富的乡村游主题，为游客的旅程不断创造惊喜，以“住”为核心需求，携手餐饮、出行、主题文化活动等多种消费场景，构建小型“田园经济体”，打造“互联网＋乡村振兴”的新范式。其次，借助乡村旅游，发展种植、养殖、采摘、垂钓、农业科技，让游客重拾农村生活记忆，为游客提供了亲近大自然和体验乡村生活的机会。“民宿＋乡村旅游”的发展模式，有助于保护乡村环境与传承非物质文化遗产，吸引游客探索农业发展历史、农业传统技术和参与农业活动，增加游客的“乡愁”记忆。

三、民宿产业融合产品

产业融合是不同产业相互融合与渗透的高效方式，民宿行业是在全域旅游发展背景下形成的新兴产业，与其他产业相互融合与渗透。民宿产业融合，实际上是以民宿产业为核心，结合互联网、乡村振兴、文创产业等，促进民宿经济发展升级。

（一）“民宿＋数字产业”

在互联网快速发展的背景下，带动民宿产业与互联网技术进行有机融合，通过互联网平台构建分享经济平台，宣传民宿服务产品和预订民宿酒店，以及分享游客对于民宿的体验与评价等内容。利用自媒体平台，民宿业主与游客展开互动，让游客通过自媒体直播方式，了解民宿的个性化产品等，进一步增强游客对民宿酒店的预知感，降低游客的陌生感，吸引更多游客体验民宿酒店推出的各项旅游产品。

（二）“民宿＋文创产业”

根据国内外发展经验，为了让游客能够沉浸式体验，实施“创意赋能民宿”的模式，不断壮大休闲产业、文创产业、乡村旅游，进一步与民宿跨界合作，开发出“民宿＋文创”的业态新尝试。民宿经营人员让游客体验到“活动体验＋打卡通关”的方式，引领游客穿越历史，沉浸式体验文化创意，开发出“民宿＋美厨”“民宿＋手工”“民宿＋艺术”“民宿＋农艺”“民宿＋采摘”“民宿＋垂钓”等融合模式，突出文化创意、乡土体验，突出个性化的旅居之“家”的服务优势，区别于传统酒店和旅馆的单纯满足住宿功能，靠“走心”的文化创意去赢得游客的喜爱。

（三）“民宿 + 乡村旅游”

随着城市化的快速推进，带动城镇人口不断增加，为了缓解在城市工作、生活的压力，城市人口除了工作时间以外，想要回到乡村体验传统乡村生活。民宿经营业主让昔日闲置的“土房子”变为农户增收的“黄金屋”，开发出更多农家饭、农家菜、农家种、农家钓、农家织、农家酿、农家事等体验项目，吸引更多游客来这里进行体验。

（四）“民宿 + 民俗传承”

民宿植根于“民”，初期形式是老百姓利用自家农房改造而成。与原生民宿、民族、民俗进行结合，利用与生俱来的禀赋和优势，赋能民宿旅游“住”的这一要素。民宿开发新产品和打造新业态，自然离不开民俗文化，充分挖掘、活化“民”字系列文化资源，在房屋建筑、内外装修、标识标牌、空间布局、景观小品等方面映衬地域文化符号。另外，通过自媒体宣传与现场表演等方式，对地域文化进行活化表演，增加游客的记忆。

【经典案例】

“塞上江南”的宁夏硬是把酒庄变成民宿

近期国内多家酒庄与民宿进行深度融合，由此吸引更多游客前来品美酒和住民宿。有“塞上江南”之称的宁夏地区，利用生产葡萄酒的优势，推出“葡萄酒 + 文化旅游”的融合发展模式。在宁夏上百家酒庄中，达到 A 级旅游景区的酒庄为 14 家，包括 4 家 4A 级旅游景区酒庄，年接待游客超过 130 万人次。首个典型的民宿酒庄是漫葡小镇，该小镇是宁夏首个休闲度假区，在此可以逛夜市、泡温泉、品美酒、吃小吃，是每个旅游者必到打卡地。尤其是在夜市上能够吃到 300 多个宁夏必吃榜单美食，让游客不出小镇就能吃遍宁夏美食。还有欣恒酒庄，是一家开在酒庄里的民宿小院，也是青年一族实施“酒庄游”的热门打卡地。一进入路洒小院，里面有中式建筑、围炉、露台、草地。这座酒庄里的民宿，把江南的秀美与贺兰山的壮美尽力结合，让游客在民宿内部可以享受到观山、品酒、赏月等休闲活动，感受浪漫与美好。在此游玩的游客都反映这种“民宿 + 酒庄”的经营模式，既能品美酒，又能住民宿，是一种难得的体验。

第三节　企业创新管理理论

随着企业竞争的加剧和科技的不断进步，给企业带来巨大的挑战，需要不断追求新的发展机遇与创新管理模式，在市场竞争中立于不败之地。为此，企业创新管理成为一种关键的竞争策略之一。

一、企业创新管理的内涵

企业创新管理是企业借助新的管理手段，在创新思维的引领下，寻找新的商业机会，加大人力资源和资本的投入，在产品研发环节、生产环节和销售环节力争创新，推动企业由以往粗放型向集约型转型，其核心理念是创新思维和资源整合。

首先，企业创新思维是发展的关键要素，不断开发新工艺、新技术、新方法来突破以往的发展模式，节约更多成本和产生更多经济效益。由此激发创业者和企业管理人员具备开放、敏锐和前沿的创新思维，在经营过程中发现新机遇，为企业发展赢得更多利润。

其次，企业创造性破局是创新管理的重要手段，企业不断跨越自身的边界和限制，打破传统的观念和思维模式，找到新的突破点，寻求价值最大化。

再次，企业资源整合是企业创新管理的途径，在产业跨界融合和边界模糊的背景下，充分利用信息技术、人力资源、高科技资本等资源，在创新过程中实施有效整合，实现优势互补和协同作业，形成具有创新性和优势突出的多重效应。

最后，企业组织创新是创新管理的重要环节，构建起灵活、协作、智能的组织架构，充分挖掘和发挥企业员工的创新潜力，激发团队的创新活力，进而实现创新成果转化。

二、企业创新管理的模式

企业创新管理的模式主要包括技术创新模式、市场创新模式、战略创新模式和平台创新模式。

首先，技术创新，注重科技研发和创新投入，利用新技术研发出新的产品，增强企业的核心竞争力和提升市场销售份额。如华为在5G领域的技术创新，带动移动手机终端能够赢得市场份额，增强企业在同行业中的竞争力。

其次，市场创新，注重市场分析和洞察用户需求，在创新市场营销策略、产品设计和服务模式时，实现市场需求的有效满足和竞争优势。如双汇集团在销售预制菜时，抓住青年一代的懒人经济和精致生活模式，分析90后、00后的年轻一代消费者的消费需求，成功推出多款成品菜系和半成品菜系，超前赢得了市场份额。

再次，战略创新，是企业根据市场变化情况，审时度势，不断调整企业的整体规划，规划企业的近期和远期战略目标，优化资源配置，拓展市场空间，激发企业的市场竞争力。如阿里巴巴在制定企业发展战略方面，持续促进企业走数字化转型和多元化战略之路，带动企业的业绩逐月增加和市场变化的逐年显著。

最后，平台创新，是利用开放的互联网平台，以创新产品、服务和商业模式带动企业价值链的整体创新，实施线上营销与数字营销。如美团公司在电商领域充分利用平台的创新模式，集中餐饮、金融、预订等多元化的服务，与不同的企业合作打造互联网+生态圈。

【经典案例】

天津蓟州区推动民宿业创新，为乡村旅游注入新活力

天津蓟州区被誉为“天津的后花园”，通过发展旅游经济，利用乡村“沉睡的资产”，积极培育民宿产业，为乡村旅游带来新动力。首先，创新投资模式，吸引社会资本和高端品牌参与，建立公司化管理制度，计划新建60户民宿，形成集聚效应；其次，不断挖掘地域文化资源，如下营镇大平安村的书画、渔阳镇西井峪村的民俗摄影等，打造特色衍生产品，提升核心竞争力；再次，积极与高校合作，建立专家智库，为民宿产业发展提供咨询论证，加强人才交流，研发主题产品，支撑乡村旅游产业发展；最后，选择优秀设计公司，建立名录库，提升设计水平，加强行业自律，实现民宿产业可持续发展。

三、民宿企业创新管理的核心内容

（一）民宿企业经营产品创新

作为旅游业中一种新兴的旅游方式，为了吸引更多客户来民宿企业消费，在产品开发上要注重创新。

一是民宿经营主题创新。民宿设计突出主题是在设计过程中的一个重要潮流，主题化的民宿设计能够让游客在住宿期间获得更加独特的体验和感受，设计成古代宫殿风格、现代化艺术风格、露营式风格，使得游客在民宿消费期间，体验到民宿的文化创意和艺术氛围。此外，主题化的民宿设计也能够提高游客的满意度和忠诚度，从而增加回头客。

二是民宿智能化创新。智能化设计是民宿设计主要趋势，多数民宿在设计时购进智能化设备，安装智能化的门锁、空调、照明设备等设施，提高游客的舒适度和安全性，也能够提高民宿的管理效率和服务质量。另外，智能化民宿设计提高了游客的体验感和娱乐性。如民宿客人在线下下单以后，系统自动推送订单到房东后台，游客到店以后使用微信二维码，上传身份证以后，通过人脸识别后自助办理入住，便于游客彻底摆脱琐事，更加感受到智能、便捷和安全。

三是民宿环保化创新。环保化是民宿设计的关键因素。因此，在民宿设计中融入环保元素，能够提高游客对民宿的认可度和好感度。如民宿中加入环保材料和节能设施，降低能源的浪费和对环境的污染，还能为游客提供更加健康环保的住宿环境。

（二）民宿企业营销模式创新

一是线上与线下充分结合。搭建在线平台和 APP，开通民宿官方网站和社交媒体账号，提供在线预订服务。通过发布有关旅游经验、地方美食、景区和旅游路线推荐等信息，吸引更多游客关注。在营销过程中，民宿业主可与当地旅游景区、导游、旅行社建立合作关系，联合推介和扩大宣传范围。

二是建立紧固性客户关系。这对于民宿成功的营销非常重要，平时教育员工与客户互动，根据反馈机制不断提供个性化的服务，实施后期客户跟踪机制，进而建立回头客优惠计划。向往期游客推出房间优惠活动，如重要节假日打折优惠、生日礼包、旅游套餐等，吸引客户入住和增加回头客。

（三）民宿服务模式创新

一是装修改造上按照客户需求设计。为了创新更好的民宿经营环境，多数民宿企业在充分了解游客的需求以后，利用收集到的信息来对民宿进行装修改造与经营，在装修风格上体现人文色彩，通过合理的空间设计，提升游客的入住体验感。如在装修风格上，可以利用当地的旅游特色，把本地旅游特色融入装修中，使其成为民宿的一大特点，让游客入住时能够体验独属于本地的烟火气。

二是在经营上更加注重“一村一宿”。为了防止出现民宿同质化问题，在开发民宿过程中，使每一套民宿都具有相应的主题和风格，保留独一无二的特点，给游客带来不一样、个性化的体验，实现“宿宿不同”。另外，打破民宿是外来事物的定位，增强村庄内部自我生长的力量，避免出现“民宿孤岛”现象，让民宿完美嵌入乡村，实现“隔而不离，隐居乡里”的民居体验，从而达到“宿村共融”的服务目标。

三是打造如家模式。在民宿开发过程中，秉持高品质和普惠化的原则，对民宿内部的陈设、洁具、家具、装饰、摆设等进行精心挑选，对每一花每一木都进行设计，为入住者营造舒适、愉悦的体验，形成“不是家胜似家”的认同感。

第四节　个性化服务理论

民宿是酒店产品的延伸，是旅游产品创新的产物，可以基于酒店个性化服务理论来研究民宿产品的个性化服务理论。

【知识链接】

民宿发展需要“标准化”。依据“无规矩不成方圆”的说法，民宿企业依据行业的服务标准、安全标准、卫生标准、舒适标准和协调标准等，来满足游客的基本需求。由于民宿经营者主要是个人经营为主，多数经营者尚未经过专业化培训，导致民宿的服务质量参差不齐，经过翻新的房屋在屋内采光度、消防安全、卫生条件等方面存在一定的缺陷，使游客的体验变差，投诉民宿业主的情况时有发生。因此，促进民宿经营者提高服务质量显得尤为重要。

民宿发展更需要“个性化”。在满足游客基本服务需求以后，还要为游客提供个性化服务，满足游客的吃、住、行、游、购、娱等个性化需求，让游客在旅游目的地内获得跟家一样的温馨服务。如游客到云南丽江旅游时，到某家民宿入住，民宿业主根据游客的食宿要求提供可口的饭菜和舒适的住宿房间，使得游客的个性化需求都得到满足。由此拉近了民宿业主与游客之间的距离，进而形成了“有感情的民宿”。

一、民宿个性化服务内涵

关于个性化服务是新型服务思想和经营理念，学界对其有着不同的见解。史丹（2006）认为个性化服务（Personal Service）是以顾客服务为中心，基于满足顾客的共性需求，还要针对顾客个性需求，让游客有一种自豪感、满足感，进而留下好的印象，让游客忠实于该服务企业，成为该企业的忠实顾客。黄爱时（2007）认为在旅游服务之中存在标准化服务和个性化服务，标准化服务是多数游客能够接受的普通服务，而个性化服务是旅游企业为满足游客的不同需求，提供各种灵活服务、关心服务、小项目服务、超前服务的“超常规”服务，以提高客人的满意程度。Lee & Larose（2011）指出个性化服务是收集和使用个人信息，针对目标客户量身定制的服务，使其更加贴近客户的需求。鲁瑶（2021）认为酒店标准化服务是根据一系列流程进行规范化服务，使员工高效完成整个服务过程，目的是给顾客留下满意的入住体验。与之相反，个性化服务是以顾客的需求和体验为前提，根据顾客的消费需求和市场环境的变化进行创新，以标准化服务为起点，对原有的、千篇一律的服务进行改变和创新。以上四种观点都是从企业“超常规”提供服务的角度和游客不同需求的角度，增加游客的体验感和获得感。笔者认为民宿的个性化服务是在以往标准化服务的基础上，为游客量身定制提供精准化服务，让游客在该民宿的“流动”向“留住”转化，增加游客的重游率，让游客具有获得感。

二、民宿个性化服务的基本特性

（一）民宿服务的主动性

民宿员工在服务过程中，应该具有超前意识，提前预测客人的需求。所谓超前意识，是指在游客开口之前，为游客提前安排的相关服务。民宿业主为游客提供接送机服务，根据入住游客的身体情况，量身打造旅游路线，为行动不方便的游客提供轮椅服务，询问外地游客的旅游适应性，介绍当地的气候、早晚温差、出行注意事项和民俗习惯，以及是否需要选聘导游等，这些都是主动性服务。在民宿餐饮、住宿、游览和购物等方面提供更多主动性服务，能让游客及早与当地社区融合。

（二）民宿服务的灵活性

民宿服务灵活性是针对不同的时间、不同的场合、不同的顾客，灵活而又有针对性地提供相应的服务。与传统民宿相比，部分新民宿开发移动民宿，突出民宿的灵活性和舒适性。移动民宿根据游客的需求和喜好，进行定制化的设计与配置，从而满足不同游客的需求。借助可以移动的优势，游客可以在不同的景区或者城市之间自由穿梭，无须担心住宿的问题。移动民宿中通常采用高品质床品、卫浴用品及舒适的座椅等设备，为游客提供温馨、舒适的住宿体验。

（三）民宿服务的特殊性

游客来自五湖四海，需要针对游客的消费偏好、生活习俗和宗教信仰提供特殊服务，主动询问游客在餐饮、住宿、起床时间、卫生清扫等方面的特殊需求，尤其是在饮食方面应该主动询问游客是否有忌口和禁忌。如游客患有糖尿病，应为游客准备低糖饮食或者无糖饭菜，让游客更加放心地食用。游客有宗教信仰，应该为游客提供清真餐饮或者素食餐饮等。还有游客不吃辣椒、葱、姜、蒜、香菜等或对调料有忌口等，对这些游客要给予特殊关照。

（四）民宿服务的多样性

个性化服务也代表着为游客提供多样化服务，让游客从中挑选出更加适合自己的服务项目。其一是在服务模式上提供多样化的服务，对晚起游客延长用早餐时间，餐食打包送餐到房间，或者打包带走路上享用，让游客在餐厅、房间、游玩的路上享用早餐等。其二是在服务内容上打造独具匠心的“民宿 +”，衍生出“民宿 + 文创”“民宿 + 研学”“民宿 + 探险”“民宿 + 康养”“民宿 + 艺术”等多种类型的旅游产品，让游客根据多样化的旅游产品，尽情享受民宿带来的乐趣。

三、民宿为游客提供个性化服务的基本内容

在个性化服务理念的指导下，周边游与本地游仍是游客实现短期“吃住行游购娱”的首选。民宿行业与传统酒店的最大价值差异，就是体现在个性化服务方面，民宿不仅仅具备简单的住宿功能，在服务内容上还更能体现出服务品质。

（一）民宿“住”的个性化服务内容

民宿业主或经营者在开发民宿时，一般利用闲置农房和其他产权空间，构建不同风格和不同主题的民宿，采用独特的装修风格和设计理念，让游客在入住民宿时，感受到别样风情或者独特的文化氛围。首先，通过提供独特的住宿体验来吸引游客。在游客入住民宿时，为游客提供 DIY 手工制作、垂钓、采摘、茶艺体验等具有一定地域特色的活动，让游客的住宿体验不再单调，获得更多乐趣和收获。其次，利用科技手段，增加民宿服务的智能化与便利化。利用手机 APP 或者智能家居设备，让游客随时随地掌握民宿的各种信息；利用 VR 展示民宿室内家具，让游客在线上就能够了解民宿的具体信息。

（二）民宿“吃”的个性化服务内容

民宿经营者根据游客提出的各种要求，开发出适合游客的特色餐饮。首先，在个性化饮食方面，依据地方特色食材和餐饮文化，提供具有地方特色的菜品和餐饮服务。如四川的九寨沟民宿提供食材地道、健康卫生的特色餐饮，包括具有地方特色的火锅、酸辣粉、烤全羊等美食，让游客能够品尝到地道的川菜美食，增强游客的体验感和记忆深

度。其次，在用餐环境方面，设计温馨、雅致、质朴的风格，让游客在用餐时感觉舒适和放松。在墙面装饰、地面材质、灯光设置等方面营造出独特的用餐氛围，在餐具选用方面利用手工陶瓷、竹编、铁质、木质等餐具，让游客感受到具有地方特色的文化。选择代表当地历史文化的背景音乐，为游客用餐增添一抹浪漫和放松的氛围。

（三）民宿“游”的个性化服务内容

民宿业主向游客讲解当地的自然旅游资源、人文旅游资源和发展历史，根据游客的需求推荐特色化游览线路。其一，民宿业主以讲故事的方式，讲述本地区的历史和发展。一同品茶时交流家长里短、分享生活故事，提高游客的满意度和忠诚度。其二，根据游客的出行偏好，安排采摘、垂钓、探险、研学等旅游活动。如游客喜欢探险，民宿业主为游客提供当地探险活动的信息与建议，为游客定制探险路线，带他们体验当地的自然风光和文化风情。

【本章小结】

在本章节中，主要探讨了民宿数字运营与管理中的四个核心理论，它们共同构成了民宿业数字化发展的理论基础。一是数字经济理论。本书从数字经济理论出发，对数字经济的概念、特征进行明确界定，指出数字经济对实体经济未来发展的影响，并强调数字经济从提升获客率、服务质量及产业转型中的作用。二是产业融合理论。产业融合理论则为分析民宿数字运营管理提供了宏观视角，本部分主要阐释产业融合的概念、特征，指出产业融合背景下民宿经济发展的意义所在，并结合产业发展趋势为民宿产业融合提出发展方向。三是企业创新管理理论。该理论部分则聚焦于探究民宿企业内部的创新管理，实施有效的创新管理策略来应对快速变化的市场环境，具体包括民宿企业经营产品创新、民宿企业营销模式创新及民宿服务模式创型。四是个性化服务理论。笔者认为民宿的个性化服务让游客能够在该民宿的“流动”向“留住”转化，增加游客的重游率，着实让游客具有获得感的有效方法。

【思考与练习】

1. 回顾本章所讲的四个理论的基本内涵，说说对民宿企业高质量发展有哪些指导？

2. 如果你是民宿业主，请问你怎样为游客提供个性化服务，请你说明具体步骤和操作内容。

3. 请你以去过的民宿为例，以企业创新理论为基础，分析其发展特色。

【案例分析】

黄果树民宿产业由“流量”变为“留量”

在国内民宿产业快速发展的背景下，黄果树景区不断完善基础设施，提升游客旅游体验，吸引了更多游客，将“流量”转化为“留量”。截至 2023 年 11 月末，黄果树旅游区共有民宿 170 家，部分民宿入住率长期保持在 90% 以上。

01. 黄果树民宿成为行业融合的一张名片

该旅游区制定了民宿发展区域规划，采取“点”“线”“片”相结合的方式，打造精品民宿集群。以“匠庐·阅山”等为代表的精品民宿成为网红打卡点，吸引了年轻人，推动了当地经济发展。在黄果树旅游区多家精品民宿多次获得行业奖励以后，逐渐形成了以匠庐·阅山、匠庐·村晓为核心内容，以倾山、渊府和坝陵河蛮寨民宿集群为代表的网红打卡地。由于网红打卡地成为 Z 世代青年一族新型生活与消费的基本主张，“网红经济”成为助推黄果树民宿业高质量发展的主要动力之一。

02. 黄果树民宿实现跨界融合

黄果树民宿旅游区成立了民宿与精品酒店协会，吸纳辖区内民宿、精品酒店及个人加入，打造国际化山水旅居型精品度假民宿集群。在打造精品民宿过程中，主要对黄果树周边村寨村民的闲置老屋进行翻新，在把老屋按照地方特色打造以后，形成了集休闲度假、避暑康养、民俗文化于一体的民宿品牌集聚区。在此基础上，不断促进民宿行业与上下游行业进行互动与延伸，联合当地的餐饮、娱乐、文创等行业与民宿品牌集聚区协同发展，扶持与民宿经济相关联的产业，培育“民宿 +”融合新业态，进而为进入民宿品牌集聚区的游客提供更多旅游产品，增强游客沉浸式体验。

03. 黄果树民宿实施高质量发展策略

黄果树民宿重点发展区域正在完善、加强基础设施和公共服务体系建设，主要体现在当地的道路、通信、停车场、公厕和旅游平台等基础设施以及自助式导游设施、道路标识、旅游公厕等公共信息设备上，为游客在景区游玩时提供更多便利。景区内部引导和外部宣传相结合，线上线下互动，形成了政府牵头和主体参与的合作方式，实施精准营销推介模式，搭建民宿交流合作平台，提升黄果树民宿品牌影响力。

问题：

1. 请你说明哪些因素可以吸引游客来到网红打卡地。

2. 请你分析黄果树民宿实现跨界融合能给当地带来哪些好处。

第三章　民宿建筑设施数字化设计与建造

【本章导读】

民宿，不是简单的一栋房子，而是一种生活状态，是当地风土民情的载体。最新实施的国家标准《旅游民宿基本要求与等级划分》将“旅游民宿”定义为“利用当地民居等相关闲置资源，主人参与接待，为游客提供体验当地自然、文化与生产生活方式的小型住宿设施”。因此，民宿的设计与建造也并非只是对其建筑与设施进行简单的修饰与排列组合，而是要依托当地人文环境，结合建筑特质，构建一种有别于喧嚣都市的生活形态，是对生活方式的一系列系统设计。

数字经济方兴未艾，不断重塑着世界经济格局与人类生产生活方式。数字化是新技术，更是高维度的用户体验，也是以客户为中心的民宿产业坚持转型升级的动力所在。将数字化技术应用于民宿的建筑与设施中，客人能够在数秒之内完成身份验证与登记，也能够通过手机遥控APP或与智慧主机对话以控制整个房屋的设施设备，还能够享受智能灯光、自助厨房、音乐浴室等多种智能交互设计。

数字化技术能够为民宿的设计增添多元化，为客人提供更加智能和个性化的服务。然而，如何能够在保持在地性特色的基础上有机融入数字化元素，是每个民宿业者在对其民宿进行数字化设计与改造时需要不断思考与探索的问题。

【学习要点】

1. 民宿建筑设施数字化设计与建造的相关理论、技术及研究方法。

2. 世界各地区民宿建筑设施数字化设计与建造现状、其数字化的具体体现及影响世界各地区民宿数字化建设的主要因素。

3. 我国各地区民宿建筑设施数字化设计与建造现状以及造成我国各地区民宿建筑设施数字化设计与建造水平不均的原因。

4. 未来民宿建筑设施数字化设计与建造的趋势。

第一节　民宿建筑设施数字化设计与建造的一般理论和方法

一、民宿建筑设施数字化设计与建造的相关理论

近年来，数字化赋能已经成为民宿行业的大趋势，是民宿提高入住率与复购率的重要手段，大数据、人工智能等新技术在民宿选址、设计、运营、营销等各个环节遍地开花。然而，数字化转型并不是一蹴而就的过程，其不仅是从内部对传统民宿进行提质升级，更能融合外部资源推动民宿发展，是数字技术的全方位、全链条应用，这就需要民宿经营者有明确的转型策略和行动计划。民宿建筑设施的数字化设计与建造是一个复杂且多维度的领域，涉及多个研究领域和理论框架。综合运用相关理论，对民宿建筑设施进行数字化的设计或改造，通过体系化、标准化、数字化的服务满足游客需求，使得高科技与民宿特色更好地融合，推动民宿行业的发展和创新。

（一）民宿建筑设施数字化设计与建造相关理论

1. 在地建造理论

“在地”一词来源于“in-site”的英语翻译，原意是指现场建造。在地建造理论强调了在建筑营造的视角下，建筑地域化如何实现的方式和原理。在地建造的设计策略视角是让建筑设计基于建筑自身自然生态气候、当地历史人文和当地的技术和材料，将建筑植根于现实的生活空间环境中，整体性表达建筑的规划选址、设计策划、合理施工、精确控制整体成本和后期运营的全过程设计。

在地建造理论引导下的民宿建筑设施的数字化设计与建造应包含民宿建筑面对自然生态气候的回应、对建造技术和材料的应用和对文化的思考。例如，要进行数字化设计的民宿在选址时应考虑周边旅游资源、场地交通便利性和基础配套设施。

2. 模数化理论

模数化作为一种标准体系，可以成为建筑构件的拆解规则，由此得到模件和模块的具体尺度，加强工厂对建筑构件标准化生产的效率。它可以是一整套具有空间规律的数字，以模数为基准的单一结构，在空间中通过特定模数体系排列组合创造出新的结构造型和效果，让空间中每个基础模块单位之间既能相互联系又能产生节奏美感。

在模数化理论的指导下，民宿建筑设施的数字化设计与建造将趋向于：（1）集约化

生产。在空间部件生产中能更好地采用先进的生产技术，改善生产力的组织形式，保障生产质量的同时降低生产成本。（2）装配式组装。装配式设计缩短了建筑的建造工期，提高了工作效率，减少了噪声和废料的产生，在后期维护和拆卸方面，更符合可持续发展的绿色设计理念。（3）人机交互协调。随着计算机信息处理技术的发展，在建筑空间中出现了越来越多的智能化设计模块，人机交互系统能更好地实现其在空间色彩、环境、智能设备之间的连接性，给建筑空间带来更多的人性化体验，进一步实现空间设计中“以人为本”的设计理念。

3. 新旧共生理论

新旧共生中的“共生”是一个生物词汇，原意是指两种不同的生物为争取各自的生存利益而互相依附生活在一起且和谐相处。在建筑学领域，新旧共生理论是将城市规划、建筑设计、景观设计与空间形态、场所精神、历史人文等元素结合在一起，共同平衡建筑设计中各个新旧元素之间的关系。

新旧共生理论引导的民宿设计目的是去平衡建筑与自然生态气候、新建筑与老建筑、建筑与民众、新文化与历史人文等之间的关系，让当地建筑、传统居住空间、原有居民与现代建筑、公共空间、游客之间发生有机碰撞，促进新旧空间物质的一体化和可持续性发展，让适应现代生产生活的建筑和符合现代经济发展的功能空间及人文一同注入原有建筑中，最终使得各个物质空间能相互依存、互利共赢。

4. 场景理论

“场景”一词来源于英文“scenes”，最初应用于电影研究和生产实践。随着媒体的发展和移动互联网技术的普及，社会及传播学越来越意识到场景在人与外界进行信息交换时的重要意义和作用，人们提出“场景”是获取用户信息、对用户进行实时精准的信息传播和服务的重要渠道，因此国内外学者将这种运用“场景思维”进行商业服务构建和设计的方法论称为场景理论。

场景理论是一种以用户为中心的设计方法，在民宿建筑设施的数字化设计与建造中，以该理论为引领，通过特定方式将空间、设施、人群、活动等不同场景要素组合在一起，打造富有真实性、戏剧性和合法性的消费空间，例如，可借助 AR、VR、MR 等数字技术，为顾客带来沉浸式的入住体验。

以上理论为民宿建筑设施的数字化设计与建造提供了理论框架和实践应用指导，其不仅有助于设计师规划选址、布局民宿空间，更为民宿建筑营造在地场所精神、回应历史人文、发展传承传统技术提供指导。值得注意的是，在民宿建筑设施的数字化设计与建造中，这些理论不是孤立的，而是相互联系、相互促进的。设计师和开发者应综合考虑这些因素，以实现对民宿建筑设施的数字化改造或建造。

【知识链接】

中国民宿业的发展脉络：从传统住宿到文化体验的演变

中国民宿业的演变历程，是一段从传统住宿形式到现代文化体验的转型之旅。随着时代的变迁和消费者需求的升级，民宿业经历了四个显著的发展阶段，每个阶段都以其特点和市场需求，推动了整个行业的创新与成长。

1.0 时代

20 世纪 80 年代末，成都郫都区出现了以“徐家大院”为代表的第一批农家乐。农民将自家的部分房屋出租给游客，依托院内秀美的花卉盆景和浓郁的乡风民俗，以低廉的价格吸引游客前来吃、住。“吃农家饭、住农家屋、观农家景、购农家物、干农家活、享农家乐”这一新型旅游现象一时风靡，郫都区人将其叫响为“农家乐”。

2.0 时代

家庭旅馆粗犷的管理方式渐渐无法与人们日渐提高的消费水平相匹配，因此，传统农家乐开始向更加专业化和市场化的经营模式转变，不仅有专门的土地和建造规模，还配备了标间、空调、淋浴间等。这个时期还出现了很多如“老谢车马店”一般的青年旅舍，店主个人的文化品位和审美情趣在住宿场景中开始有所体现。

3.0 时代

2007 年，得益于政策支持、成本优势及集聚效应，首批“洋家乐”涌现并吸引了国内一批新兴中产阶级到莫干山地区经营民宿；2013 年，德清民宿迈入黄金发展期，裸心谷、西坡、大乐之野等一大批品牌民宿蓬勃兴起，莫干山民宿作为 3.0 时代的典型代表，已成为中国民宿发展的样板地、标杆地。3.0 时代的民宿不仅风格多样，设施设备也更为完善，普遍达到五星级水准；与此同时，自媒体的飞速发展催生了一大批“网红民宿”。

4.0 时代

随着民宿的多元化发展与更新迭代，“宿集”这种融合了民宿和现代娱乐设施的新业态应运而生，较为典型的如“黄河·宿集”。多家民宿品牌通过资源整合、文化重塑等方式，结合在地文化和人文景观形成集群效应，更加符合当下多元化、个性化的市场需求。民宿 4.0 时代结合了 3.0 时代的特征，不再局限于传统的建筑形态，而是艺术与美的映射，强调精神层面的获取。

（二）民宿建筑设施数字化设计与建造相关技术

1. 人机交互（Human-Computer Interaction，HCI）

计算机协会 ACM 将人机交互定义为“一门涉及设计、评估和实现供人类使用的交互式计算系统以及研究围绕这些系统的主要现象的学科”，它的一个关键方面是用户满意度。人机交互关注如何设计和评估用户界面，以及如何提供良好的用户体验。

在民宿建筑设施的数字化设计与建造中，充分应用人机交互技术可以提升民宿的数字化水平和客人的服务体验。例如，民宿可以应用自助服务设备，通过用户界面与触摸屏的交互来实现自助入住、自助取款、自助预订等服务。语音识别技术和自然语言处理也是民宿实现人机互动的方式之一，通过引入如小爱同学、小度等语音助手，为客人提供查询叫醒、设备调节、室温控制等服务。其他应用还有智能控制系统、人脸识别系统等。值得注意的是，过度的数字化可能会造成服务“失温”，导致人文关怀缺失，淡化民宿主要特色。

2. 用户体验设计（User Experience Design，UED）

用户体验设计的决策则通常是由研究数据分析和测试结果驱动的，而非感性认识。对于民宿来说，从消费者思考要预订一个怎样的民宿开始，用户体验便开始存在了。因此，用户体验设计贯穿消费者的整个消费过程。

在民宿建筑设施的数字化设计与建造中，用户体验设计不仅仅聚焦于美化产品或界面。如知名的柯兹纳国际集团（Kerzner International）就通过前期的用户体验调查，结合对酒店内部的数字化评估，最终输出了一份高质量的数字化解决方案，使得豪华酒店 Kerzner 实现了业务增长。因此，用户体验（UE）设计在民宿建筑设施的数字化设计与建造中主要被用来创造影响用户体验的元素，并将其与民宿的在地性有机融合。

3. 可视化设计（Visual Design，VD）

可视化设计就是借助视觉元素，将数据和信息等抽象概念转化为具象表现，从而达到提供决策支持、加强信息理解、助力业务转化等目的。例如，有些酒店对住房状态进行了可视化设计，用颜色的灯光或代表不同含义的图标代表不同的住房状态，这一设计对民宿同样适用。

在民宿建筑设施数字化设计与建造中，可视化设计打破了传统装修设计手绘设计图或 CAD 制图的展示方式，通过应用可视化技术，民宿设计师可以将设计方案实时转化为三维效果图，具有真实感的图像能够帮助客户更直观地感受装修效果。此外，在虚拟环境中，设计元素调整非常便捷，顾客可以实时对比不同设计方案的效果并做出反馈，从而提高民宿设计方案的精确度和满意度。

4. 3D 打印（3D Printing，3DP）

3D 打印（3DP）即快速成型技术的一种，又称增材制造，是一种以数字模型文件为基础，运用粉末状金属或塑料等可黏合材料，通过逐层打印的方式来构造物体的技术。随着该技术的不断成熟，美国、迪拜等国家和地区已经颁发 3D 打印住宅许可证，我国也将该技术应用于市政、交通及园林等领域。3D 打印而今也渐渐被应用于商业建筑设施，如全球首家 3D 打印酒店——非洲 Kisawa Sanctuary 酒店和我国首个 3D 打印商业建筑——“火星巢穴居所”酒店项目。

在民宿建筑设施的数字化设计与建造中，3D 打印不仅可以制作出各种精致的室内装饰物，也可以打印出复杂、具有创意的建筑外观，能够满足民宿追求特色的理念。值得一提的是，3D 打印技术建造一栋房屋最短只需一天时间，且建筑成本也更低，有利于民宿快速响应市场需求。再者，3D 打印技术无须混凝土模具，我国大部分民宿位于乡村，多注重生态与环保，在民宿建筑设施的建造过程中采用该技术可以减少建筑废料和二氧化碳的排放，符合乡村民宿绿色发展的理念。

5. 虚拟现实（Virtual Reality，VR）

虚拟现实是以计算机技术为核心，结合相关科学技术，生成与一定范围真实环境在视、听、触感等方面高度近似的数字化环境。用户借助必要的装备与数字化环境中的对象进行交互作用、相互影响，可以产生亲临对应真实环境的感受和体验。虚拟现实技术可以帮助民宿为客户提供更加沉浸式和真实的体验，增强客户的感知和体验效果。

虚拟现实技术在民宿建筑设施的数字化设计与建造中具有广泛的应用前景。通过虚拟现实技术，可以增强用户的体验和认知，提高民宿的服务质量和竞争力。同时，虚拟现实技术也可以为民宿的营销、宣传、培训等方面带来更多的创新和机遇。例如：

（1）零距离选房：顾客在预订环节便可以 3D 漫游整个民宿场景，提前了解民宿的室内外分布情况，虚拟体验民宿配套设施，720° 地观看房间布置和周边环境。目前携程集团就在其 APP 的“酒旅”部分上线了 VR 看酒店功能，在酒店首页点击 VR 图标就可以进入 VR 漫游页面。

（2）智能地图系统：一般来说，大部分民宿会配备丰富的设施与服务，提供个性化、生活化的娱乐活动。尤其是位于乡村的民宿和民宿集群，占地面积较大，需要配备地图或其他导览方式。使用智能地图系统，并在全景展示中增加重点区域介绍的标注点进行单品全方位介绍、解析，客人可以随时查找民宿位置，也可根据自己的当前定位导航至民宿的任意区域。

（3）虚拟营销：新消费时代下消费理念升级，消费者逐渐趋于理性消费，民宿行业曾经的“诗和远方”，如今引流获客也困难重重。凭借三维空间重建能力，民宿可以利用虚拟现实技术等比例复刻真实场景，用体验式营销获取顾客信任。

（4）虚拟培训：通过虚拟现实技术，民宿管理者可以为员工提供仿真、实践性强的工作环境。员工可以模拟各种工作场景，进行实际操作和应对，如学习如何与客人互动、处理紧急情况等。相对传统培训模式而言，这种实践性的培训使员工能够更快速地掌握技能和应对能力，提高工作效率和服务质量。

二、民宿建筑设施数字化设计与建造的研究方法

研究方法，原本是一个哲学术语，指的是在研究中发现新现象、新事物，或提出新理论、新观点，揭示事物内在规律的工具和手段，科学的研究方法是研究的基石。合理运用研究方法应当仔细计划、深思熟虑和谨慎执行。除了选择适当的方法，也要保持伦理和科学原则，有助于确保研究的有效性和可信度。

针对民宿建筑设施的数字化设计与建造这一主题进行研究时，考虑到其应用性较强，因此应格外注重理论与实际的结合。此外，在民宿建筑设施的数字化设计与建造过程中，进行模拟实验或者模型构建也是很有必要的，这能够预测民宿设计方案的效果与性能，提高方案的可靠性。需要注意的是，研究方法本身并无优劣之分，在选择研究方法时，应根据研究目的、经费、可行性等方面综合考虑。

以下是进行民宿建筑设施数字化设计与建造时可能涉及或应用到的一些研究方法：

（一）实地调研

实地调研是市场调研中最常用的方法之一，通过对民宿的走访观察，了解其建筑设施在数字化设计和建造方面的实际应用情况，并对行业专家、民宿管理者或民宿设计师进行访谈，以收集其意见与建议。

（二）数据分析

收集和分析民宿行业有关数字化的设计与建造的相关数据，如用户使用数据、民宿经营指标数据，或建造工期、人力成本等，以了解数字化设计对民宿的运营和用户体验的影响，或数字化建造对民宿效益的影响等。

（三）实验设计

实验设计是数理统计学的一个分支，在研究民宿建筑设施的数字化设计与建造时，设计并实施实验，通过操控变量，评估和对比不同的数字化设计与建造方案的效果和影响，以验证方案的可行性与可靠性。

（四）民族志

民族志是人类学的一种质性研究方法，基于田野调查，对特定社会文化环境中产生的信念、态度、价值观、角色和规范进行理解和解释。在对民宿建筑设施进行数字化设计与建造时，需要通过民族志深入了解当地文化背景，深化民宿的在地性特色，在保证民宿风格的基础上研究如何融入数字化元素。

第二节　世界各地区民宿建筑设施的数字化设计与建造

一、世界各地区民宿建筑设施的数字化设计与建造现状

民宿建筑设施的数字化设计与建造水平因国家、地区、民宿类型、旅游市场等因素而异。本书按照地理位置划分，分别对亚洲、欧洲、美洲、非洲和大洋洲五大洲部分国家民宿建筑设施的数字化设计与建造现状进行简要介绍。

（一）亚洲地区

在亚洲地区，民宿建筑设施的数字化设计与建造水平因地区不同而各有差异，但整体趋势是不断上升的。

中国的民宿建筑设施在数字化设计与建造方面仍存在发展空间，但近些年已有明显的进步。随着国家政策的号召和消费群体的年轻化，中国的民宿市场已经开始接受数字化的概念，特别是北京、上海和深圳等一线城市。目前，中国民宿的数字化普遍体现在预订、入住、营销和管理方面；也有很多民宿配备了一些基础的数字化设施设备，如智能门锁、智能家电等。然而，由于顾客素质参差不齐、投入成本和运维成本过高、民宿主对数字化的认知等原因，其他数字化技术在中国民宿设施设备中的应用仍然是凤毛麟角。

日本一直专注于科技水平的提升，其信息基础建设首先保障了民宿建筑设施进行数字化设计和建造的实施和发展。日本大部分民宿有高速网络覆盖，通常也接受 Apple Pay 或 Ali Pay 移动支付，顾客一般通过 Airbnb、Booking.com 和 Rakuten Travel 等对民宿进行在线预订。在建筑设施方面，日本部分民宿配备了智能家居、无线充电、娱乐集成系统等。但日本的民宿更加注重传统的住宿体验和服务。

在韩国，智能门锁是最常见的数字化设施之一，客人可以通过手机、密码、电子钥

匙甚至人脸识别出入民宿。韩国的民宿更倾向于提供数字化程度较高的设施设备和自助服务，韩国的很多民宿也配备了智能温控、智能音响等数字化的设施设备，消费者可以通过手机进行控制。顾客也可以通过手机 APP 自助办理入住、获取旅游信息等。

总的来说，亚洲地区的民宿在建筑设施的设计与建造方面数字化程度呈逐渐增长的趋势，预计也将持续发展。

（二）欧洲地区

在欧洲许多国家，建筑和设施上应用数字化的民宿占比较高，如德国、英国和荷兰等国家。这些国家优先考虑环保、能源效率与可持续性，因此普遍引入了优化资源利用的智能技术。智能恒温器、能源监控系统和环保解决方案等在欧洲各地的民宿建筑设置中随处可见。

德国是欧洲智能家居技术的领先国家之一，如柏林和慕尼黑这样的城市有大量的数字化民宿。在德国，民宿业主通常倾向于采用节能系统、智能安全设备和家庭自动化系统，他们更强调可持续性、能源效率、舒适性和便利性。

英国民宿的建筑设施中对数字化技术的应用也有所增加，尤其是在伦敦、曼彻斯特和爱丁堡等城市。这些城市的民宿主通常会在自家民宿中集成语音控制设备、智能电器和家庭自动化等系统，为住客提供便利和现代体验。

位于斯堪的纳维亚半岛的瑞典、丹麦和挪威，以强调可持续发展和环保而闻名。这些国家通常在民宿建筑设施的数字化设计与建造中应用了节能系统、智能供暖和制冷及高效电器等。

其他欧洲国家，如法国、意大利和西班牙，也见证了数字化技术在民宿建筑设施中的发展。这些国家的民宿主通常采用智能技术来提升客人体验，如提供智能锁、自动照明和娱乐系统等功能。

在欧洲，越来越多的民宿主认识到提供高科技住宿的价值，预计未来将有更多的民宿建筑设施进行数字化改造，以满足对现代便捷旅游体验日益增长的需求。

（三）美洲地区

美洲地区，尤其在北美地区，一些发达国家的民宿在建筑设施上已经广泛采用了智能系统。

美国是科技发达的国家之一，因此数字化技术在民宿建筑设施的设计与建造中应用较为普遍，许多民宿在建造初期就考虑到数字化设施设备的安装与应用，如智能安全系统、智能照明系统、智能厨房设备等。

除了美国，拉丁美洲部分国家的民宿建筑设施也在尝试数字化改造升级。例如，墨西哥的数字化民宿较先前已有增加，尤其是在墨西哥城、坎昆和巴亚尔塔港等地。当地的民宿主们整合了亚马逊 Alexa、谷歌 Homes 和苹果 Homepods 等功能，为客人提供个性化信息、天气更新信息和礼宾服务。哥斯达黎加的民宿也已经开始向客人提供集成音响系统、先进的安全和娱乐系统等服务。

（四）大洋洲地区

尽管大洋洲的部分国家，如澳大利亚和新西兰等国家的城市地区已经兴起了将数字化技术应用于民宿的热潮，但该地区的民宿在建筑设施的数字化上仍然程度较低，尤其是一些小型岛屿国家和偏远地区。

在澳大利亚，Airbnb、Booking.com 和 Expedia 等在线预订平台为消费者提供了在线寻找和预订民宿的服务；智能家居、智能门锁、智能照明等数字化的设施与系统也被应用于民宿中。其中较为发达的如新南威尔士州、维多利亚州、昆士兰州等地较为高端和豪华的民宿除了配备智能安全系统、智能消防系统等基础数字化设施外，还会提供家庭影音系统一类的数字化娱乐设施。南澳大利亚州和塔斯马尼亚州的民宿业规模较小、发展较慢，但也已经有民宿开始在建造或改造中引入数字化技术。

新西兰旅游业较为繁荣的地区——克赖斯特彻奇，有些民宿会配备较为常见的数字化设施设备，也会提供如亚马逊的 Alexa 或谷歌的 Google 助手作为智能家居助理。在一些大城市如奥克兰和惠灵顿，一些高端民宿也会将数字化技术与民宿设施设备融合。然而在北岛地区和南岛地区，民宿业的发展尚在初期，尽管有数字化的体现，但大多数民宿仍保持传统的建筑设施。

值得注意的是，澳大利亚和新西兰都非常注重可持续发展和环保实践。这些国家的民宿大都会采用数字化的节能系统、智能温控系统、智能水管理系统和智能垃圾管理系统等，以最大限度地减少对环境的影响。

大洋洲的其他国家和地区，包括斐济和库克群岛，在其主要城市和热门旅游目的地已有部分民宿在建筑设施上引入了基本的数字化设备，只是智能家居、数字化控制系统等的应用比较有限。

（五）非洲地区

整体来说，非洲地区与世界其他地区相比，其民宿建筑设施引入数字化设备或系统的程度相对较低，但在一些经济相对发达的地区和特定的细分市场中，已经出现了采纳数字技术的民宿。

南非、摩洛哥、埃及和肯尼亚等主要旅游目的地，以及开普敦、内罗毕和约翰内斯堡等主要城市，其信息基础建设相对完善，经济相对发达，民宿业主可能更具数字化意识。南非的开普敦和约翰内斯堡，一些民宿都在使用在线预订系统、智能家居系统、智能门锁系统等，尤其是一些高端民宿在较早的时候就已经开始采纳数字化技术。在摩洛哥，一些 Riads（带庭院的传统摩洛哥房屋）被改造成民宿，在改造过程中加入了智能气候控制、智能娱乐系统、智能窗帘等，为客人提供现代科技的正宗摩洛哥体验服务。

然而，在非洲的一些欠发达地区，由于互联网覆盖程度不高、教育程度普遍较低、技术能力不足等多方面的原因，尚未具备建造数字化民宿建筑的基本条件。因此这些地区仍然保持传统的经营方式，如当面预订、手写登记和现金结算等。

依据技术采用水平、基础设施覆盖程度和技术发展等指标，本书对世界各地民宿建筑设施中应用数字化技术的情况做了大致分类，如图 3-1 所示。

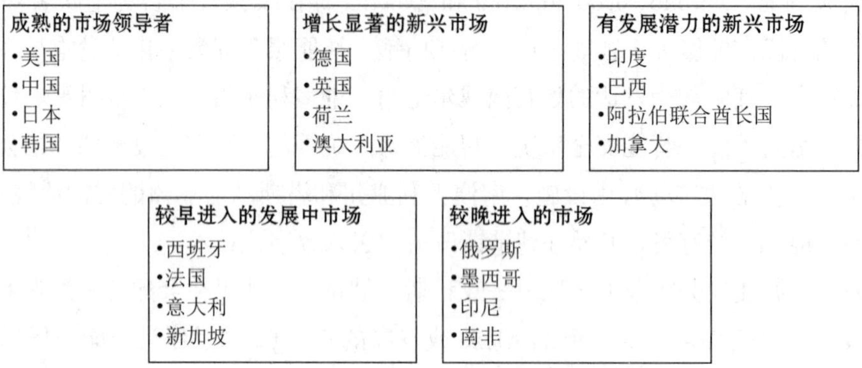

图 3-1　世界各地区民宿建筑设施的数字化技术应用情况

注：以上分类是基于一般观察，文化偏好、经济条件和政府举措等因素会极大地影响不同国家民宿建筑设施数字化设计与建造的发展情况。因此，该分类带有一定的主观性，且可能会随着时间的推移而变化，仅为读者提供一定程度的参考。

二、世界各地区民宿建筑设施数字化的具体体现

（一）智能家居自动化平台

智能家居自动化平台集成了互联网、无线通信、无线传感、人工智能、数据分析及语音识别等多种数字化技术，能够实现民宿建筑中各设施设备的智能化控制和自动化操作。

在民宿建筑设施的设计与建造过程中，民宿主人可以有选择地引入安全系统、照明系统、温控系统、家居设备和音视频系统等，通过统一的接口，管理者或客人能够通过手机、电脑、平板等移动电子终端来对其进行控制和管理。通过学习用户的需求与习惯，智能家居自动化平台可以为客人提供个性化、智能化、便捷化的服务。

（二）物联网设备和传感器

物联网设备和传感器运用了无线通信、云计算、大数据分析、边缘计算、人工智能、机器学习、虚拟现实与增强现实等多种数字化技术，在民宿建筑设施中可以实现智能温控系统、安全监控系统、能耗管理系统、智能门锁等多种数字化设施设备的自动化和远程控制，在民宿的服务质量、经营效率、管理效率和安全性方面有显著的提升作用。

（三）语音控制和虚拟助手

通过整合语音识别、自然语言处理、机器学习、人工智能、云计算、大数据及物联网等数字化技术，语音控制和虚拟助手能够为客人提供更加便捷的控制和操作、环境控制及个性化的服务。Amazon Echo 智能音箱搭载 Alexa 虚拟助手来控制智能家居、播放音乐、控制灯光等，是世界各地的民宿建筑设施中常见的数字化方式。此外还有 Google Home 智能音箱内置 Google Assistant，Apple HomePod 智能音箱内置虚拟助手 Siri，甚至我国小米公司推出的小爱音箱及其内置的虚拟助手小爱同学，也经常被应用于民宿中，客人通过与虚拟助手的对话、问答，来控制设备和获取各种信息。

（四）能源控制系统

世界上很多国家通常优先考虑节能和环境可持续。能源控制系统通过利用传感器、无线通信、机器学习、人工智能、云服务、远程控制等数字化技术进行数据采集、数据通信、数据分析和建模、远程监控与控制，并通过智能调控能源设备的运行来实现节能的目的。常见的能源控制系统包括智能家居系统、远程监控系统、能源管理系统等。

（五）智能安防系统

依靠视频监控技术、图像处理算法、智能感知技术、数据加密技术等，智能安防系统可以对民宿及建筑周边进行视频监控、人脸识别、声音检测，并有结合温度、湿度、二氧化碳等环境参数的多传感器联动，能够对环境进行异常监测和报警，以满足某些地区对消防等建筑安全的法律要求。民宿经营者也可以通过终端设备进行远程布防、撤防等实时管理与控制。

三、影响世界各地区民宿建筑设施数字化设计与建造的主要因素

民宿行业的数字化转型不仅是简单的技术升级，更是对整个民宿运营模式的深度变

革。在这个过程中，民宿需要利用数字化技术，如互联网、大数据、人工智能等，来提高服务效率，优化用户体验，提升品牌形象，以适应新的市场环境和消费者需求。然而，这个过程并非一蹴而就，而是受到多种因素的影响。其中的主要因素有：

（一）基础设施

可靠的网络基础设施、稳定的电力供应与完善的通信设施都是引入数字化技术的基本前提。首先，民宿有赖于稳定的互联网连接才能实现在线预订、数字支付、远程监控等功能；其次，民宿的建筑设施中若要配备自动化系统和智能化设备，便需要大量的电力支持，供电不稳或断电现象的发生导致服务失败反而得不偿失；再次，民宿经营者、服务人员及顾客之间畅通的通信渠道有赖于民宿所在地区完善的通信设施，若通信质量差或信号覆盖范围较小，则民宿业者与民宿顾客将更倾向于传统通信方式。

（二）成本效益

在民宿建造或改造的初期，投资者或民宿主必然要评估引入数字化技术的成本效益，最显而易见的一项便是初期技术投入成本，若购置软、硬件及相关设施设备的成本过高，会直接影响其引入数字化技术的意愿。另外，设施设备使用期间的运维成本如员工培训、设备维护与修理、技术升级等如果较高，可能会对成本效益产生负面影响。另一方面，数字化技术带来的运营效率提升、客户体验增强、市场竞争力提高等优势能够实现民宿的业务增长和盈利增加。因此，民宿主会从多方面评估引入数字化技术的投资回报率，以确保其能为民宿带来经济效益。

（三）技术水平

一般来说，技术水平的发展能够促进民宿在其建筑与设施设备中应用数字化技术。技术水平较高的地区普遍具备完善的基础设施，这一必要条件能够保障数字化技术的初步应用。另外，这些地区往往有更多的资金储备和更强的研发能力，能够开发出符合民宿特色的硬件设施和软件系统。再者，这些地区的消费习惯与市场需求也更为先进和高端。

（四）人才储备

在对民宿的建筑设施是否要应用数字化技术来进行设计与建造这一问题上，人才储备是一个重要的考量因素。数字化技术的引入需要具备数字化知识与专业技能的人才的支持，如软件工程师、网络安全专家、数据分析师等。而对于民宿的经营管理者或相关从业人员来说，也必须具备数字化思维，善于运用数字化技术解决问题和创新，如应了解如何利用数字化工具进行营销推广、与客户进行在线互动、通过数据分析提升客户体验等。

（五）行业竞争格局

行业竞争格局指的是在一个特定市场中，各个竞争者之间的相对地位、市场份额和市场竞争力。当涉及民宿行业的数字化技术程度时，行业竞争格局可以对该程度产生直接的影响。在日趋激烈的竞争环境中，为了保持持续的市场竞争力，民宿业者也逐渐意识到数字化技术在民宿行业中的重要作用，如提高管理效率、简化业务流程、优化客户服务等。另外，行业竞争格局也对民宿是否在建筑设施中引入数字化的决策有着间接的影响，比如，通过影响民宿企业的资源分配和资金投入，进而影响数字化技术的引入速度和程度。

（六）监管政策

当地政府的监管政策和法规会对民宿建筑设施的数字化设计与建造产生直接影响。一个国家的监管环境既可以促进也可以抑制民宿行业的数字化发展，一些国家将民宿作为促进旅游业和经济增长的一种方式，而另一些国家则对民宿加以限制，以维护文化的完整性。一般来说，拥有鼓励创新、保护消费者和促进公平竞争的支持性法规的国家，可能会在民宿产品方面取得更大的数字进步；如果政府对民宿业的立法不明确或者不支持，那么民宿业的数字化建设可能会受到阻碍。

值得注意的是，上述因素可以相互作用，形成反馈循环，从而帮助民宿行业更深入地进行数字化转型。例如，有利的监管环境可以吸引更多投资，从而加强基础设施的互联互通。

第三节 我国各区域民宿建筑设施的数字化设计与建造

一、我国各区域民宿建筑设施的数字化设计与建造现状

根据 2023 年全国旅游标准化技术委员会不完全统计，目前全国有旅游民宿约 20 万家。其中，四川、云南、浙江、山东、贵州、广西六省区排位靠前，均超过 1 万家，四川省最多，达到 4 万家。从地域分布来看，全国各地差异明显。总体上，西南地区旅游民宿较多，如云南、贵州等地。东部地区以浙江为最，中部地区湖南、湖北较多，西北

及东北省份较少。从城乡分布来看，80% 的旅游民宿分布在乡村地区，大部分集中在知名景区附近及乡村旅游发展较为成熟的地区。

我国乡村的数字基础设施经过近些年的投资建设，整体水平相对较高。从数字化角度来看，越来越多的民宿主开始关注并使用新媒体进行自家民宿和地方文化旅游的宣传（数字化营销），借助 OTA 和线上预订渠道进行客房销售（数字化销售），通过微信交流提升以往客人的复购率和口碑宣传（数字化客服）。尽管部分县域的数字乡村发展较快，然而由于民宿的体量相对较小，运营维护的复杂度较高，因此绝大多数民宿尚未引入在线选房、在线点餐等智慧客房服务，全国仍有约 2/3 的县域地区处于数字乡村发展的中等及以下水平，显示出“东部较高、中部次之、西部和东北较低”的格局。

在我国，影响民宿建筑设施在设计与建造过程中引入数字化技术的因素主要有：

（一）传统观念和文化

根据我国民宿的城乡分布结构来看，乡村民宿占据绝对的数量优势。在我国乡村地区，传统观念和文化对于民宿行业的发展起到了一定的限制作用。首先，一些老年人和农村地区的居民可能对数字化技术尚不熟悉或者不习惯使用。其次，对于一些传统的民宿经营者而言，他们可能更倾向于保持传统的经营方式，对于数字化技术的接受程度较低。再次，很多民宿经营者崇尚天然，致力于打造返璞归真、天人合一的生活方式，数字化元素不容易与其风格融合。

（二）基础设施水平

由于大部分民宿位于乡村地区，甚至有不少民宿为了追求“宁静”和“远离喧嚣”的环境，将民宿建造位置选在人迹罕至之处，这些地方大多有着优越的自然环境。然而，在这些地区，网络覆盖和基础设施建设相对来说并不完善，民宿在建筑设施的建造时加入数字化系统，很可能在使用时会出现运行不畅甚至系统瘫痪等情况。

（三）成本投入

目前，我国的民宿市场中虽然出现了如旅悦集团旗下的花筑民宿等连锁民宿品牌，也有很多地区以民宿集群的方式运营，但单体民宿的数量仍占据大多数。若要对其民宿进行数字化改造，则需投入大量的采购成本与培训费用等，这对单体民宿经营者来说是不小的负担。考虑到投资回报率，很多民宿主会出于规避风险而放弃引入数字技术。

（四）消费者素质

民宿中数字化设施设备的使用需要消费者具备一定的科技素养和操作能力，消费者素质的参差不齐，可能会导致设备使用不当或无法充分发挥设备的功能，除了减少收益，还可能引发投诉，而且民宿需要花费更多资金修理甚至更换设备。尽管有些民宿提供了数字化设施设备操作方式及功能的讲解，但部分客人可能会存在学习和适应上的难度，导致他们不愿意或无法充分使用设备。

二、我国各地区民宿数字化具体案例

无论是在山水田园之间、古朴村落之中，还是在现代都市的喧嚣中，数字化都在为民宿建筑设施的设计与建造注入新的活力。民宿作为服务业，其建筑设施的数字化设计与建造不仅要凸显数字化的特点，更要兼顾人性化的需求。因此，数字化技术的运用要充分结合当地风土人情，考虑住客需求，以确保民宿的实际效益和可持续发展。

以下为我国不同省市民宿建筑设施数字化设计与建造的案例，展现了民宿建筑设施在不同地区、不同文化风俗背景下个性化、数字化的设计风格，为广大民宿从业者、设计师或相关行业的专家学者提供一定的参考和启示。

（一）北京市

“未来之家”：智能家居的实验性探索

在北京中心城区的白塔寺附近，有一个特别的项目吸引了众多目光——“未来之家”。项目位于西城区一处保存较为完好的胡同院落片区，占地 80 多平方米。在这个迷你的场地上，建筑师们面临如何在有限的空间内创造出满足现代生活需求的居住环境的挑战。他们的解决方案是利用智能移动家具模块，以适应共享经济、自由职业和网络技术带来的新生活方式。

“未来之家”的核心理念是打破传统“家”与“社会”的界限，强调工作和生活的无缝连接，以及生活的多元性和质量。为此，建筑师们在正房内拆除了原有的空间划分，置入了两个智能移动家具模块和一个固定模块。这些移动模块可以通过智能遥控系统灵活改变空间状态，从而在一个大开间和三个独立卧室之间切换，完美适应年轻人灵活多样的生活方式。

此外，家庭环境的软硬件一体化控制也是“未来之家”的一大特色。通过软件控制模块化的硬件，不仅解决了空间需求问题，还最小化了对原有结构的干扰。新增的厨房、卫生间模块采用了开源系统的 wikihouse 体系建造，实现了全球共享设计数据、数控加工、平板包装和现场手动拼装，最大限度地减少了对胡同居民和环境的影响。

“未来之家”虽然外观低调，但其内涵丰富，使用状态多样，恰如北京这座城市的性格。它不仅是一个居住空间的革新，更是对传统文化和现代科技融合的一次有益尝试，向我们展示了未来居住环境的无限可能。

京东 × 途家“生活美学屋”：住宿业的跨界创新

在住宿业寻求差异化和增值服务的今天，北京后海核心景区内的小金丝胡同 23 号院迎来了一场创新的跨界合作——京东 × 途家“生活美学屋”。这一项目是由途家、京东和隐海三方联合打造，标志着住宿领域跨界合作的新篇章。

“生活美学屋”内部装饰精选自京东居家生活事业部，每一件商品都是精心挑选，旨在为顾客提供一种全新的购物体验。民宿不仅融入了智能家居解决方案，还引入了安全防护和环境调节等新应用，利用大数据和人工智能技术实现了家居设备的无缝互联。顾客可以在体验后选择购买心仪的产品，这种“先体验后购买”的模式为零售业和住宿业的结合提供了新的思路。

此次合作不仅是对传统民宿业态的一次升级，也是对零售电商与住宿业跨界合作模式的一次大胆尝试。自 2017 年以来，宜家、无印良品、网易严选等品牌纷纷将目光投向国内住宿市场，通过开设生活美学酒店，开启了“电商 + 住宿”的场景消费新模式。这种模式不仅为零售业开辟了新的场景式购物业态，也为住宿业带来了更广泛的消费群体。

“生活美学屋”的推出，是京东无界零售战略的又一实践，它不仅重构了消费场景，还为民宿行业和家居电商零售行业带来了全新的商业价值。这一项目不仅是对“旅游民宿 + 生活美学电商”线上线下无界营销模式的全新尝试，更是传统人文文化与现代居住元素的完美融合。通过这种合作，三方不仅共同探索了一种新的消费场景，也预示着未来旅游住宿和零售行业将更加注重消费体验和场景化营销。这种跨界合作的新模式，无疑将为消费者带来更加丰富和多元的旅游住宿体验，同时也为家居电商领域带来新的发展机遇。

（二）河南省

隐居大唐民宿：数字化营销助力旅游体验升级

在河南省洛阳市，一家名为“隐居大唐”的高端民宿成为当地的文化旅游新亮点。这家民宿位于洛阳历史文化街区的核心区域——天心 · 校场里文化创意产业园内，周边历史文化资源丰富，交通便捷，区位优势显著。其前身是始建于 1922 年的民国临时省政府原址，经过精心修缮和改造，现已成为一处融合了传统与现代、东方与西方元素的高端住宿体验地。

“隐居大唐”总占地面积约 3000 平方米，建筑面积约 7000 平方米，拥有 58 间各具特色的客房，包括花园房、阳台房、亲子房和家庭房等 9 种不同风格的房型。每间客房均经过精心设计，融合了民国风格的家具配饰和现代高端品牌洗护用品，旨在为宾客提供精致优雅、文艺怀旧的居住环境。

该民宿的运营团队通过网络平台进行宣传和营销，利用短视频和直播等形式，吸引游客前来体验。其总经理表示，随着个性化度假旅游需求的增长，高端化、精品化的民宿越来越受到游客的青睐。除了优质的住宿体验，民宿还结合了文化创意元素，成为洛阳文旅新 IP，为旅游城市增添了一张新的文化名片。

隐居大唐高端民宿通过结合现代科技和传统元素，展现了洛阳深厚的历史文化底蕴和现代城市的发展活力，成为洛阳市文化旅游的新标杆。

云华里非遗艺术民宿：传统文化拥抱智能科技

在洛阳这座千年古都，一家名为“云华里非遗艺术民宿”的特色住宿地，成为年轻人的新晋“网红”打卡地。该民宿坐落于洛邑古城景区，成功结合了智能家居与非物质文化艺术，不仅拥有丰富的历史文化遗存，更将本地特色的非遗工艺与中式风格的住宿环境相融合，让游客在沉浸式的环境中感受历史与现代的交融。

“云华里非遗艺术民宿”的 24 间客房，每一间都是对非物质文化遗产的致敬。从洛绣的细腻到唐三彩的斑斓，从皮雕的粗犷到剪纸的精致，每一种非遗技艺都在这里得到了新的诠释和展示。而当这些传统艺术与智能家居系统相遇时，便擦出了别样的火花。客房内的智能设备，如智能马桶、自动窗帘、语音助手等，不仅为游客提供了便利，更是将传统文化与现代科技完美融合。在这里，游客可以在穿着汉服的同时，通过语音控制房间的灯光和温度，体验一种时空交错的感觉。民宿内的智能导览系统，更是让游客在享受科技带来的便捷的同时，深入了解非遗文化的丰富内涵。

“云华里非遗艺术民宿”不仅为游客提供了一个了解和体验洛阳文化的窗口，也为非遗文化的传承与创新提供了新的平台。这种结合了传统文化和现代科技的民宿模式，不仅吸引了众多年轻游客的追捧，也为其他旅游目的地提供了可借鉴的发展思路。在这里，非遗文化不再是尘封的历史，而是活生生的现实，与现代生活紧密相连，展现出无穷的魅力和生命力。

（三）安徽省

西递淡园：数字化改造引领乡村住宿新发展

在安徽黄山市西递景区静谧古巷中的西递淡园民宿，不仅承载着丰富的历史文化元素，还通过智能化改造实现了传统与现代的完美融合。民宿主人通过引入先进的数字技术，将“淡园”打造成一个“微能耗”的智慧民宿样板，引领着乡村旅游的创新发展。

淡园民宿的外观保留着古朴、典雅的徽派建筑风格，内部却隐藏着智能化的居住体验。通过无线通信、全息传感、智能调控等技术，实现了家居设施如环境控制、家电、安防、照明等的智能化多途径控制。游客可以通过简单的语音指令或人体感应，轻松实现窗帘的开合、电视的开关、空调的温度调节等操作，享受到前沿科技带来的便利。

此外，民宿与黟县供电公司深度合作，不仅提升了其数字化水平，还推动了环保、节能、清洁、安全的智慧用能。通过智能开关的安装和智能通信模组的接入，可以实时监控民宿的用电情况，远程控制，极大地提高了能源使用效率，降低了运营成本。

淡园民宿的数字化改造，不仅为游客提供了更加舒适和便捷的住宿体验，也为乡村旅游业的转型升级树立了新的典范。它不仅展示了徽州古城的文化魅力，更通过科技的力量，让传统民宿焕发出新的活力，成为推动乡村振兴的重要力量。

“一支百合”智慧民宿：数字化转型提升乡村住宿体验

在旅游住宿业的创新发展中，“一支百合”智慧民宿品牌以其独特的科技融合和智能化服务，正在引领行业的新潮流。这家连锁品牌致力于探索全互联网、无人化的旅宿行业运营新模式，不仅在国内多个城市布局，还在海外拓展，目前已拥有近100家门店。

“一支百合”智慧民宿通过引入人脸识别、人工智能等先进技术，实现了快速入住和退房的高效流程。游客无须前台接触，仅通过手机人脸识别即可完成入住，大大节省了等待时间，提升了住宿体验。在房间内，所有的操作如拉窗帘、开电视、调节空调等都可以通过语音控制和人体感应实现，为游客带来了便捷和舒适的智能入住体验。

“一支百合”的品牌定位为“年轻人的民宿”，旨在打造服务星级化、卫生星级化、产品星级化、体验星级化、安全星级化的智慧民宿集群。通过这些努力，品牌正在成为国内智慧住宿行业的典范。此外，“一支百合”还积极探索经营模式的创新，提出“无人民宿”的全互联网运营模式，实现了信用入住、智能开门、自动退房等一系列自动化流程，为城市民宿的转型升级提供了新思路。

随着数字化技术在文旅领域的广泛应用，安徽等地的民宿产业正在通过“一支百合”这样的智慧民宿品牌，实现与5G、物联网、云计算等新技术的深度融合，推动产业数字化的稳健起步和快速发展。这不仅为游客提供了更加丰富和独特的旅游体验，也为乡村振兴和旅游产业的高质量发展注入了新的活力。

（四）广西壮族自治区

桂林泊舟精品民宿：数字化与自然景观的有机融合

桂林泊舟精品民宿坐落于桂林芦笛岩桃花江畔的鲁家村，是桂林“老八景”之一的“阳江秋月”所在地。这家由北大教师Ying精心打造的民宿以其独特的建筑设计和数字化设施，成为旅游住宿的新亮点。

民宿的“泊舟·Bonjour”的设计理念源自自然与现代生活的完美融合。民宿的外观以纯白色为主，内部则采用了极简风格，每间客房都配备了 180° 落地玻璃和智能家居系统。客人可以通过智能音箱和自动窗帘控制系统，轻松调节室内光线和氛围，享受便捷的智能化服务。

数字化的住宿体验也是泊舟民宿的一大亮点。游客可以通过网上预约，享受自动入住的便捷，智能门锁一键开启，无须烦琐的手续。客房内的智能音箱和自动窗帘系统，以及可任意调整角度的电视，为游客提供了极致的智能体验。智能音箱不仅能够播放背景音乐，还能提供有声小说和亲子阅读服务，同时能查询天气和交通信息。卫生间配备了具有“魔镜”功能的触摸显示屏幕，具备防雾照明和信息查询功能，以及自动烘干功能，让日常洗漱变得更加便捷。

桂林泊舟精品民宿通过智能化的设施和服务，为游客打造了一个既能放松身心，又能体验科技魅力的旅游空间。它不仅是一家民宿，更是对桂林传统旅游模式的一种创新尝试，也是对数字化生活方式的一种探索。

【知识链接】

“数字游民”——数字化民宿的未来重要客群

“数字游民”是指数字经济时代产生的，不受传统工作方式、特定工作地点和时间约束的从事远程工作的个体。作为一种被数字信息技术赋能的全新生活方式，“数字游民”的群体人数在全球范围内不断增加。

在中国，大理成为众多年轻的“数字游民”首选的栖居地，低欲望、低成本、慢节奏的生活可以使他们忘掉生活的苟且，追寻诗和远方。除了国内的云南大理、浙江安吉、海南陵水等城市外，印尼巴厘岛、泰国清迈等都已成为“数字游民”们的聚集地。

随着数字经济基础设施的日益完善，“数字游民”群体不断扩大，相关的业态也开始不断兴起。在国外，与“数字游民”相关的服务产业已经呈现出一定的规模，我国的一些旅游城市也正在成为国际“数字游民”目的地。而同时具备“数字化”与“诗意”的数字化民宿则将成为“数字游民”的首选居住地。

三、我国各地区民宿建筑设施数字化设计与建造水平不均的原因

我国目前各地区民宿建筑设施数字化设计与建造水平不均的原因主要有以下几点：

（一）经济发展水平不均衡

我国各地区经济发展水平存在明显差异，东部沿海地区经济较为发达，而中西部地区相对滞后，这导致民宿建筑设施在数字化设计与建造方面的投入和发展水平也呈现出明显的区域差距。

（二）政策支持力度不同

政府在民宿建筑设施数字化设计与建造方面的政策支持力度不同，有些地区政府加大了对民宿行业的扶持力度，推动了其建筑设施数字化设计与建造技术的发展和应用，而有些地区则相对缺乏政策支持和引导。

（三）技术应用和创新能力差异

各地区的民宿建筑设施在数字化设计与建造技术的应用和创新能力方面存在差异，一些地区具有较高的技术水平和应用能力，而另一些地区则相对滞后，缺乏必要的技术和人才支持。

（四）民宿业发展阶段不同

我国各地区民宿业的发展阶段不同，有些地区民宿业已经形成了较为完善的产业链和市场规模，数字化设计与建造技术的应用较为广泛，而有些地区则处于起步阶段，数字化设计与建造水平相对较低。

（五）地域文化和自然环境差异

我国各地区具有不同的地域文化和自然环境，这对于民宿建筑设施数字化设计与建造风格以及数字化技术的应用也会产生影响。一些地区具有丰富的文化资源和自然景观，为民宿建筑设施数字化设计与建造提供了更多的创意和灵感，而有些地区则相对缺乏这些资源。

综上所述，我国目前各地区民宿建筑设施数字化设计与建造水平不均的原因众多。针对这些原因，需要各地区加强合作与交流，共享资源和经验，进而推动民宿数字化设计与建造的均衡发展。

第四节　未来民宿建筑设施数字化设计与建造趋势

随着科技的快速发展和全球化的推进，民宿行业正面临着前所未有的机遇与挑战。为了适应新时代的需求，民宿建筑设施数字化设计与建造逐渐向数字化方向转型。

一、智能化与自动化

可以预见，未来民宿无论是在客户服务、运营管理还是装修设计上都将融入数字化元素，民宿的智能化与数字化必将成为核心特征。民宿在进行数字化设计与建造时，在硬件方面，数字化的客房设施将更为普遍，智能窗帘、智能冷暖等或成为基本设施设备。在室内装修设计上也将更多地应用数字化技术，如采用 LED、智能灯光等灵活呈现不同的房间主题。在软件方面，基于智能推荐算法及其他数字化手段，民宿未来将普遍提供一站式住宿服务，包括预订、入住、住宿体验、支付等全流程的便捷化操作。这些设计不仅在客户服务方面锦上添花，也可以帮助民宿提高运营效率和利润。例如，通过智能门卡、自助取卡机等数字化管控手段，实现住宿人员信息的精细化管理。

二、虚拟现实和增强现实技术的应用

虚拟现实（VR）和增强现实（AR）技术将为未来民宿与文旅的融合助力添翼。在文旅融合、协同发展的大背景下，未来的民宿必将更重视文化展示，打造如古典文化主题、科技创新主题，或是与当地特色相融合的主题等独特的主题风格，并通过虚拟现实和增强现实等数字化技术为游客提供身临其境的沉浸式体验。此外，这两种技术也将用于民宿的订购环节，例如，虚拟现实技术能够实现民宿全景的在线预览，让客人提前感受民宿环境和设施，增强预订体验；增强现实技术则可以在民宿内提供互动导览和娱乐体验，让客人更加深入地了解当地的文化和风土人情。

三、社交共享

在未来，民宿将更加注重社交共享，这将体现在公共区域的数字化设计上。一方面，公共区域不仅可以被所有客人共享，还可以被用作多种活动，民宿可以设置智能厨房、共享活动空间等，让不同游客之间产生交流和互动，增强社群感受；也可以通过举

办文化活动、主题派对等形式，拉近游客与民宿之间的距离，让他们有归属感和快乐体验。另一方面，优质的公共区域设计可以提高民宿的品牌形象，吸引更多具备流量的创造体，通过 B2K2C 模式（品牌—KOC—消费者）积攒口碑和影响力，从而帮助民宿形成人气并转化为流量。

四、可持续发展

可持续发展既是科学发展观的基本要求，也是民宿企业社会责任实现的重要途径。未来民宿在进行数字化设计与建造时，将更加青睐环保材料和节能技术，引入并普及数字化建造，减少建筑废料与碳排放，减少对环境的影响，提高能源利用率。与此同时，强化资源回收利用，如智能引导垃圾分类、建立虚拟清洁服务机器人体系等。这不仅符合公众对企业的社会期望，有助于提升民宿的品牌形象，也符合全球可持续发展的趋势。

虽然未来民宿建筑设施数字化设计与建造的趋势带来了无限的可能性，但也面临一些挑战。例如，新技术的引入和应用需要投入大量的资金和资源，对于小型民宿来说可能难以承受。此外，数字化设计与建造需要跨学科的合作和知识储备，对于传统的民宿从业者来说可能存在一定的学习成本等。然而，正是这些挑战为民宿行业带来了转型升级的机遇。通过不断创新和探索，民宿行业可以适应新时代的需求，提供更加优质、便捷和个性化的住宿体验。

【本章小结】

本章主要探讨了民宿建筑设施在数字化设计与建造方面的理论与实践，并对其未来趋势进行了展望。理论方面，本章介绍了民宿建筑设施数字化设计与建造的一般理论、相关技术与研究方法，为民宿建筑设施进行数字化设计与建造提供一定的理论支持；实践方面，本章介绍了世界各地与我国各地的民宿建筑设施数字化设计与建造的现状，展示了不同地区的民宿建筑设施中先进的技术应用和实践案例，揭示了这一领域最新的发展动态和地域特色。最后，本章展望了民宿建筑设施数字化设计与建造的未来发展，提出了四大未来趋势。

综上所述，本章的研究内容从理论与实践到现状和未来趋势进行了全面的分析和探讨，为读者了解和应用民宿建筑设施数字化设计与建造提供了重要的参考和指导。

【思考与练习】

1. 列举并简述几种主要的民宿建筑设施数字化设计与建造的相关理论。

2. 请简述我国民宿与世界其他地区民宿建筑设施数字化设计与建造上的区别。

3. 讨论如何改善我国各地区民宿建筑设施数字化设计与建造水平的不均衡状况，提出可能的解决方案。

4. 讨论未来民宿建筑设施的数字化设计与建造中可能面临哪些挑战。

【案例分析】

语自在精品民宿——新旧共生之道

在杭州的桥西直街同和里11号，有一家名为“语自在·老杭州”的精品民宿，它以其独特的设计理念和智能家居系统的融合，成为传统与现代共生的经典之作。民宿的5间花园客房分别以“色宽”“介格”“什格”“发靥”“扯空”等地道的杭州俚语命名，每一间都承载着杭州的文化传统和现代设计的精髓。

“语自在”的首家店位于杭州运河河畔，仅有5间房，却市值上亿。这里不仅展现了老杭州墙门院子的生活，还通过智能家居系统的引入提供了一种全新的现代与传统交融的居住体验。从杭州到安吉，再到江苏宜兴，“语自在”以其平均每两年开一家店的速度稳步扩张，每到一处都成为当地的“流量收割机”。

“语自在”是极为稀缺的老墙门院落建筑，富有诗意，它不仅保留了老杭州的文化传统元素，还巧妙地融合了现代设计手法。花园、庭院、连廊和天井等传统元素在这里交错叠合，创造出一个充满韵味的空间。民宿内的设计风格注重细节与质感，限量款的设计师版铜质台盆和龙头、独立花园式天井，以及木质感的装饰，都体现了设计师的用心和对中国传统思想的尊重。除了住宿体验，“语自在”还提供了一系列与在地文化相关的特色体验活动。在宜兴店，客人可以在特别设置的陶泥区亲身体验制作紫砂壶的乐趣，感受宜兴深厚的紫砂文化。此外，民宿内的餐饮也极具特色，融合了当地菜与创意料理的烹饪手法，让客人的味蕾也能享受到一场美妙的旅行。

在智能化方面，“语自在”同样走在了行业的前沿。与智能家居系统集成商Broadlink的合作，使得民宿的每个房间都配备了智能锁、智能面板和智能灯光等设备。客人可以通过扫描二维码与手机绑定，利用“语自在”的小程序轻松控制房间内的各项设施，包括门窗、灯光模式和各种电气设备，甚至可以通过集成的百度AI系统“小度”实现语音控制。

“语自在”展示了如何在传统民宿中融入智能家居系统，创造出一个既舒适又智能的居住环境。其设计师认为，虽然智能家居并非客人选择民宿的唯一理由，但它无疑能够极大地提升客人的居住体验。智能系统的引入，让客人在享受传统文化韵味的同时，也能体验到科技带来的舒适和便捷。无论是圆形泡池浴缸、恒压顶喷淋浴，还是120寸的影院式投影和Wi-Fi，都让“语自在”成为一个不仅是住宿，更是体验智能生活的场所。

问题：

1.“语自在”精品民宿的设计呈现出哪些特点？

2.“语自在”精品民宿的设计中有哪些数字化的体现？

3. 通过以上案例结合本章内容，请思考民宿建筑设施在进行数字化设计与建造时应遵循哪些原则。

第四章　民宿数字化管理信息系统建设

【本章导读】

随着人工智能、5G、物联网等技术的飞速发展，我们的生活变得越来越方便、快捷。刷脸支付、机器人管家的应用随处可见，人们已经从各个渠道、场景逐渐感受到智慧化生活的便捷。尤其是后疫情时代，人们对于生活品质有了更高的要求，商业正在被重塑，各行各业的服务也更加数字化、智慧化、个性化。

2021 年 12 月 22 日，国务院印发了《“十四五”旅游业发展规划》，明确提出“通过互联网有效整合线上线下资源，促进旅行社等旅游企业转型升级，鼓励旅游景区、度假区、旅游饭店、主题公园、民宿等与互联网服务平台合作建设网上旗舰店。鼓励依法依规利用大数据等手段，提高旅游营销传播的针对性和有效性”。

回顾我国民宿的发展历程，目前仍有不少传统民宿存在产品结构单一、管理手段老旧、经营效率低下、营销渠道狭窄等问题，已然跟不上时代发展的步伐，若不加以改变势必被历史淘汰。数字化是新形势下应对激烈市场竞争的关键技术，其对民宿企业转型升级的赋能可以实现生产效率的提高、运营成本的降低以及利润空间的提升。

【学习要点】

1. 民宿数字化管理信息系统的含义；信息化、数字化、数据化、智能化的定义，四者的联系与区别；民宿数字化管理信息系统建设的意义。

2. 民宿数字化管理信息系统构成要素；常见的民宿业务管理信息系统。

3. 民宿数字化管理信息系统功能建设和运营模式。

4. 民宿数字化管理信息系统的主要融资渠道。

5. 智慧民宿的概念、智慧民宿的建设路径与运营方式。

第一节　民宿数字化管理信息系统概述

一、民宿数字化管理信息系统的含义

在理解民宿数字化管理信息系统的含义之前，我们首先需要知晓信息系统、管理信息系统等基本概念，并且能够对信息化、数字化、智能化等相关概念做出区分，这将有助于我们更好地理解民宿数字化管理信息系统的内涵。

（一）信息系统

信息系统是指由计算机硬件、网络和通信设备、计算机软件、信息资源、信息用户和规章制度组成的以处理信息流为目的的人机一体化系统。简单地说，信息系统就是输入数据或信息，通过加工处理产生信息的系统。

信息系统具有以下几个特点：

（1）信息系统作为子系统存在于任何组织中，它服务于生产和管理。对于从事物质生产及具体工作的部门来说，它是管理或控制系统中的一部分。

（2）区别于其他子系统，信息系统渗透组织中的每一个部门，如同人的神经系统分布于全身各个器官一般。

（3）信息系统不从事某一具体的实务性工作，但却关系到全局的协调一致，其运转情况与整个组织的效率密切相关。由此可见，组织越大，改进信息系统所带来的经济效益也就越大。

（二）管理信息系统

管理信息系统（Management Information Systems，简称 MIS）是由人和计算机设备或其他信息处理手段组成，并用于管理信息的系统。

管理信息由信息的采集、传递、储存、加工、维护和使用 6 个方面组成。

完善的管理信息系统 MIS 具有以下 4 个标准：

（1）确定的信息需求；

（2）信息可采集与可加工；

（3）可通过程序为管理人员提供信息；

（4）能够对信息进行管理。

具备统一规划的数据库是 MIS 成熟的重要标志，它象征着 MIS 是软件工程的产物。MIS 是一个由计算机学科（网络通信、数据库、计算机语言等）、数学（统计学、运筹学、线性规划等）、管理学、仿真等多学科组成的交叉性综合性学科。

信息是管理上的一项极为重要的资源。管理工作的成败取决于能否做出有效的决策，而决策的正确程度则在很大程度上取决于信息的数量和质量。因此，能否有效管理信息已成为相关业者的关键问题。

（三）数字化管理信息系统

数字化管理信息系统就是在原有的管理信息系统之间实现数据的互联互通，从多维度对这些数据进行分析，对企业的运作逻辑进行数字建模，以指导并服务于企业的日常运营，从而减少信息孤岛，提升决策质量。

（四）民宿数字化管理信息系统

民宿数字化管理信息系统就是民宿行业在原有的管理信息系统之间实现数据的互联互通，进而实现对这些数据进行多维度分析，对民宿企业的运作逻辑进行数字建模，指导并服务于民宿的日常运营，从而减少信息孤岛的问题，提升运营效率和决策质量。

民宿数字化管理信息系统是在酒店管理信息系统基础上发展而来，一般包含业务管理系统（PMS）、收益管理系统（RMS）、客户关系管理系统（CRM）、人力资源管理系统（HRM）、供应商管理系统（SCM）、餐饮管理系统（RMS）等子系统。

二、信息化、数字化、数据化、智能化的含义、关联性和差异性

（一）信息化、数字化、数据化、智能化的含义

1. 信息化

信息化是指建设计算机信息系统，将传统业务中的流程和数据通过信息系统来处理，通过将技术应用于个别资源或流程来提高效率。

信息化代表信息技术被大量应用，信息资源高度共享，从而使得人的智能潜力以及社会物质资源潜力被充分发挥，个人行为、组织决策和社会运行更趋合理的状态。同时信息化也是社会经济各部门不断运用 IT 对传统经济和社会结构进行改造并持续优化的过程。

从企业角度来说，信息化是将企业的生产过程、物流、事务处理、现金流动、客户交易等业务过程，通过各种信息系统、网络加工生成新的信息资源。

目前应用的企业信息化管理系统主要有：办公自动化系统（OA）；客户关系管理系统（CRM）；企业资源规划系统（ERP）；制造执行管理系统（MES）等。

2. 数字化

数字化即把物理系统在计算机系统中仿真虚拟出来，在计算机系统里体现物理世界，利用数字技术驱动组织商业模式创新，驱动商业生态系统重构，驱动企业服务大变革。

按照 Gartner 咨询机构的定义，业务数字化是指利用数字技术改变商业模式，并提供创造收入和价值的新机会，它是转向数字业务的过程。

数字化转型本质上是业务转型，是信息技术驱动下的一场业务、管理和商业模式的深度变革重构，技术是支点，业务是内核。当企业说起“数字化转型”时，应该是以下三个层次中的一个层次或几个层次的综合（见图 4–1）：

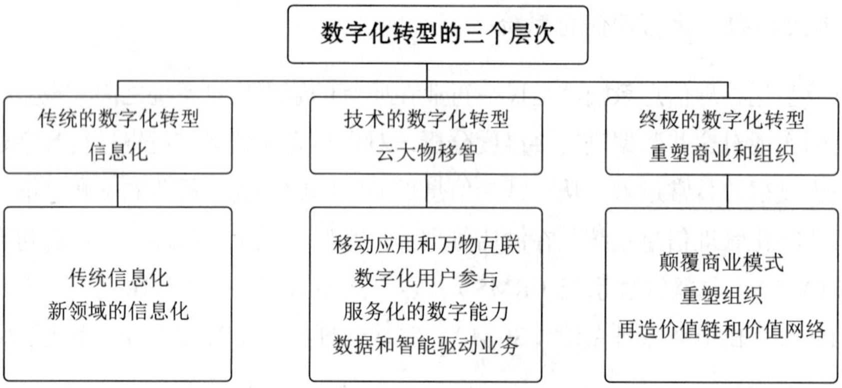

图 4–1　数字化转型的三个层次

数字化转型是一项长期艰巨的任务，多数企业需要 3~5 年甚至更长时间才能取得显著效果。

3. 数据化

数据化是将信息化和数字化的系统平台所获取的目标业务信息或资料进行指标数值转化，用于发现问题，并通过建立数学模型对大量的运营数据进行分析、解决问题，最终为企业科学决策提供帮助的过程。

4. 智能化

智能化是指事物在计算机网络、大数据、物联网和人工智能等技术的支持下，所具有的能满足人的各种需求的属性。随着计算机技术的发展，智能技术得到了快速发展，人工智能技术得到广泛应用，智能化是信息化、数字化、数据化最终的目标，也是发展的必然趋势。

（二）信息化、数字化、数据化、智能化的关联性

信息化和数字化的概念趋于系统性，数据化则更多涉及了执行层的概念，一切业务数据化，一切数据业务化。以数据分析为切入点，通过数据发现问题、分析问题、解决问题，打破传统的经验驱动决策的方式，实现依据数据的科学决策。最终信息化、数字化、数据化能帮助企业实现人工投入的精力和时间的最小化，达到人工智能提升工作效率的结果。

（三）信息化、数字化、数据化、智能化的差异性

信息化、数字化、数据化、智能化含义各自有所侧重，在信息处理与管理中功能各异，详见表 4–1。

表 4–1　信息化、数字化、数据化和智能化的差异

类型	侧重点	具体描述
信息化	业务信息的搭建与管理	将已形成的相关信息，通过记录成为各种信息资源，涉及各个环节业务的结果与管控
数字化	产品领域对象资源的形成与调用	基于信息化技术所提供的支持和能力，让业务和技术真正产生交互，改变传统的商业运作模式
数据化	结果	将数字化的信息进行条理化，通过智能分析、多维分析、查询回溯，为决策提供有力的数据支撑
智能化	侧重工作过程的应用	使对象具备灵敏准确的感知功能、正确的思维与判断功能、自适应的学习功能以及行之有效的执行功能而进行的工作

数字化是信息化的高阶阶段，是信息化的广泛深入运用，是从收集、分析数据到预测、经营数据的延伸。数字化并不会脱离信息化，而是解决信息化建设中信息系统之间的信息孤岛问题，实现系统间数据的互联互通。

数字化为社会信息化奠定基础，其发展趋势是社会的全面数据化。智能化体现信息应用的层次与水平，其发展趋势是新一代人工智能。人工智能是实现智能化的主要途径，业务生产数据，数据反哺业务，从而推动数字化转型。

理解信息化、数字化、数据化、智能化四者含义及关联性和差异性让我们对数字化管理信息系统的认知更为清晰。

三、民宿数字化管理信息系统建设的意义

民宿数字化管理信息系统的建设对于民宿业主、经营者及消费者来说具有重要的意义。

（一）提高运营效率

民宿数字化管理信息系统可以自动化完成许多烦琐的任务，如预订处理、客房清洁安排、库存管理、财务结算、渠道分销、营销推广等，能够大幅提高民宿从业者的工作效率，民宿从业者也因此可以更多地专注于提供更好的客户体验和增加收入的活动。

（二）改善客户体验

民宿数字化管理信息系统可以实现在线预订、快速入住和退房服务、在线支付、智能客服、智能设备、智能送餐机器人等功能，甚至可以实现无人服务，为客人带来更加便捷和愉快的居住体验。此外，通过游客行为的大数据分析，民宿主可以不断优化服务，提升客户的满意度。

（三）拓展营销渠道

民宿经营者通过引入数字化渠道，将民宿产品同时发布到如携程、去哪儿、同程、驴妈妈等在线旅游平台和小红书等 UGC 平台，以及主流的新媒体平台，从而更好地推广民宿产品，提高民宿的吸引力。同时，系统还能够帮助业主管理在线评论和反馈，从而及时收集顾客意见和挽回民宿声誉。

（四）可以提供数据分析和决策支持

民宿数字化管理信息系统可以收集大量客户行为数据，包括客户的基本信息、入住率、收入情况等。这些数据可以帮助民宿管理者做出更明智的经营决策，优化决策和促销活动，以提升民宿的盈利能力。

（五）节省运营成本

尽管建立民宿数字化管理信息系统的前期需要一些初始投资，但从长远来看，该系统能够通过自动化流程、减少人工错误和提高资源利用率等方式减少民宿的运营成本。

（六）持续创新融合

民宿数字化管理信息系统能够与智能硬件、人工智能进行有机融合，从而实现民宿智能化。智慧民宿可以实现对门锁、窗帘、灯光、空调等硬件设备进行自动控制，还能够提供自助入住、自助退房、刷脸进门、刷脸支付、机器人送餐等全新的智能服务。

综上所述，民宿数字化管理信息系统的建设可以带来多方面的益处，有助于提高运营效率、客户体验、市场竞争力和盈利能力，是实现现代民宿业务成功的关键因素之一。

四、民宿数字化管理信息系统的发展趋势

（一）数字价值化

通过对民宿的大量运营数据进行分析，挖掘消费者的消费行为，并在此基础上进行优化，以指导企业日常运行。通过数字中台的建设，打通民宿预订平台、社交媒体、业务管理信息系统（PMS）、CRM 系统等平台或系统之间的信息孤岛，让数据得以连接并因此产生价值。通过对这些数据进行综合和多维度的分析，对企业的核心业务逻辑进行数字建模，并持续优化，指导并服务于民宿企业的日常运营。

（二）应用智能化

现代民宿数字化管理信息系统将越来越多地利用云计算、大数据、人工智能等技术，通过对民宿各类信息的自动收集、及时传送、整合和挖掘分析，来满足客人的个性化需求，并使民宿达到开源、节流、增效的目的。可以预见，在未来，智慧民宿将逐渐普及。

（三）系统集成化

单一功能、相互孤立的系统已无法适应企业发展的需求，因此当下的系统普遍整合了多个系统的功能。以“订单来了”为例，其不仅是业务管理信息系统（PMS），还整合了 SCRM、企业小程序、供应商系统，对接了二十多家在线预订平台和社交媒体，还与电子门锁等硬件做了对接。严格意义上来讲，这已经不是一个简单的系统，而是一系列软硬件的集成。

（四）管理移动化

随着移动设备的普及，管理移动化已经成为数字化管理的重要方向。通过移动设备，管理者可以随时随地掌握民宿的运营情况，进行远程管理和操作。例如，通过手机或平板电脑，管理者可以实时查看客房状态、预订情况、客户评价等信息，提高管理效率。

第二节　民宿数字化管理信息系统的构成

民宿数字化管理信息系统是一系列软件系统和平台的组合，其中最为核心的是民宿预订系统和业务管理信息系统（PMS）。目前，智慧民宿已成为民宿行业的数字化建设的热点。

一、构成要素

（一）民宿预订平台

民宿预订平台是为旅游者提供查找、比较和预订各种民宿、度假租赁、短租房源以及其他住宿选项服务的在线平台。在这些平台上，旅游者可以浏览不同地点和价格范围的房源，并使用安全的在线支付系统进行预订。

民宿预订平台另一个使用方是民宿的经营者，他们将自有的民宿产品放到民宿预订平台进行销售，并从中获得收益。当然，民宿预订平台通常也会从中收取一部分佣金。

国际上知名的民宿预订平台有 Airbnb（爱彼迎），国内较为知名的民宿预订平台包括途家网、美团民宿、木鸟民宿、小猪短租等。

（二）民宿业务管理信息系统（PMS）

民宿业务管理信息系统是一款集房源信息管理、预订、支付、评价等多元化功能于一体的软件或应用程序，旨在帮助民宿业主或经理更有效地管理其民宿业务。

PMS 能够帮助民宿经营者更好地管理房源信息和维护客户关系，提升客户满意度和业务效率，也能够为住客提供一站式的预订服务和更便捷的入住体验。通过民宿业务管理信息系统，民宿经营者能够更加全面地了解和掌握房源信息与市场动态，从而做出更加科学合理的决策。此外，该系统还支持在线预订和线上支付，方便住客提前预订和支付费用，提高入住效率。同时，民宿业务管理信息系统还可以通过客户评价系统，获取住客对民宿服务的反馈，帮助民宿经营者及时改进服务，提升客户满意度。

一般来说，民宿通常会将自己的产品在多家民宿预订平台同时上架以拓展销售渠道，仅通过预订平台手工录入相关信息十分费时费力，而民宿业务管理信息系统可以很好地解决这一问题。在系统中录入产品，再通过数据接口直接导入多家民宿预订平台，避免重复劳动的同时也极大程度地提高了工作效率。目前，主流的民宿业务管理信息系统如“订单来了”“云掌柜”都对接了20家以上民宿预订平台。此外，百易居也是目前国内市场占有率较高的民宿业务管理信息系统。

（三）其他辅助系统

1. CRM（客户关系管理系统）

CRM是通过数据统计、数据挖掘以及呼叫平台等客户管理平台的智能化管理，为客户提供业务自动化管理的软件系统。适用于批发、贸易、销售等有业务往来和需求的客户。

2. OA（办公自动化管理系统）

OA基于客户内部人员方便、快捷地共享信息，高效地协同工作，帮助客户实现网上办公的高级阶段。其能够帮助客户实现协同化的高效办公。

3. HR软件

HR是Human Resource的缩写，即人力资源。它是指在一定时期内，组织中的“人”作为一种资源能够被企业使用，且对价值创造起贡献作用，这些人的教育、能力、技能、经验、体力等的总称即是人力资源。

4. 财务管理系统

财务管理系统（Financial Management System，简称FMS），是一种面向价值信息和基于会计管理活动的系统，是在计算机硬件和网络环境下，采用现代信息处理技术，对会计信息进行采集、存储、处理及传送，完成会计核算、监督、管理和辅助决策任务的系统。

5. 建筑设备监控系统

对建筑内的机电设备，如供配电及照明设备、给排水设备、电梯等进行统一管理，而且这些设备还需与其他的智能化系统进行通信和必要的联动控制（如消防联动），以致力于创造一个高效、节能、舒适、高性价比、温馨、安全的建筑设备监控系统。

6. 智能照明控制系统

智能照明控制系统不仅可以对民宿区域的功能房间照明灯光部分进行控制，还可以对室外泛光照明和大堂、酒吧、餐厅及会议室等室内灯光亮度以及窗帘驱动进行控制，从而提高服务质量和工作效率，节省能源，降低运营成本。

7. 客房控制系统

客房控制系统，采用具有网络控制程序控制的客房控制系统产品，可以对客房内的照明灯光部分、空调盘管部分以及客房服务和状态部分进行编程逻辑控制和计算机网络化监控，从而提高服务质量和工作效率，节省能源，降低运营成本。

8. 视频安防监控系统

视频安防监控系统是民宿安全防范系统最重要的组成部分，是不可或缺的视觉延伸。监控点应设在出入口、候车区、地下停车场出入口、大堂、电梯厅、电梯轿厢、主要通道及安保中心控制室的重点位置，从而掌握整个民宿的安全动态信息，为民宿的客人创造安全、舒适的休息环境。

9. 门锁管理系统

用于民宿房间门锁管理，是民宿客房最常规、最基本的管理方式，它通过对门锁钥匙的限时、分级授权、智能卡的不同权限组合等功能来实现对民宿工作人员、客人进出各客房的权限管理，以确保人员和财产的安全。

10. 员工考勤、消费一卡通系统

对工作区的通道门及办公室门采用与考勤、消费同一系列的门禁通道管理方式管理。涉及智能化系统的管理主要有工作区通道门禁的管理、重要场所的管理，如贵重物品寄存处、重要机房、经理办公室、财务室等处。

11. 停车场管理系统

停车场管理系统主要是针对地下停车库出入口的控制，完成对车辆进出及收费的有效管理。

12. 电视视讯互动及 VOD 点播系统

VOD 通过综合布线形成民宿内部的数字宽带网络，利用多媒体数码机顶盒作为多媒体信息终端，在客房内可以进行双向互动的 DVD 视频点播、多媒体信息查询等，客人可以欣赏 DVD 电影和音乐，还可获得民宿服务设施、旅游景点、购物信息等信息。

13. 背景音乐及公共广播系统

背景音乐及公共广播系统一般可分为业务性广播、服务性广播和火灾事故广播 3 种，服务性广播又包括背景音乐广播。它是民宿建设的基础支持系统，用于营造舒适的环境气氛并提供突发情况的紧急广播。民宿背景音乐及公共广播系统设计除了满足传统功能外，还能满足功能区域独立音源及客房电视音源接入播放的功能，具备更全面、更贴切的功能及更高性价比。

14. 信息发布系统

信息发布系统利用宽带网络，通过先进的媒体制作，实现系统控制和播放软件，将文字、图像、高清视频、音频、电子文件等多媒体资料丰富、生动地展现给公众。

15. 信息引导系统

信息引导系统利用现有的信息网络系统为运行平台 ，通过图像、文字、声音、视频等多媒体手段，使来访者能最省时、最直接方便地找到自己所关心的信息，如迎宾的功能布局、主要服务电话等，提升民宿整体形象及智能化管理水平。

16. 多媒体会议系统

多媒体会议系统配合用户的其他信息自动化系统，搭建一个具有数字音视频的会议交流等的平台，做到整体解决方案系统化、集成化和数字化。

二、常见的民宿业务管理信息系统（PMS）

常见的民宿业务管理信息系统目前占有率相对较高的有下列产品：

（一）订单来了

一款以 PMS 为基础、聚合全渠道的营销管理系统，零成本为酒店 / 民宿提供信息化一体化解决方案。微信、抖音、快手、小红书的直销微官网，满足携程、Airbnb 等 20 多条海量渠道一键直连，实现住宿、餐饮、商超、娱乐等多业态精细管理，全面满足民宿多重需求。

（二）云掌柜

云掌柜作为国内最早的一批民宿数字化管理信息系统，已将功能发展得十分完善，支持房态管理、财务统计、渠道直连、商超管理等功能。产品线完整，价值线清晰，生态资源充足，且售后服务有保障，适合应用到小型民宿数字化管理信息系统。

（三）百居易

民宿经营成本较高，在部分淡季收益也不稳定，百居易在这一点上能为民宿节约一大批成本，功能全面，支持途家、爱彼迎、榛果、木鸟、一家民宿、小猪。且系统支持多平台的聊天聚合管理，适合有一定经验的民宿管理者。

（四）去呼呼

整合小微及非标准住宿市场的供求资源打造的在线住宿预订平台。去呼呼管家提供客房管理、直连、分销、微酒店、代运营等一站式酒店管理解决方案服务，支持无缝对接智能门锁系统，提高民宿管理效率。

（五）民宿宝

支持一站式管理爱彼迎、途家、小猪、榛果等多个热门预订平台的所有房源，具备房态实时同步、一键改价、订单查询、数据统计、长短租切换等实用性功能，有自己的可操作平台 APP，方便实时监控，避免疏漏。

第三节　民宿数字化管理信息系统建设与使用

一、民宿业务管理信息系统主要功能

民宿业务管理信息系统（PMS）是民宿管理中最基本也最重要的业务系统。各主要的供应商产品存在一定的差异，但在核心的功能上大同小异。

（一）基本功能

1. 住宿管理

房态、房价管理，包含房态分享、包栋管理、房态表等辅助功能；

2. 财务管理

收银、发票管理、预授权、在线支付等基础财务管理；

3. 订单管理

可以按分类对住宿、包栋、团队等订单信息进行查看 / 处理；

4. 会员管理

包含会员等级、会员卡体系、现金券、折扣券等营销功能；

5. 客户管理

通过企业客户、团队客户等板块进行 B 端客户管理；

6. 数据报表

包含运营、流水、销售等多维度数据及报表；

7. 移动端

支持多终端操作，可以在手机、平板下载订单，通过 APP 进行民宿 / 酒店管理。

（二）高级功能

除了一些必备的基本功能之外，很多系统还开发了一些较为实用的高级功能。

1. 多渠道直连

携程、抖音、小红书、Airbnb、Booking 等多种渠道一键对接；

2. 微官网

覆盖微信、抖音、小红书、快手的自建站直销工具，住宿、预售券、餐饮、周边商品、娱乐等一键预订；

3. 预售分销

提供预售分销服务，流量裂变售房；

4. 多渠道分销

一键分发多个长尾渠道，以获得增量订单；

5. 多业态管理

住宿、餐饮、商超、微商城、娱乐、资源多业态精细管理；

6. 高级报表

专业化报表，全面满足财务、经营、多业态等多重需求。

二、民宿数字化建设路径

民宿数字化建设通常有以下 4 种建设路径：

（一）自建

指在信息化建设过程中，利用客户自身的信息部门自行对客户需要的信息化系统进行研发。这种模式对客户的 IT 能力和管理能力要求高，要求客户具有相对完整的信息部门，较强的开发、维护能力。该模式最显著的优势就是业务匹配度高，能够满足客户个性化的信息化需要；另外，由于系统需要自行开发、建设，一般周期长，成本也相对较高。

（二）外购

购买成熟产品和解决方案来完成信息化建设的过程。客户主要依托供应商的成熟产品和解决方案，对客户的 IT 部门能力要求不高，对客户、对系统的管理能力要求较低。这一模式的实施周期相对较短，成本较低。

（三）定制开发

客户选择专业软件公司根据自身需求研发信息系统。这样能较好地满足客户个性化的需求，适合需求比较明确，但开发、维护能力不强的客户。然而，在实际定制开发过程中，客户的信息化需求往往不断变更，且开发周期一般比较长，费用高昂。客户要充分考虑企业信息化的发展需求，做好长时间的规划。

（四）云服务

指客户直接通过购买云计算服务来实现信息化建设。云服务具有成本低、建设周期短和对 IT 人员能力要求低等优势，但往往云服务所提供的标准化产品与客户业务个性化需求很难匹配。企业对云服务的可控度较低，一旦云服务公司出现倒闭、宕机等情况，就会对客户业务带来巨大影响。此外，由于许多企业前期已经进行了大量的信息化建设投入，若全部采用云服务，势必造成企业原先投入的浪费。建议客户可根据需求分阶段购买和实施云服务。

上述 4 种建设方式各有利弊，客户在信息化建设的过程中通常会采用多种模式结合的方式来进行，以更好地适应客户需求。具体选择哪种建设模式，还要根据客户自身的情况决定，不能一概而论。对于初创型客户，建议以云服务为主；资金雄厚的大客户则可以考虑采购或者定制。

三、民宿数字化建设策略

（一）总体规划，适度超前

总体规划是根据客户的技术发展水平、行业发展特点和自身需求进行顶层设计，建立出信息系统的架构，并对目标系统提出完整、准确、清晰和具体的建设要求。

“适度”是在综合考虑自身实力和需求的前提下进行数字化建设。“适度”的第一层内涵是不能“过度”。“超前”意味着要进行前瞻性的布局，为适应未来的发展需求和新技术的应用做好准备。

（二）需求导向，适合为好

客户信息系统建设不要盲目跟风，不要看着什么流行就做什么。要根据自身发展的实际需求确定建设的目标和内容。

同时，还要结合自身的发展阶段、经济实力，寻找最适合自己的解决方案。可以多方沟通，反复比较，避免盲目决策。

（三）量力而行，稳步推进

客户的资源都是有限的，特别是一些刚刚发展的初创客户和小客户，在民宿信息化系统建设上一定要慎之又慎。要根据自身的情况，优先选择那些对业务影响重大的关键系统做起来。开始时，尽量选择价格较低的云服务模式。等到客户形成规模、业务基本定型后，再考虑对信息系统建设加大投入力度。

（四）循序渐进，分段实施

客户信息系统建设是一个贯穿于客户全生命周期的动态过程，应该遵循“循序渐进，分段实施”的思路开展工作。

客户应该大处着眼，小处着手；从易到难，循序渐进，依据整体规划、分步实施，分阶段、分步骤的原则，找到工作的切入点。这样可以减少前期投入，降低项目建设的风险。

四、民宿数字化管理信息系统的运营

一旦建立了民宿数字化管理信息系统，接下来的关键是有效地运营和维护系统，以确保其顺畅运行并实现预期的效果。

（一）民宿数字化管理信息系统运营的概念

民宿数字化管理信息系统运营是为了提升平台系统的服务质量，发展更多的用户并获得更大的收益，而从事平台经营、运作相关的工作。具体包括维护系统的正常使用、吸引新的用户、促进用户使用平台系统、留存用户等内容。

（二）民宿数字化管理信息系统运营的主要工作

1. 不断优化、完善平台系统

建设完成后的平台是个生命体，不是静止不变的，它需要根据客户需求和外部环境的变化不断地优化升级。根据新技术发展的趋势，增加新的人工智能应用，如送餐机器人，不断地为客人提供更优质的服务和体验。

2. 关注平台系统前端用户行为分析

用户在使用系统的过程中会留下行为数据，包括用户量、交易量、交易额等数据维度。加强对这些数据的关注、分析，将有助于我们更好地了解客人的消费习惯，帮助运营方改进服务的手段和策略。

例如，我们可以根据民宿产品的交易量数据判断不同的民宿产品受客人的欢迎程度，帮助运营方制定产品及价格策略，改善经营决策的水平。利用系统生成的数据报告来监测业务绩效，包括入住率、收入、客户满意度等核心指标的达成情况。根据数据分析结果采取措施，以改善运营效率、优化价格策略和提高客户体验。

3. 跟踪平台系统后端服务质量

持续更新可用客房和价格的重要信息，确保在线预订的信息准确可靠。另外，还要根据需求和季节变化调整价格和政策。

监测平台系统的运营成本，通过流程优化等方式持续寻找降低成本和提高效率的机会。通过流程的自动化，减少人工错误，降低成本，提升运营效率。

4. 强化平台系统营销推广

平台系统的使用可以为民宿企业创造价值，为了让更多的用户使用平台系统，需要制订营销计划，以吸引更多客户使用在线预订等功能。

平台系统运营方要利用数字渠道，如微信视频号、抖音、小红书等社交媒体和渠道，并全面推广民宿小程序等平台系统的使用。

5. 保持平台系统正常运行

定期检查系统以确保其性能和可用性。解决使用过程中遇到的问题或故障，保持平台系统稳定可靠地运行。确保软件和硬件的及时更新和维护，以提高系统的稳定性和安全性。

此外，针对使用过程中各类用户的咨询、投诉进行及时的沟通、反馈。并设定系统管理的规则，如反馈时效、投诉处理流程和机制等。

6. 确保平台系统的信息安全

平台系统管理是民宿最为重要的数据资产，需要持续审查和更新安全策略，以确保对客户信息和支付数据的保护。

建立系统的安全管理规章制度，对员工进行系统安全性培训，使他们了解如何处理潜在的安全风险和威胁。

7. 保持平台系统的可持续竞争力

跟踪民宿行业的市场趋势和技术发展状况，制订系统的可持续发展计划，考虑是否需要新增功能或扩展系统，让系统保持竞争力。

运营民宿数字化管理信息系统需要综合性的管理和监督，以确保系统长期产生最大的价值并帮助民宿业务取得成功。不断适应市场变化和客户需求的变化，以及及时的技术更新，都是持续成功运营系统的关键。

（三）民宿数字化管理信息系统运营的主要指标

要想实现精细化运营，数据是必不可少的一个环节。平台系统要提高运营效率，有一些关键指标，其中包括活跃用户量、转化率、留存率和 GMV。

1. 活跃用户量

活跃用户是指不计较使用的状况频繁打开应用的用户。一台设备频繁打开多次被计为一个活跃用户。有 DAU（日活跃用户）、WAU（周活跃用户）和 MAU（月活跃用户）之分。

2. 转化率

转化率是完成转化目标的用户占总体用户的比例，注册、下单、登录、复购都可以用转化率进行量化，转化率是互联网平台增长的基石。高增长的平台基本也是高转化率的平台，而增长水平影响了企业的市场占有率和价值。民宿企业需要想方设法优化业务流程，降低客户使用门槛，促进用户使用意愿，从而提高平台系统的转化率。

3. 留存率

用户在某段时间内开始使用平台系统，经过一段时间后，仍然继续使用该应用的用户，被认作留存用户。这部分用户占当时新增用户的比例即是留存率，会按照每隔 1 单位时间（如日、周、月）来进行统计。顾名思义，留存指的就是“有多少用户留下来了”。留存用户和留存率体现了平台系统的质量和保留用户的能力。

4.GMV

GMV，英文全称是 Gross Merchandise Volume，也就是商品交易总额，是电商中最核心的指标。将 GMV 拆解开，用公式来表达就是：GMV = 流量 × 点击率 × 转化率 × 客单价。举个简单的例子，有个民宿产品的链接，有 10 万人看到（流量 10 万），其中 10% 的人打开链接（转化率 10%），打开链接的人中又有 20% 购买（转化率 20%），就意味着 2000 人购买，假如每个人平均购买的民宿产品金额为 300 元，那么交易额就是 2000 ×300=60 万元。

（四）民宿数字化管理信息系统运营策略

要做好民宿数字化管理信息系统的运营，必须制定合理的 KPI，比如之前提到的转化率、留存率、活跃用户数等指标。

指标制定需要与企业匹配对应的资源，比如，营销费用的投入。民宿运营者将 KPI 由上而下，层层分解。

1. 用户运营策略

根据用户所处的平台系统使用的生命周期的不同，可以将用户进行细分，分成导入期、成长期、成熟期、休眠期和流失期 5 个阶段。通过用户行为特征进行区分，并确定为潜在用户、新用户、留存用户、活跃用户、付费用户、沉睡用户和流失用户，如表 4–2 所示。

表 4–2　用户群体的细分

用户生命周期	用户行为特征	用户类型
导入期	1. 基于用户需求，描绘出对产品有需求的用户的画像，通过适当渠道已经触达但未进行注册、下载等行为的用户等 2. 尝试使用，但并未纳入用户信息的用户；有访问甚至使用行为但未下载应用或者未注册的用户等	潜在用户
	已完成下载、注册，并在当日活跃，但尚未进入留存进程的用户	新用户
成长期	使用特定功能、满足活跃条件的用户	活跃用户
	养成习惯、一段时间内会活跃的用户	留存用户
成熟期	完成付费转化且未流失的用户	付费用户
休眠期	连续 × 时间内未活跃的用户，但仍可尝试激活	沉睡用户
流失期	1. 已卸载用户；2. 连续 × 时间内未活跃的用户，且无法激活	流失用户

这种区分是客户运营策略的起点。

定义用户结束后，要再明确目标，然后制定对应的策略，最后是执行。

我们可以根据这个思路，模拟一个具体的平台系统客户运营策略，如表 4–3 所示。

表 4–3　不同类型的用户对应的目标及策略

用户类型	目标	策略描述
潜在用户	下载并安装 APP	1. 各类应用市场 2. 百度 SEO、SEM 3. 目标用户常驻渠道投放 4. 老用户转介绍
新用户	1. 促打开 2. 完成首次接触 3. 完成首次内容发布 4. 促次留 5. 促次日继续发布	1. 针对新注册用户设计活动 2. 新注册用户独享权益，打开 APP 领取 3. 新手引导，帮助用户了解 APP 功能 4. 引导用户进行内容发布 5. 引导用户签到，连续签到 3 天领奖品 6. 用户下次签到反馈有用户互动，引导用户完成本次互动
留存用户	促活	1. 利用 Push 策略，机器人与用户互动，并提醒用户有新互动（关注、评论、点赞等） 2. 签到提醒，连续签到做订阅
活跃用户	促转化	1. 信息流植入用户最近浏览过的内容对应画像的感兴趣商品 2. 连续 3. 日签到送优惠券
付费用户	促复购	1. 基于画像分层用户 2. 尝试推荐策略 3. 赠券

续表

用户类型	目标	策略描述
沉睡用户	唤醒	1. 沉睡用户专享礼包赠送 2. 用户好友唤醒
流失用户	召回	1. 用户常驻渠道露出 2. 针对流失用户做活动并促活跃用户转发 3. 传统渠道触达（手机、EDM 等）

用户策略的本质是通过各种方法实现两个目的：一个是拉新、引流、促活，另一个是留存用户。

2. 内容运营策略

指围绕内容的生产和消费建立一个良性的循环，持续提升各类和内容相关的数据，如内容数量、内容浏览量、内容互动数、内容传播数等。

内容运营包含 4 个核心要素（见表 4–4）：

信息——你的信息的实际内容是什么？它可以是真实的、实用的、有趣的、信息丰富的，或是某种组合。

背景——内容应该帮助你和读者完成什么？谁是这个内容的目标受众？为什么要发布它？

媒介——你发布内容的渠道是什么？这对整体信息有什么影响？

形式——内容可能是文字、图片、音频、视频、互动、虚拟 / 增强现实，或者是几种形式的组合。

内容是在特定背景下的相关信息，其形式由传播媒介决定。许多关于内容的定义都过于关注信息，缺乏其他元素。没有背景的信息只是噪声，没有考虑到形式和媒介的信息则有可能会消失。

表 4–4　内容策略（示例）

要素	策略（示例）
信息	✧ 难得的亲子时光 ✧ 亲近大自然、轻松、惬意 ✧ 轻奢
背景	✧ 黄金周 ✧ 疫情之后的需求报复性反弹 ✧ 营造刚需
媒介	✧ 小红书、抖音等社交媒体 ✧ 携程、途家、木鸟等垂直类
形式	✧ 针对不同的群体差异性的展现形式 ✧ 短视频、精美图片展示一种精致的小资生活方式

（五）民宿数字化管理信息系统的漏斗运营模型

民宿数字化管理信息系统的漏斗运营模型的理论基础是 AIDMA 理论，其概念包括 Attention 注意、Interest 兴趣、Desire 欲望、Memory 记忆和 Action 行动，是用户从关注到采取行动的过程，如图 4–2 所示。

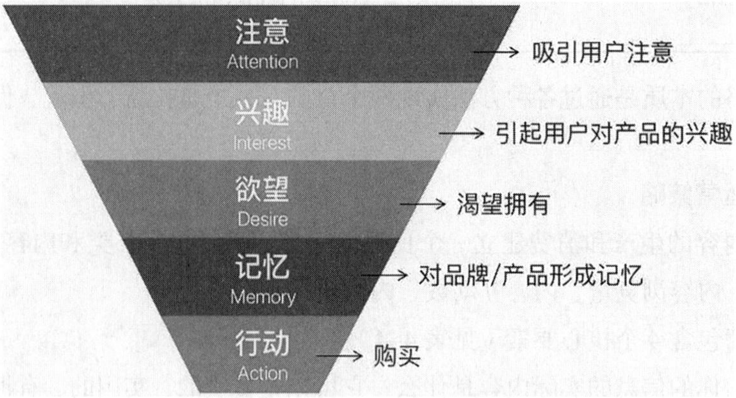

图 4–2　民宿数字化管理信息系统的漏斗运营模型

1. Attention（注意）

注意利用的是渠道运营和内容运营，把自己的产品推向用户，引起用户的关注。

2. Interest（兴趣）

运营中的激活，唤起用户对产品的兴趣，主要依靠的是活动运营和内容运营，用户从渠道中看到并且试用产品。

3. Desire（欲望）

运营中的活跃，唤起用户对产品的渴望，主要利用社区内容建设、活动运营和用户运营。

4. Memory（记忆）

类似于运营中的活跃，因为产品运营得好，把特点展示给用户，用户对产品有了一定的认知，主要利用社区内容建设、活动运营和用户运营。

5. Action（行动）

类似于运营中的变现，这里大多数情况下依靠活动运营，刺激用户的购买、分享等。

民宿数字化管理信息系统的漏斗运营模型给了我们一个简单的思考方法，让我们通过各种方法一步步实现用户的拉新、引流、转化、留存。

第四节　民宿数字化运营融资渠道

对于一个民宿而言，融资是开发和维护或者购买民宿数字化管理信息系统的关键步骤之一。民宿数字化建设需要充足的资金作为保证。

可以使用个人储蓄或资产作为初始资金，以启动数字化管理信息系统的建设或者采购。另外，可以考虑将民宿经营中的一部分业务利润用于系统建设或者采购，比如，每年从利润中抽取 5%~10% 的比例投入数字化建设。

此外，还可以向银行或其他金融机构申请商业贷款，用于民宿数字化管理信息系统的开发和建设或者采购。

以下是其他一些可能的融资渠道：

一、风险投资

风险投资，简称风投，指向初创企业提供资金支持并取得该公司股份的一种融资方式。可以是以私募股权的形式，由风投公司或者基金公司提供给被认为具有高增长潜力或者已经表现出高增长的早期新创公司。

风险投资公司主要是专业的投资公司，通常由一群具有科技和财务等相关专业知识的有经验的专业人士组成，通过直接投资的方式，提供资金给需要的被投资公司。

民宿业融资者可以通过提供有吸引力的商业计划和增长潜力，吸引投资者的关注，通过出让股权的形式获得风投。风投公司在充分论证的基础上，对融资者进行股权投资。

在民宿行业里，众多企业是采用风险投资。例如，爱彼迎、途家民宿、木鸟短租已经完成多轮融资。民宿预订独角兽爱彼迎从 2007 年出租三张气垫床创业到 2021 年末拥有全球 600 万套房源，经历了 13 轮、超 60 亿美元的融资，主要投资方包括阿波罗、橡树资本、红杉资本。2017 年 10 月 8 日，途家民宿线上平台完成 E 轮融资，总估值超过 15 亿美元。共享住宿平台木鸟短租则在 2019 年 5 月 8 日宣布已完成数千万元 B2 轮融资，由华冠资本领投，老股东达晨创投、梅花创投跟投。此外，拥有“花筑”等多个民宿品牌连锁的旅悦集团是由去哪儿网内部孵化而成，由携程集团战略投资，腾讯、红杉资本中国基金、百度资本、高盛集团、鸥翎投资、中信聚信、元禾原点、凯撒辉耀均为投资方。

大量风投资金的进入，使得民宿初创企业获得充足的现金流，为企业的快速发展创造了良好的条件。

二、众筹

众筹，即大众筹资，是指一种向大众募资，以支持发起的个人或组织的行为。众筹通常由发起人、跟投人和平台构成，具有低门槛、多样性、依靠大众力量、注重创意等特征。一般是通过网络上的平台连结起赞助者与提案者。群众募资被用来支持各种活动，包含民间集资、创业募资、艺术创作、自由软件、设计发明、科学研究等。世界银行报告预测2025年众筹总金额将突破960亿美元，亚洲占比将大幅增长。

【同步案例】

亚朵酒店通过众筹成功获得融资

国内酒店民宿是较早采用众筹模式融资的行业。

亚朵酒店在众筹方面做得非常成功，在天津建的小白楼项目，5小时就筹到了5000万，在中国的众筹界算是创造了一个奇迹。他们在西安做分店时，只用了5天时间，就筹到了2100万。

亚朵为投资者提供了4种方案，投资2元有机会抽到7888块钱的福利；投资299元，可以免费入住650块钱的房间一晚，含早餐和下午茶；投资4999元，可以得到一张5000块钱的会员卡和一张价值8000块钱的床垫；投资3万，除了投资期满退还以外，还可额外赠送一张价值8000块钱的床垫。

这样的设计无疑对投资者而言是有吸引力的，所以取得了较好的效果。

三、政府资助和补贴

很多地方政府都有专项资金支持中小企业创业或者从事技术创新。

以上海为例，根据上海市《2023年中小企业发展专项资金指南》的规定：①支持中小企业开展业务数字化。对2022年10月至2023年6月上海市中小企业与数字化服务商签订的服务合同金额（单个企业服务合同金额不高于100万元）给予补贴，按照不超过合同金额30%的比例予以支持。②支持专精特新企业开展数字化诊断评估。对数字化诊断评估机构面向上海市专精特新“小巨人”企业、制造业专精特新中小企业2023年1—9月开展的数字化诊断评估进行奖励，奖励标准按照每家企业2.5万元计算，每个数字化服务厂商最高奖补不超过300万元。③对中小企业创新项目按照不超过企业上年度研发费用的 30% 予以奖励，研发费用以研究开发费用税前加计扣除政策所认定的“研发费用允许扣除的研发费用合计”为准。单个企业奖励不超过 100 万元。

只要符合政府规定的条件，就有机会获得相应的无偿资助或者补贴。这对一些资金紧张的创新型民宿企业无疑是个好机会。

四、合作和合资

民宿业也可考虑与其他企业或伙伴合作，共同投资和开发数字化管理信息系统。这种方式可以实现优势互补、分担风险，并分享资源和成本。

以途家集团为例，2016 年 6 月 6 日，途家民宿宣布战略并购蚂蚁短租，强化了其住宿分享市场的领导企业优势。2016 年 10 月 20 日，途家宣布战略并购携程和去哪儿的公寓民宿业务。2018 年 1 月，大鱼自助游加入途家，由此形成了携程民宿、去哪儿民宿、途家、蚂蚁短租和大鱼自助游五大平台的矩阵，形成新途家集团。

通过合作、并购等形式，企业可以快速获得资金、资源，加快发展速度，这样的案例在民宿业屡见不鲜。

五、创业孵化器

创业孵化器是以服务大众创新创业、促进科技成果转化、优化创新创业生态环境、培育企业家精神为宗旨，面向科技型创业企业和创业团队，提供物理空间、共享设施和专业化服务的科技创业服务载体。

创业孵化器围绕科技创业企业的成长需求，提供创业场地、共享设施、技术服务、咨询服务、投资融资、创业辅导、资源对接等高水平创业服务，目的是激发全社会创新创业活力，帮助初创企业降低创业成本，提高创业企业的成活率和成功率，从而促进科技成果转化，培养成功的企业和企业家。

截至 2021 年底，中国的科技创业孵化机构已超过 1.5 万家，是全球创业孵化器数量最多的国家。

参加科技创业孵化器计划，通过它们提供资金、导师和场地、资源等方面的条件，有助于民宿企业低成本创业，提高创业的成功率。

这些计划通常与初创企业合作，并提供战略指导。另外，所获得的资金通常金额较小。

六、各类竞赛和奖励

目前，国家及各省市都有各类技术创新竞赛或奖励计划，民宿业也可以通过参赛赢得奖金或支持，用于数字化建设。

例如，较大规模的赛事有“中国创新创业大赛”，它是由科技部、财政部、教育部、国家网信办和中华全国工商业联合会共同指导、举办的一项以“科技创新，成就大业”为主题的全国性创新创业比赛。

截至 2023 年 5 月，中国创新创业大赛累计参赛企业和团队已经超过 28 万家，撬动银行、创业投资等金融资本超过千亿元。

通过参加技术创新竞赛或奖励计划，创新企业不仅有机会赢得奖金或支持，还可以进行品牌传播，促进完善商业计划。

文旅行业的典型案例是，2006 年同程旅游创始人吴志祥参加了“赢在中国”的创业大赛，并成功跻身五强，获得了 500 万元创业基金。这对一个创业公司而言确实是一笔不小的资金。

综合来看，在选择融资渠道时，融资者要充分考虑自身的财务状况、项目规模、风险承受能力和所需的资金数量，不要盲目建立与自身情况不匹配的融资计划。此外，要确保商业计划和资金用途计划有吸引力并且合理，以激发潜在投资者或贷款机构的兴趣。

第五节　智慧民宿建设与运营

一、智慧民宿的概念和价值

智慧民宿，是指利用信息系统和平台、云计算、大数据、人工智能等新一代信息技术，通过民宿内各类信息的自动感知、传送、整合和数据挖掘分析，满足客人个性化需求，并帮助民宿达到开源、节流、增效的目的。

智慧民宿的三大价值：

（一）提升民宿管理效率

例如，民宿管理者可通过智能化的平台，实现对民宿设备和客房的智能控制，通过大数据平台，可收集民宿客人的入住数据、消费数据。在此基础上，民宿管理者可以对数据进行整合分析，从而实现对营销的预测，提升营销的针对性，改善客人的满意度等。

（二）树立优质品牌形象

例如，系统自动巡检设备的运行状况，实现故障预警和远程升级等功能，这样可以减少投诉，帮助民宿形成良好的口碑。更重要的是，让民宿管理从被动变为主动。

（三）降低相关运营成本

可借助大数据和人工智能等技术进行民宿的能耗数据统计和分析，通过节能减排，打造绿色、低碳的客房。此外，还可以通过模块自检、设备巡检以及系统远程升级等技术手段，降低民宿的运营维护成本。

二、智能化赋能民宿

（一）民宿基础设施的智能化

随着移动互联网的发展，民宿个性化的趋势越来越明显。比如，民宿的电器设备与微信平台或 IPTV 系统相连接，便可轻松调整电器开关及模式。民宿客人可通过智能系统实现场景预设，譬如，通过温度、灯光、窗帘、音乐的预设创造惊喜。

（二）入住流程的智能化

例如，用户从微信或者民宿预订平台订房后，通过手机在线支付，不经过前台，到店后客人只要在自助机前就可完成信息比对，轻松开门入住，安全、便捷。这样不仅可以为民宿带来人员成本的下降，用户的体验也会大大提升。过去，在高峰期的大堂办理入住手续是一件非常麻烦的事情，也是酒店经营管理的痛点。现在，用户可通过自助机设备自行完成登记入住，节省时间的同时，还能给用户带来方便、快捷的体验。

（三）增值服务的智能化

除了住宿，民宿还可以为顾客提供更多增值服务，使其与竞争对手相比具备更多的亮点和竞争力。从这个角度来看，民宿可以给用户打造一个集住宿、娱乐、旅游为一体的平台，以此来保证用户黏度，建立完善的会员体系和会员福利来聚拢粉丝，并结合大数据技术来分析用户的喜好，对不同用户有针对性地做信息推送。

三、智慧民宿的功能

相较于传统的入住方式，智慧民宿提供给客人完全不同的用户体验。比如，当你进入房间，房间内的灯光会自动开启，窗帘自动合上，电视机自动开启，空调自动启动……智能系统已经根据事先设定好的情景模式，一键开启各个设备，无须手动一一打开。

智慧民宿系统针对民宿场景，采用人脸识别、云计算、物联网等高新科技，通过人脸识别智能开门，公安联网安全验证，结合软件云服务平台，提供智慧民宿全方位细分服务、网络化管理，实现智能化入住与高科技客房控制，打造便捷安全、温馨舒适、科技与颜值兼备的智慧民宿。

（一）智慧民宿的主要功能和构成

1. 自助选房、预订、入住与退房

用户通过线上 OTA 平台自助选房、预订。到店后扫描二维码上传身份证件，人脸识别验证后获取电子房卡，自助办理入住。同时，用户也可以在手机小程序在线退房，无须经过前台处理，免去排队等候的时间，全程智能化、自主化。

2. 客房智能化控制

智慧民宿房间全部采用智能化控制，可通过语音、手机、遥控器、面板进行设备控制，包含智能语音、智能照明、情景模式、智能联动等场景，用户可以随心所欲选择最舒服的场景，享受轻松、惬意的智能服务。

3. 房源、订单集中管理

民宿运营方通过民宿数字化管理信息系统，可以添加、删除房间，编辑、修改房态详情，添加设施服务、民宿位置、民宿图片、修改房价等，售卖特色产品等，方便、快捷。查询、管理订单状态，及时处理入住、退房等各种状态的订单。

4. 多渠道营销

民宿系统通过与携程等 OTA 平台和途家、木鸟等民宿预订平台及抖音、小红书等平台对接，实现多平台同步销售。

5. 财务与运营管理

可分时间段制作房间入住率、经营业绩等统计图表，帮助民宿业主收集、统计数据，为运营决策储备数据基础。

6. 智能化管理

通过物联网，民宿运营方可以实现智能用电、远程抄表、客房大数据分析、智能报警、智能机器人配送等综合智能管理，提高运营效率，降低运营成本。

（二）智慧民宿的构成

1. 民宿云平台

民宿云平台是智慧民宿的核心平台，是整个智慧民宿的大脑，对民宿的软件系统和智能硬件进行集中管理，并最终实现民宿的智慧化管理。

民宿云平台分为 5 层：物联智能设备、网络传输层、基础平台、应用平台和产品端。

物联智能设备：包括各类联网的终端，如开关、照明、电动窗帘、摄像头等，这些设备需要通过网络与系统连接，最后实现系统对硬件的控制。

网络传输层：包括蓝牙、Wi–Fi 在内的各种通信方式，智能设备通过这些通信手段与系统发生交互，接受系统发出的指令。

基础平台：包括数据仓库、云存储、算法引擎、硬件接口在内的各种基础平台，是整个民宿云平台的基础设施。

应用平台：针对民宿行业的需求，提供涵盖民宿行业的各类需求在内的应用系统，包括经营子系统、管理子系统、住客服务、开业管理等子系统，实现了智慧民宿各种应用功能，包括自助入住、智慧客房、人员管理、供应商管理等各种应用和服务。

产品端：为民宿客人、民宿运营方、民宿品牌方、民宿上游供应商、民宿建设服务商等上下游关联方不同角色所需的个性化的服务和应用，实现手机端、电脑端多终端的使用。

平台可以通过接口与外部其他平台系统对接，实现跨平台的交互。

2. 智能硬件

电灯、音响、空调、窗帘、电视、报警器、音响等各种设备都可以接入物联网，实现手机、语音等智能控制。

智能硬件可以实现智慧报警、智慧通行、智慧能源、智慧全屋。

智慧报警：一旦发生火灾、浸水等意外情况，烟雾报警器、水浸传感器等设备会感知信息，将灾害情况第一时间上报系统，让民宿运营方及时采取救治措施。

智慧通行：客人可以通过人脸识别、手机小程序等方式快速进入房间。

智慧能源：通过智能电表、智能水表及智能燃气表，民宿运营方可以很方便地获取民宿的水、电、燃气的使用数据。通过智慧能源控制系统，可以降低水、电、燃气的能源消耗。

智慧全屋：可对开关、灯光、空调、窗帘、取暖设备、音响、空气净化器等设备实现全面的智能化控制，提升客户体验，改善民宿管理。

（三）智慧民宿的优点

1. 改善客户体验

自助入住和退房在极大程度上缩短了客户等待时间、减少了客户入住流程。智能化的设备可以给客户全新的体验，比如，在炎热的夏季，当客户完成自助入住时，空调自动开启，客户进入房间就可以享受清凉。这些情景化的设计，都会很好地改善客户的入住体验，提升客户的满意度。

2. 降低人力服务成本

用户能够在移动手机端进行登记、入住、退房、机器人送餐等，从而减少人工操作，降低人力服务成本。

3. 提升品牌形象

通过先进的智能化设备、信息化的管理、优质的服务、多渠道交互，提升品牌价值，树立品牌形象。

4. 提高能源效率

通过对客房灯光、窗帘、空调、音乐、门锁等设备的智能化调控，大幅降低能耗，实现健康环保、低碳节能、提升管理效率。比如，当客人离开房间后，房间的灯光、空调自动关闭。

【本章小结】

采用数字化管理信息系统是现代民宿业发展的必然趋势，可以大大提高企业运营效率和服务质量。对于民宿业而言，数字化管理信息系统的意义更加重要。通过数字化管理，可以更好地掌握客人信息，提供个性化的服务。同时，数字化管理还可以提高民宿的内部管理效率，减少人力成本。数字化管理还可以为民宿带来更多的客源，提高民宿的竞争力。随着科技的进步和旅游业的发展，数字化管理信息系统将会在民宿行业中得到更广泛的应用和推广。

【思考与练习】

1. 谈谈民宿数字化管理信息系统对民宿行业的好处。
2. 有哪些常用的民宿数字化管理信息系统？主流的数字民宿预订平台有哪些？
3. 民宿数字化管理信息系统有哪些建设方式可供选择？
4. 民宿数字化管理信息系统常见的融资渠道和融资方式有哪些？

5. 智慧民宿的概念怎样？智慧民宿的主要建设内容有哪些？

【案例分析】

“湖漾雨桐”智慧民宿

在杭州西湖以西的双峰村，坐落着一家名为“湖漾雨桐”的中式风格民宿。

该民宿毗邻湖畔大学，周边有花港观渔、苏堤、雷峰塔等著名景点，是一幢带独立院子、白墙黑瓦的江南民居。

整幢民宿实现了智能化，升级成了语音智能客房，江南水乡之美与科技范儿相融共存。

通过门口和床头的智能面板，可以一键开关屋内所有照明设施。民宿的窗帘也是电动的，在接入聪普智能中控系统后，在面板上按一下就可以实现对窗帘的实时控制。也可以通过墙上的开关面板实现对电视机的一键开关。

过去，我们通常会看到客房里有很多遥控器，不知道该操控哪个。在“湖漾雨桐”就没有这个烦恼，各种电器常用的基本功能都被集成在一个智能面板上。

该民宿老板谷哥还为住客提前设定了阅读模式、休闲模式。住客也可以通过 PAD 上的 APP 设定中意的场景模式。

民宿房间里的灯光可以通过 PAD 和床头的智能面板调节到眼睛最舒适的亮度。

清晨，客人拿起 PAD 就可打开窗帘，或是通过更高级的语音控制方式，通过“湖漾雨桐”定制的 APP，就可以实现语音控制。

除了 APP，聪普智能中控系统也支持接入智能语音音箱、语音机器人。客人可以通过语音控制灯光、电视、空调等各种设备。智能音箱或语音机器人，还可以回答游客的旅游和交通相关疑问并对娱乐需求做出回应。

民宿房间内还配置了鹅绒睡眠监测健康枕，可记录睡眠时间与睡眠深浅状态，实现对客人的健康管理。

前厅上方安装了智能安防摄像头，为整座庭院提供安心的保障。

“湖漾雨桐”民宿通过江南民居和高科技人工智能的结合，营造了一个自然和谐的生活空间，将新中式美学印记和现代人的生活方式完美融合，让入住的游客感受到回归自然的亲切，享受更安全、便捷、安心、智能的入住体验。

问题：

1. “湖漾雨桐”的智慧民宿建设有哪些创新点？
2. “湖漾雨桐”的智慧民宿建设对提升客户体验有哪些好处？
3. 在民宿的智慧化建设或者改造上需要考虑哪些因素？

第五章　民宿数字化运营营销管理

【本章导读】

大部分民宿会关注线上、线下双渠道营销方式，但是其对于线下营销的熟悉程度远大于线上营销，较少选取有效的线上数字化营销方式来建立与消费者间的强连接关系。而民宿数字化营销作为一种顺应时代消费特征的重要营销方法，理应得到民宿运营管理者的关注。民宿运营管理者可借助数字化工具，收集并分析消费者的大众需求及个性化需求，从而面向民宿目标市场提出针对性的营销方法，提升民宿获客率的同时强化民宿品牌塑造，最终帮助民宿在竞争日益激烈的民宿市场中脱颖而出。

现代营销之父菲利普·科特勒指出，商业市场营销需要顺应数智时代的发展，借助数字化工具来重构市场营销模式、强化品牌构建等。借助高新科技变革传统经营，民宿发展可以通过新营销、新思路、新运营积极拥抱数字化时代的新机遇，打破当前经营发展的瓶颈，开辟数字化时代下住宿业转型之路。

【学习要点】

1. 民宿数字化营销的概念、主要特征及发展趋势。

2. 民宿数字化营销的主要模式、实施步骤及瓶颈。

3. 民宿数字化跨界营销的含义、类型，民宿数字化精准营销的界定、原则及优劣势，民宿数字体验营销的界定及实施要点。

4. 实施民宿数字化营销策略的资金保障、组织人员保障及内外部制度保障等。

第一节　民宿数字化营销概述

一、数字化营销界定及分类

数字化营销（Digital Marketing，简称 DM）是指借助在线平台、数字技术等，通过各种数字营销渠道来实现组织营销目标的一种营销方式，包括但不限于推广、销售商品、服务、提升品牌形象等。数字化营销不仅可以帮助企业提高知名度和市场曝光率，而且可以使企业更全面、深入地了解目标客户的需求和行为，提高客户满意度和忠诚度。

近年来，数字化营销已成为商业市场营销领域的关键营销策略，其优势主要体现在两个方面：一方面，开展数字化营销可以帮助企业实现精准营销和数据化管理，从而更好地了解客户需求和行为，提高企业的营销成效、ROI（投资回报率）等；另一方面，数字化营销还可以提高营销效率、降低经营成本，使企业更加灵活、敏捷地应对市场竞争。

数字化营销作为互联网发展的产物，其呈现形式也随着互联网的发展而不断迭代。数字化营销呈现形式包括五类：第一类是搜索引擎优化（SEO），通过优化网站内容和结构，提高网站在搜索引擎中的排名，增加网站的曝光度和流量；第二类是搜索引擎营销（SEM），通过在搜索引擎中投放广告，吸引潜在客户访问网站，提高销售转化率；第三类是社交媒体营销，通过利用社交媒体平台（微信、抖音、小红书等），发布内容、互动和沟通，提高品牌知名度和客户忠诚度；第四类是内容营销，通过制作和发布有价值的内容，吸引潜在客户，并提高品牌形象和客户忠诚度，核心是将生产的价值内容通过官网等多种数字化渠道传递给消费者；第五类是电子邮件营销，通过发送电子邮件，向潜在客户和现有客户提供个性化的信息和服务，提高销售转化率和客户忠诚度。

二、民宿数字化营销的概念和特点

（一）民宿数字化营销的概念

民宿数字化营销是指民宿运营管理者借助数字技术和在线平台，通过各种数字化手段实现民宿产品的推广、预订和客户关系管理等，从而实现民宿营销目标的一种营销方式。

随着互联网、移动互联网的普及，越来越多的人通过线上渠道选择民宿产品，民宿数字化营销已成为民宿业主和运营管理者必不可少的一项工作。这主要是因为数字化营销可以“以小博大”地扩大民宿的曝光度和知名度，从而激发更多潜在消费者的关注，提高民宿的预订率和入住率。同时，数字化营销还可以帮助民宿降低营销成本，使民宿更加灵活、敏捷地应对市场变化，这种低成本营销方式对于小体量民宿的可持续发展至关重要。再者，借助数字化手段还使得市场分析更加科学、客观，帮助民宿业主和运营管理者更好地了解客户需求和行为，最终提出合理、科学的营销决策方案。

（二）民宿数字化营销的特点

民宿数字化营销作为一种营销方式，既蕴含着传统营销方式的核心目的即实现营销目标，同时亦包含区别于传统营销的方法、手段等，被广大民宿主所选择。

具体而言，一是民宿数字化营销具有一定依赖性，民宿数字化营销需要利用数字技术和在线平台。数字技术和在线平台是民宿数字化营销的基础，借助数字化工具进行民宿数据管理、分析、挖掘等，从而实现民宿产品的推广、预订和客户关系管理，提高营销效率和降低成本。二是民宿数字化营销的主要内容是民宿产品的推广、预订和客户关系管理等。通过数字化手段提高民宿的曝光度和知名度，吸引更多的潜在客户，提高预订率和入住率，同时提供个性化的服务和推荐，提高客户满意度和忠诚度。三是民宿数字化营销的核心目的是实现营销目标，包括但不限于提升顾客的满意度和民宿盈利率等。

三、民宿数字化营销的理论基础

民宿数字化营销的理论基础来源于多个领域，包括但不限于市场营销学、客户关系管理学、数字技术及互联网学等，但目前仅围绕民宿数字化营销的理论研究成果较少，现有研究主要集中于民宿数字化营销对策，而民宿数字化营销对策早已被应用于民宿运营管理中。

（一）市场营销学的相关理论

市场营销学是研究市场营销活动的学科，其中包括市场细分、目标市场选择、市场定位、市场调研等理论和方法。这些理论和方法均为民宿数字化营销提供了基础，能够帮助民宿主、民宿运营者了解市场和客户需求，制订相应的营销策略和推广计划。

1. 4P 理论、7P 理论及 8P 理论

4P 理论产生于 20 世纪 60 年代的美国，是随着营销组合理论的提出而出现的。

1967 年，菲利普·科特勒在其畅销书《营销管理：分析、规划与控制》第一版中进一步确认了以 4Ps 为核心的营销组合方法，它包括产品（Product）、价格（Price）、渠道（Place）和促销（Promotion）四个要素，这些要素被认为是影响市场营销决策和实施的关键因素。目前 4P 理论是市场营销中常用的理论框架。

而 7P 理论是对 4P 理论的扩展，增加了三个额外的要素，提供更全面的市场营销策略分析视角。除了产品、价格、渠道和促销外，7P 理论还包括以下三个要素：

（1）人（People）：人是指作为市场目标群体的消费者。了解消费者的需求、偏好、行为和心理特征对于制定有效的市场营销策略至关重要。人的因素还包括人口统计学特征、社会文化背景和消费者行为模式等。

（2）过程（Process）：过程指的是从产品设计到销售和售后服务的整个过程。优化营销过程有助于提高效率、降低成本，并提供卓越的客户体验。关注客户体验、供应链管理和销售流程等方面的优化可以增强市场竞争力。

（3）物证（Physical Evidence）：物证是指与产品或服务相关的实际证据或环境。这包括产品的外观、包装、店面布局、员工形象等方面。良好的物证可以增强消费者的信任和满意度，提升品牌形象。

8P 理论是对 7P 理论的扩展，其进一步增加了第八个要素即环境（Environment）。环境指的是外部环境对市场营销策略的影响，包括政治、经济、社会、技术和法律等方面的因素。了解和适应环境变化对于制定灵活和可持续的市场营销策略至关重要。

2. 4C 理论

与 4P 理论相比，4C 理论更加强调顾客导向和价值创造。4C 理论的四个要素分别是：顾客需求（Customer Needs）、消费者成本（Cost）、沟通（Communication）、便利（Convenience）。

（1）顾客需求（Customer Needs）：4P 理论中的产品（Product）是以企业为中心的，而 4C 理论中的顾客需求（Customer Needs）则更注重顾客的需求和期望。企业应该以顾客需求为导向，提供满足顾客需求的产品和服务。

（2）消费者成本（Cost）：消费者成本是指顾客在选择和使用产品时所付出的时间、精力和金钱等成本。企业应该通过降低消费者成本，提高产品的便利性和满意度，从而增加顾客的忠诚度和口碑。

（3）沟通（Communication）：沟通是指企业与顾客之间的互动和交流。企业应该通过建立和维护社交媒体账号、定期发布优质内容、回复顾客的留言和评论等方式，与顾客进行有效的沟通和互动。

（4）便利（Convenience）：企业应为顾客提供最大的购物和使用便利。

在民宿企业实施数字化营销管理过程中，4C 理论可以帮助民宿运营者从顾客视角分析客户需求，同时强调民宿发挥“家”文化优势，通过线上、线下等多维度沟通渠道来增强民宿、顾客间的互动、沟通，把握顾客在民宿消费过程中的“敏感点”，从而提出顾客导向、创造价值的民宿营销策略。

（二）客户关系管理学的相关理论

客户关系管理学是研究建立和维护客户关系的学科，其中包括客户数据的收集和分析、个性化服务和推荐等理论和方法。这些理论和方法为民宿数字化营销提供了客户管理和互动的基础，帮助民宿业主和运营者提高客户满意度和忠诚度。

1. 顾客生命周期价值理论

顾客生命周期价值（Customer Lifetime Value，CLV）指一个客户在与企业建立关系的整个生命周期中，给企业带来的收益总和。通过分析顾客生命周期价值，企业可以确定投入客户关系管理的资源和策略，提高客户满意度和忠诚度，增加销售额和利润。

对民宿实施数字化营销而言，通过了解和利用客户生命周期价值，民宿可以制定更加精准和个性化的数字化营销策略。具体而言，通过分析客户的生命周期价值，民宿可以将客户分为不同的细分群体，根据不同细分群体的价值和需求制定相应的数字化营销策略。例如，对于高价值顾客群，民宿可提供更加个性化、全面性的服务策略，以提高其忠诚度和重复消费。

结合顾客生命周期价值理论，民宿数字化营销可侧重于从以下三方面开展：

（1）实施个性化营销和推荐：通过分析客户的历史行为和偏好，民宿可以向客户推荐符合其兴趣和需求的民宿产品和服务。个性化营销和推荐可以提高客户的满意度和购买意愿，增加客户的生命周期价值。

（2）客户关系管理：通过建立和维护客户关系，延长客户的生命周期价值。民宿可以通过数字化工具和平台，与客户进行互动和沟通，提供个性化的服务和关怀，增强客户的黏性和忠诚度。

（3）数据分析和优化：通过收集和分析客户数据，民宿可以了解客户的行为和偏好，优化产品和服务，提高客户体验和满意度。通过数据分析，民宿可以发现客户的潜在需求，制定相应的数字化营销策略，提高客户的生命周期价值。

2. 顾客满意度的相关理论

顾客满意度的相关理论是通过对顾客的需求、期望和评价进行研究，以提高顾客满意度的理论框架。对于民宿数字化营销来说，了解和应用顾客满意度的相关理论可以帮助民宿提供更好的服务和体验，增加客户的忠诚度和口碑。

实际上，顾客满意度可从以下不同理论视角剖析，从而为民宿数字化营销提供不同维度的优化策略。

（1）期望—确认理论（Expectation-Confirmation Theory）：顾客的满意度取决于其对产品或服务的期望与实际体验之间的一致性。对于民宿数字化营销来说，民宿可以通过提供符合客户期望的服务和体验，来确保客户满意度。

（2）服务质量理论（Service Quality Theory）：顾客的满意度受到服务质量的影响。对于民宿数字化营销来说，民宿可以通过提供高品质的数字化服务，如提高网站易用性、优化在线预订系统等，来提高客户满意度。

（3）口碑传播理论（Word-of-Mouth Theory）：顾客的满意度与口碑传播密切相关。对于民宿数字化营销来说，民宿可以通过提供出色的服务和体验，激发客户积极的口碑传播，吸引更多潜在客户。

（4）忠诚度—满意度链模（Loyalty-Satisfaction Chain Model）：该模型认为，顾客满意度是客户忠诚度的前提条件。对于民宿数字化营销来说，民宿可以通过提高顾客满意度，增加客户的忠诚度和重复消费。

（5）顾客体验理论（Customer Experience Theory）：顾客的满意度受到整个消费过程中的感受和体验的影响。对于民宿数字化营销来说，民宿可以通过提供个性化、便捷和愉悦的数字化体验，来提高客户满意度。

（三）数字技术及互联网学的相关理论

数字技术及互联网学是研究数字技术和互联网应用的学科，其中包括网站建设、搜索引擎优化、社交媒体营销、在线旅游平台合作等理论和方法。这些理论和方法为民宿数字化营销提供了技术支持和操作指导，帮助民宿业主和运营者利用数字技术和互联网平台进行推广和预订管理。

第二节　民宿数字化营销现状

一、民宿数字化营销的主要模式

中国正处于民宿品牌连锁和优化转型的新时代，民宿经济迅速崛起，资本在民宿市场的角逐激烈，互联网以及各种在线平台的发展为民宿的数字化营销提供了广阔的空间。基于此，民宿的数字化营销模式类型呈现出多样化的趋势。以下是一些常见的民宿数字化营销模式类型：

（一）民宿 OTA 平台营销模式

民宿 OTA 平台营销是民宿数字化营销的重要模式之一，其对于提升民宿的销售量和品牌知名度有着显著的作用。该种模式亦是目前民宿数字化营销的主流营销模式，例如，爱彼迎、携程、去哪儿等。该模式的主要营销逻辑在于，民宿主通过利用在线旅游代理商（OTA）平台，发布民宿信息，提高民宿的曝光度，吸引用户预订。

一般而言，民宿主在实施 OTA 平台营销模式前需要分析平台现状，制定优化方案来提高 OTA 曝光、流量和转化率，例如，优化 OTA 价格调整策略，从而提升销售量。具体而言，如需在 OTA 平台上做好民宿营销，需要注意以下几个关键因素：

1. 民宿分销佣金及优惠政策

民宿向 OTA 平台支付的佣金金额及提供的优惠政策会影响民宿的 OTA 排名。一般而言，民宿向 OTA 提供的佣金越高、优惠政策越好，民宿的 OTA 排名就会越高。

2. 民宿客房销量

民宿在 OTA 平台的客房销量反映了该民宿的受欢迎程度，平台收益增加，自然给予民宿较高的排名权重。

3. 民宿产品曝光量

影响民宿在 OTA 平台曝光量的主要因素是排名、营销活动、筛选入口、价格和房态等。当用户在平台上搜索目的地相关民宿时，排名越靠前的民宿受关注度越高，获取的流量也就越多。民宿主可通过优化民宿网站结构、内容和关键词等，提高网站在搜索引擎自然排名中的位置，增加流量和曝光度。

4. 民宿营销转化率

民宿订单率是民宿产品流量与转化率综合而成的结果，民宿主若需增加民宿订单率，在确保民宿产品流量的同时，还需要通过实施一系列流量转化的营销方案，提升营销转化率。

为了在 OTA 平台上有效进行民宿营销，民宿运营者应综合考虑各种相关因素并根据自身情况制定合理、系统化的营销策略。首先，民宿运营者需深入了解市场需求、竞争态势、目标客户和产品特点等方面的信息，以便更好地调整营销策略并提高销售量和品牌知名度。同时，与客户保持良好的沟通是关键，及时了解客户的需求和反馈，并根据实际情况做出相应的调整。此外，民宿运营者还应善于利用各种促销手段和渠道来扩大销售量和提高品牌知名度。

【同步案例】

近年来，民宿OTA平台（在线旅游服务平台）上订单量在民宿总体订单量中的占比增幅明显。据木鸟民宿发布的《2023年民宿行业发展报告》显示，2023年全年的平台订单量同比增长192%，平台房源总数达175万套，覆盖城市达700多个。对于民宿消费者而言，他们可以通过民宿OTA平台"跨时空"地了解住宿目的地的民宿的相关情况，例如，位置、周边环境及配套设施等，并在入住前完成民宿预订。同时，较多民宿运营管理者也开始运用短视频、民宿现场直播等方式开展营销活动，以此来吸引世界各地的消费者。由此看来，民宿OTA在助力民宿经济快速增长上发挥着不可替代的作用，相信未来将会有更多的民宿运营管理者加入民宿OTA平台。

（二）民宿官网营销模式

民宿官网营销模式主要是指民宿建立官方网站，提供详细的房源信息、预订方式、联系方式等，增强品牌形象和信任度。

民宿官网营销模式是通过设计优化的网站提供详细的民宿信息、建立预订和支付系统、进行营销推广、进行数据分析和优化等，吸引用户的关注和预订，提高官网的流量和转化率，从而助推营销目标的实现。

民宿官网营销模式的实施步骤具体而言，一是网站设计和优化。民宿运营者需要设计一个吸引消费者的网站界面，包括美观的布局、易于导航的菜单和页面、高质量的图片等，以吸引用户的注意力。二是优化网站的加载速度，确保用户能够快速访问和浏览网站。三是优化网站的搜索引擎排名，通过关键词优化、优质内容的发布等方式，提高网站在搜索引擎中的可见性。四是提供详细的民宿信息。在官网上提供详细的民宿信息，包括房间类型、设施、价格、位置、交通等，以便用户能够全面了解民宿的情况。五是提供高质量的图片和视频，展示民宿的特色和优势，吸引用户的兴趣。六是提供用户评价和评论功能，让用户可以分享自己的入住体验，增加可信度和口碑。七是预订和支付系统，提供在线预订和支付系统，方便用户进行预订和支付。八是确保预订和支付系统的安全性，采取安全加密技术和支付网关，保护用户的个人信息和支付信息。九是数据分析和优化，利用网站分析工具来分析网站流量、用户行为等数据，了解用户的需求和偏好，进而根据数据分析结果，优化网站的内容、布局、推广策略等，提高用户体验和转化率。

（三）民宿社交媒体营销模式

民宿社交媒体营销模式主要是指在新媒体时代，通过利用微信、微博、小红书等社交媒体平台发布民宿的照片、视频和活动信息，从而实现宣传推广目标的一种营销方式。这种营销方式的主要目标是吸引潜在客户、提升品牌形象，并最终促成潜在消费者转化成真实的民宿消费者。

在进行民宿社交媒体营销时，可以关注以下几个要点：

（1）选择合适的社交媒体平台：根据目标客户群体的特点，选择最能触达他们的社交媒体平台，如微信公众号、头条号、百家号、微博等。

（2）制定内容策略：发布与民宿相关的吸引人的内容，如房源介绍、周边旅游信息、特色活动等。同时要展示民宿的独特之处，使内容更具吸引力。

（3）建立社群：通过社交媒体平台建立自己的粉丝社群，维护好与粉丝的关系，提高粉丝的活跃度和忠诚度。

（4）运用自媒体平台：利用如小红书、抖音等流量聚集的自媒体平台进行房源介绍的文章和视频发布，积累一定的客源和名声。

（5）做好私域流量维护：每一个房客都可以加好友，形成自己的私域流量，后期做好这批用户的留存和复购。

（6）观察并适应趋势：随着新锐的消费人群和新兴的消费市场的发展，民宿新媒体营销的趋势也在不断变化，例如，渠道去中心化、全平台布局等。因此，需要不断学习和适应新的营销趋势。

内容策略的制定是民宿社交媒体营销模式的关键所在。民宿内容策略主要是指通过创作和分享有关民宿的有价值的内容，吸引用户关注和分享，提高民宿的认知度和可信度。总体而言，民宿的内容营销模式需要结合民宿的实际情况和目标客户群体的特点，制定合适的内容策略，以提供有价值、有吸引力的内容，从而有效提升民宿的品牌影响力和销售业绩。内容策略制定需要考虑以下问题：

（1）民宿内容主题选择：民宿营销内容可以包括民宿的故事、历史、文化、特色等，也可以是与民宿相关的旅游攻略、美食推荐、活动信息等。

（2）民宿内容的展现形式：民宿内容的展现形式主要包括文字、视频、录音等。

（3）宣传社交媒介选择：常见的宣传社交媒介主要有微信、微博、抖音等，通过发布民宿的照片、视频和活动信息，与粉丝互动，提高品牌知名度和美誉度。

（4）旅游指南和杂志：在旅游指南和杂志上刊登民宿的广告或文章，吸引目标客户群体的关注。

（5）合作伙伴：与旅行社、景区、酒店等旅游相关企业建立合作关系，互相推广，扩大客源。

（6）本地媒体：在当地报纸、电视台、广播电台等媒体上进行广告投放或新闻报道，增加曝光度。

（7）线下活动：参加旅游展览、文化节庆等活动，展示民宿的特色和优势，吸引潜在客户。

以上是一些常见的民宿数字化营销模式类型，民宿运营管理者可以根据自身的特点和目标受众，选择适合的模式来进行营销推广。同时，民宿数字化营销也需要不断跟进技术和趋势的发展，进行创新和优化。例如，结合消费者全链条消费特征进行本地搜索引擎优化，通过优化民宿在本地搜索引擎上的排名，如百度地图、高德地图等，增加民宿的曝光度和预订机会。

【同步案例】

海岛人家民宿是一家拥有近 15 年历史的乡村民宿，获评上海市、上海崇明区的五星精品民宿，崇明区“十大风情民宿”、崇明区乡村民宿女主人联盟单位等多项荣誉称号，其凭借原生态设计、运营理念，临水而建，为客户打造“海岛”主题的温馨、松弛、贴近自然的休闲空间，深受广大消费者的青睐。

彭先生是该民宿的民宿主兼运营负责人，其不仅是美丽乡村民宿建设的引领者，也是民宿数字化营销的践行者。在海岛人家民宿建立初期（21 世纪初期），彭先生便主张借助搜索引擎优化（购买百度竞价排名等）来开展民宿数字化营销推广，成为民宿数字化营销的“先驱群体”。逐渐地，彭先生看准移动互联网营销优势，主动选择与大众点评等合作来拓展民宿数字化营销渠道。如今，社交媒体营销日益渗透至各行各业中，彭先生亦准确把握新时代社交媒体营销优势，通过小红书、抖音等开展社交媒体营销，有效拓展客源。

二、民宿数字化营销的实施方案

（一）开展民宿市场调研

民宿数字化营销市场调研是一个系统化调研分析过程，其中包括收集、分析和解释关于民宿业数字化营销的市场数据和信息。这一过程可以帮助民宿运营管理者更好地理解市场需求和竞争环境，从而制定有效的营销策略。

进行民宿数字化营销市场调研的具体步骤包括：

（1）确定调研目标：根据民宿发展需要，明确调研的目标和预期结果。

（2）设计调研方案：包含选择合适的调研方法、设计问卷或访谈提纲等调研。

（3）收集数据：通过各种方式（例如问卷调查、深度访谈、二手资料研究等）收集相关的市场数据和信息。

（4）数据分析：将收集到的数据进行处理和分析，以揭示市场趋势和消费者需求等信息。

（5）报告撰写与呈现：整理分析结果，并撰写详细的调研报告，同时，将调研成果以适合的方式（如演示文稿）呈现出来，以便项目团队或公司领导作出决策。

（6）实施策略：根据调研结果，设计和实施相应的数字化营销策略。

（二）制定数字化营销目标

结合民宿市场调研结果及民宿自身发展现状、总体目标，民宿需要进一步制定其数字化营销目标。制定数字化营销目标是民宿数字化营销实施的第二步亦是重要的一步。民宿数字化营销目标是指在数字化时代，民宿运营管理者通过数字化手段，如互联网、社交媒体等，对民宿进行营销活动，以达到提高知名度、增加客源、提高客户满意度等的预期效果。具体而言，制定数字化营销目标时，需要考虑以下几个方面：

1. 市场目标

确定民宿数字化营销的市场目标，例如，覆盖目标市场以及目标市场占有率等。

2. 销售量目标

确定民宿数字化营销的销售量目标，例如，销售增加额、客户转化率及客户复购率等。

3. 品牌提升目标

确定民宿数字化营销的品牌提升目标，例如，提升品牌知名度、塑造品牌形象、增加品牌忠诚度等。

4. 渠道发展目标

确定民宿数字化营销的渠道发展目标，例如，增加网站流量、提高社交媒体影响力、增加线上预订比例等。

通过制定明确的数字化营销目标，可以帮助民宿制定相应的数字化营销策略和行动计划，并评估数字化营销的效果和成果。

（三）制定数字化营销策略和计划

进一步来说，结合民宿市场调研结果及民宿数字化营销目标来选择数字化营销策略，并制订营销计划。制定数字化营销策略和计划是确保民宿数字化营销目标达成的基础，它包括以下几个方面：

1. 明确目标市场特征

结合市场目标及市场调研的结果，确定民宿的目标受众的年龄、性别、兴趣爱好等方面特征。

2. 选择合适的数字化营销渠道

根据目标受众的特征和行为习惯，选择合适的数字化营销渠道，例如，建立自己的网站、利用社交媒体平台、使用搜索引擎广告等。

3. 制定内容营销策略

根据目标受众的需求和兴趣，制定内容营销策略，包括发布有价值的内容、提供优惠活动、分享客户故事等，以吸引和留住目标受众。

4. 优化用户体验

通过优化网站和移动应用程序的用户界面及用户体验，提供方便、快捷的预订流程、个性化推荐等，提升客户满意度和转化率。

通过制定明确的数字化营销策略和计划，可以帮助民宿更好地利用数字化渠道和工具，提升营销效果和客户体验，实现数字化营销目标。

（四）执行数字化营销计划并监测效果

根据制定的民宿总体数字化营销策略和计划，民宿需要进一步制订数字化营销执行计划并实施、监测效果等。围绕民宿数字化营销的目标，不断改进和优化营销策略，提高民宿的竞争力和市场份额。执行数字化营销计划是将策略转化为行动的关键步骤，它包括以下几个方面：

1. 制订详细的行动计划

将民宿数字化营销策略及总体计划转化为具体的行动计划，包括内容发布计划、社交媒体互动计划、广告投放计划等。

2. 分配资源和责任

确定执行数字化营销计划所需的资源和责任，包括人力、财力和时间等，确保计划的顺利执行。

3. 监测和评估效果

利用网站分析工具、社交媒体分析工具等，对数字化营销活动进行监测和评估，了解活动的效果和成果，及时调整和优化策略。

4. 进行持续改进

根据监测和评估的结果，围绕民宿数字化营销的目标进行持续改进和优化，不断提升数字化营销的效果和效率。

在进行民宿数字化营销的过程中，民宿运营管理者需要不断探索新的渠道、新的玩法，重新优化渠道组合，实现渠道利润最大化。同时，消费者对民宿的需求也在变化，比如，卫生、安全、特色以及预订的便捷等服务需求越来越高。因此，数字化营销市场调研应该定期进行，以便及时调整营销策略以满足市场变化的需求。

三、民宿数字化营销发展的现存问题

随着旅游需求的多元化和个性化，民宿市场竞争日益激烈。为了吸引客流，各大民宿企业积极应用数字化营销策略，如通过微信朋友圈、抖音、小红书等社交媒体、网络分享渠道等进行品牌推广，目前线上渠道营销已成为民宿生存获客的关键一环。但部分民宿在开展数字化营销的过程中，面临着运营服务能力有限、经营成本高、不懂 OTA 及社交媒体营销等问题，导致民宿数字化营销无法有效开展和实施。

（一）资金预算受限

营销资金预算是民宿开展数字化营销的基础。数字化营销需要投入一定的资金，包括网站建设、广告投放、社交媒体推广等，但很多小型民宿业主资金有限，难以承担这些费用。再者，部分民宿运营管理者缺乏资金管理能力，无法有效规划、控制数字化营销的预算，从而导致资金浪费的风险。

（二）数字化营销人才缺乏

民宿数字化营销人才主要负责运用各种数字化工具和策略，如社交媒体、搜索引擎优化（SEO）、内容营销等，来提高民宿的知名度，为民宿吸引更多顾客，提升民宿销售额。然而，目前民宿业在人才方面面临系列挑战，民宿行业数字化营销发展特性和转型需求间不匹配，传统民宿行业的数字化转型需求与人才供应之间存在矛盾。目前，民宿数字化营销是大势所趋，但许多民宿运营管理者运营服务能力有限，对于 OTA 及社交媒体营销了解不够，从而导致民宿数字化营销无法有效开展。究其原因，一是人才区域分布不均衡，优秀的年轻人才大多集中在大城市，而民宿行业多分布在二线及以下城市，导致民宿的数字化营销人才供应不足。二是人才培养速度缓慢，民宿发展历程相对较短，像高等院校等人才培养高地尚未形成完善的民宿数字化营销人才培养体系，人才培养速度与民宿行业需求速度不匹配等。

（三）相关制度保障不够完善

相对传统的营销方式，民宿数字化营销的发展历程相对较短，目前，仍有大批民宿运营管理者依赖于传统的民宿营销，包括口碑传播、线下宣传等方式。而近年来，随着互联网技术和移动设备的普及，民宿业主开始意识到数字化营销的潜力，并逐渐开始尝试使用互联网平台和社交媒体等数字化渠道进行宣传和推广。但由于民宿业主在数字化营销方面缺乏明确的指导和规范，这使得他们往往凭借个人经验和主观判断进行营销活动，其对于数字化营销的应用仅停留在线上宣传等层面，较少开展深层次、全方位的数字化营销。再者，现有法律法规对民宿数字化营销的监管和执法力度相对较弱。一些不合规范的行为，如虚假宣传、不当竞争等，较难得到有效的制止和处罚，这也给市场秩序和消费者利益带来了一定的风险。

（四）其他不足

民宿所面临的宏观外部环境虽然基本相同，但各个民宿所处的微观环境却有一定差异，因此其在实施数字化营销过程中面临的瓶颈也存在一定差异。例如，部分民宿在设计和服务中相互模仿，缺乏独特性，这使得民宿市场趋于同质化，从而影响数字化营销效果，也影响消费者的体验。再者，随着消费需求的变化，如从国际、长途旅游转换为周边游、亲子游，线上渠道营销成为民宿生存获客的关键一环。如何有效整合线上、线下全渠道，成为民宿营销开展的新挑战。

在民宿实施数字化营销的过程中，上述瓶颈都可能会对民宿数字化营销的效果和效率产生影响，民宿主需要实施系列措施有针对性地进行解决。比如，可以通过寻找合适的资金来源，增加数字化营销的预算；培养数字化营销人才，提高团队的专业水平；加强技术和设备的投入，提升数字化营销的技术水平；加强客户教育和宣传，提高客户对数字化营销的接受度；建立数据分析和监测体系，及时了解数字化营销的效果和问题；关注法律和隐私问题，保护客户的利益和隐私；制定长期规划和持续投入，保持数字化营销的持续发展；积极参与行业标准和规范的制定，推动数字化营销的规范化和健康发展等。

第三节　民宿数字化营销创新策略

一、民宿跨界营销

（一）跨界营销的界定

跨界营销最先缘起于共生营销的理念，并不断衍生出联合营销、协同营销、品牌联盟、营销联盟等相关概念。国外学者 Gassmann 和 Zeschky（2008）认为跨界是企业根据现有的需求突破原有的惯例来实现企业的价值增值。国内学者黄春萍等认为跨界营销的实质是以消费者需求为核心，不同行业、品牌之间在价值链环节中共享资源来降低交易成本，发挥品牌强强联合的协同和创新效应，实现企业的进一步发展。无论怎样界定跨界营销，跨界营销始终都强调营销活动的主体多元协作性及资源共享性。基于此，本书将跨界营销界定为不同行业、不同领域的品牌或产品进行合作，协同开展营销活动，从而实现双方营销目标的一种互利共赢的营销策略。

民宿跨界营销也是近年来营销行业的一个热门话题，它的核心主要是指民宿业与其他行业进行合作，以实现品牌推广和市场扩张的目的。例如，上海拾花民宿曾与上海崇明妇联合作，开展系列活动，这种跨界合作不仅提高了民宿品牌的知名度，还为其带来了更多的客源。

（二）民宿跨界营销的主要类型

跨界营销的成功关键不仅仅在于寻找跨界合作的异业主体，其核心是多主体在开展跨界营销时如何形成一个有效的营销闭环，促使多主体营销目标的达成。因此，跨界营销开展过程中需要关注包括从产品搭建、内容分发到销售各个环节，各环节都需要持续经营和管理。

具体而言，民宿在开展跨界营销时可以考虑以下几类跨界营销策略：

一是“民宿＋旅游景点”跨界营销。民宿可以选择与当地热门旅游景点进行合作，推出联合门票、优惠套餐等，吸引游客入住民宿。同时，景点也可以为民宿提供宣传支持，增加曝光度。

二是“民宿＋餐饮企业”跨界营销。民宿可以与当地特色餐饮企业进行合作，推出特色美食体验，这样不仅可以让游客在民宿品尝到地道的美食，同时餐饮企业也可以为民宿推荐客源。

三是“民宿 + 文化活动”跨界营销。民宿可以与当地的文化活动、艺术展览等进行合作，举办民宿专属的文化活动，吸引文化爱好者入住。同时，文化活动也可以为民宿提供宣传支持。

四是“民宿 + 社交媒体”跨界营销。民宿可以与社交媒体平台进行合作，利用社交媒体的传播力，提高民宿的知名度和美誉度。具体而言，民宿可以通过发布优质内容、互动活动等方式，吸引更多粉丝关注，提升社交媒体与消费者之间的黏性。

五是“民宿 + 周边商家”跨界营销。与周边商家进行合作，推出“民宿 + 购物”“民宿 + 娱乐”等组合产品，为游客提供一站式的旅游服务，提升周边商家产品的销售量。同时，周边商家也可以为民宿提供宣传支持。

通过以上跨界营销策略，民宿可以实现与其他主体的互利共赢，提高自身的知名度和竞争力，从而提升入住率。

【经典案例】

花筑是旅悦集团下的知名民宿品牌，其与携程社区协同打造的“睡醒计划”项目获评“2021 DTA 数字旅游奖”中的 DTA 创新营销奖。花筑获得该奖项的原因何在？或许大家可以从旅悦集团 CMO 朱宇佳在颁奖现场和大家分享的三大核心计划要点中寻觅。具体而言，一是增强民宿的曝光度。在该“睡醒计划”中，以创新内容营销案例中的优质内容作为载体，产出近 150 篇优质民宿旅拍内容，其中点赞量超 2 万，总曝光量超 2 亿。二是自由发文及“腰部达人”。该计划未设置主题或话题限制，参与该计划的达人可自由发文。同时，该计划选择加入携程社区分享平台以及尚处于成长期的“腰部 KOL”，这在提升成长期达人活跃度的同时，亦为该项目带来更多具有趣味性、新鲜感的内容。三是推出“民宿 0 元住”。通过在“睡醒计划”中推出“0 元住”的概念，项目也吸引大量达人的注意力并激发大家的参与动力。

二、民宿关系营销

（一）民宿关系营销的界定

民宿关系营销是指通过建立和维护与客户、合作伙伴、社区及其他利益相关者之间的良好关系，实现民宿业务增长和发展的营销策略。它强调建立长期的、互惠互利的合作关系，以提高客户忠诚度、增加重复预订率、推广口碑和提高品牌价值。

（二）民宿关系营销的实施要点

民宿关系营销的核心是建立客户关系。一方面，通过与客户建立紧密的联系，了解他们的需求和偏好，提供个性化的服务和体验，增加客户的满意度和忠诚度。另一方面，通过与合作伙伴、社区和其他利益相关者建立良好的关系，扩大民宿的影响力和知名度，提高品牌价值和竞争力。

具体而言，实施民宿关系营销需要关注下述要点：

1. 建立客户数据库

收集客户信息，了解他们的需求和偏好，提供个性化的服务和体验。

2. 提供优质的服务

通过提供优质的住宿和旅游服务，提高客户满意度和忠诚度。

3. 建立合作伙伴关系

与旅游景点、交通运输、餐饮、娱乐等行业建立合作伙伴关系，扩大民宿的影响力和知名度。

4. 积极参与社区活动

在社区中建立良好的公共关系，提高民宿的社会责任感和公信力，增强与社区空间不同主体的协同发展。例如，上海崇明民宿与上海崇明妇联等紧密协作并成立崇明民宿女主人联盟，通过联盟组织的系列活动、项目开发来提升崇明民宿在区域的影响力。

民宿关系营销在提高现有客户忠诚度、扩大知名度、建立合作伙伴关系、提升品牌形象等方面都具有重要的作用，其对于民宿业务的长期发展至关重要。

三、民宿精准营销

（一）精准营销的界定

精准营销在21世纪初期被现代营销大师菲利普·科特勒在其市场营销著作中明确提出，强调企业需要制定更精准、能够被衡量、投资回报率高且注重行动结果的营销计划。后续，国内外学者围绕精准营销提出系列界定。我国学者时炼波等认为精准营销是通过定量和定性相结合的方法对目标市场的不同消费者进行细致分析，根据他们不同的消费心理和行为特征，企业采用有针对性的现代技术、方法和指向明确的策略，实现对目标市场不同消费者群体强有效性、高投资回报的营销沟通。Jeff Zabin 等结合 4R 即正确的产品（Right Product）、正确的价格（Right Price）、正确的地点（Right Place）、正确的促销（Right Promotion）对精准营销进行深入论述，其认为精准营销的核心要义为通过合适的方法，在正确的时间将有效的信息传递给正确的客户。

随着数字化时代的到来，精准营销的内涵得到进一步深化，海量数据获取的可能性、分析便捷性变为现实，使得精准营销中的市场定位过程变得更为“精准”，精准营销成为现阶段企业实施营销管理的重要方法。基于此，本书将精准营销界定为结合一定的技术手段、方法等来分析目标市场，从而根据目标市场中消费者差异性的消费特征、习惯等为其提供有针对性的营销沟通，强调营销方式与目标消费者消费特征的高吻合度。

民宿精准营销模式通常是指依托于大数据进行的精细化营销方式，其可以帮助民宿运营管理者解决同质化营销的问题，推动民宿全渠道服务产品升级。民宿精准营销包含两层核心要义：一是强调以分析民宿消费者的行为数据为基础，深入了解消费者的需求和喜好，并根据这些信息制定出更符合民宿消费者需求的产品和服务。例如，民宿企业可以根据客户的搜索记录和预订历史，推送相关的民宿信息和优惠活动。二是民宿精准营销的实施依赖于民宿运营管理者一定的互联网技术知识储备和运营能力支撑。

（二）民宿精准营销的实施原则

民宿精准营销的核心目的是通过深入了解客户需求和行为，制定精准的营销策略。为实现精准营销的目的，必须遵循以下原则：

1. 客户导向原则

民宿精准营销的核心是以客户为中心，强调深入了解客户的需求和偏好，并根据客户的需求进行定位和营销策略的制定，致力于为民宿客户提供个性化的服务和体验，满足客户的需求，提高客户的满意度和忠诚度。

2. 数据驱动原则

数据驱动原则主要是指民宿精准营销需要依靠数据定量分析和市场调研等手段，帮助民宿运营管理者了解民宿销售数据、市场数据、客户数据等，并制定更加精准的营销策略。数据驱动原则提升营销工作的科学性。

3. 多渠道原则

民宿精准营销需要利用多种渠道进行推广，如社交媒体、搜索引擎营销、内容营销等。民宿可以根据自身的产品特征来选择适合的渠道，将品牌和产品信息传达给目标客户群体，提高品牌知名度和曝光度。多渠道原则强调不同星级民宿在营销渠道选取中的差异性、针对性。

4. 创新性和个性化原则

民宿精准营销强调在实施过程中运用创新性、个性化的营销方法来吸引客户的关注和参与。具体而言，民宿可以结合自身主题开发创意性的主题活动、独特的主题服务和特色的主题产品等来吸引客户，从而用创新性思维来开展精准营销。

5. 持续性原则

与大部分营销策略相同，民宿精准营销同样需要民宿企业不断地对营销过程、成效进行评估并改进，帮助企业适应市场变化，积极了解并响应客户反馈，提高营销效果和客户满意度，保持其在日益激烈的民宿市场竞争中的优势。

（三）民宿精准营销的优势及局限性

作为众多营销方式的重要组成部分，民宿精准营销也具有一定的优势及局限性。民宿精准营销模式的优势主要体现在以下几点：①能够更深入地了解消费者的需求和喜好，从而提供更符合消费者需求的产品和服务；②营销的时效性、相关性强，并有效节省企业与客户间的沟通成本；③通过大数据分析，可以实时监测活动的执行情况和效果，根据收集到的数据反馈及时调整营销策略，以提高营销的效果。

然而，这种模式也存在一些局限性：一是实施难度较大，强调民宿运营者具备一定的技术和运营能力，对数据的质量和处理能力有较高的要求，营销前期实施过程中需要处理大量的数据；二是在该营销方式的实施过程中可能会涉及法律和顾客隐私方面的问题。

四、民宿数字体验营销

（一）民宿数字体验营销的界定

体验营销是体验经济时代的产物，是20世纪末诞生的创新性营销管理理论。B.H.Schmitt对体验营销的界定在学界具有一定代表性，其认为体验营销是一种为体验所驱动的营销和管理模式，是企业以满足顾客体验需求为目标，以营销空间为舞台，以产品或服务为载体，利用文化、艺术和科技等手段来增加产品内涵，更好地满足人们的情感及审美等多种体验需求，在给人们的心灵带来震撼的同时达到促进产品销售目的的一种全新的营销模式。我国学者也对体验营销提出系列界定，郭国庆在早期指出体验营销是企业从感官、情感、思考、行动和关联诸方面设计营销理念，以产品或服务为道具，激发并满足顾客的体验需求，从而达到企业目标的营销模式。随着营销环境的不断改变，各界对于体验营销的理解也更加深刻，开始强调体验营销不只是提高顾客满意度的工具，更是一种创新性的商业模式。学者郑锐洪将体验营销视为企业通过开发体验性产品、情景，以此来吸引顾客关注并参与，从而使顾客产生歉疚感或愉悦感并帮助企业实现其经营目标。

对于民宿数字体验营销而言，不仅需要包含体验营销的核心内涵，同时还强调数字化技术的协同。因此，本书将民宿数字体验营销界定为民宿企业利用虚拟现实（VR）、增强现实（AR）等数字化技术开发民宿及其周边体验性产品，让客户在预订前就能体验到民宿的环境和设施，以此来吸引民宿顾客关注并为其带来满意体验，从而提高顾客的预订意愿，帮助民宿实现营销目标。

（二）民宿数字化体验营销的实施要点

数字化体验营销对民宿业的重要性日益凸显，其不仅可以帮助民宿提高知名度和影响力，还可以更好地满足游客的多层次、个性化和品质化的消费需求。对于民宿运营者而言，其在实施民宿数字化体验营销时需要注重以下要点：

一是确定目标客户群体。民宿需要调研目标客户的特点、需求和行为习惯，尤其是数字化消费特征等，以便制定精准的数字化体验营销策略。

二是选择合适的数字化体验营销工具。针对目标客户群体的特点和需求，选择合适的数字化体验营销工具，包括社交媒体营销、在线预订系统、虚拟导览、在线互动活动等。

三是提供优质特色化的客户体验。体验营销中让客户体验到舒适的住宿环境、便捷的服务、个性化的推荐和优惠等，以提高客户满意度。

四是数据分析和反馈调整。民宿需要通过数据分析和客户反馈，了解客户需求和市场变化，及时调整营销策略和服务，以保持竞争优势。

五是合作与加入联盟。民宿可以通过与当地景点、餐厅等合作，提供更加全面的服务和优惠，增加客户的体验价值。同时，可以加入相关的民宿联盟，共同推广和营销，提高品牌知名度和影响力。

第四节　实施营销策略保障机制

营销是民宿企业日常运营管理中的核心工作之一，实施民宿数字化营销策略的保障机制需要在资金、组织、制度等方面进行落实，从而确保营销活动实施的科学性及其与目标的一致性。

一、资金保障

资金保障是有效实施营销策略的关键。在实施数字化营销策略的过程中，民宿企业需要投入资金成本，用于包括但不限于技术研发、人员培训、广告宣传以及数据分析等方面。因此，民宿拥有一定的资金保障可以确保数字化营销的顺利推进和持续优化。对民宿而言，民宿营销策略实施的资金保障主要来源于民宿运营者自身的资金，同时还可以得到政府和金融机构的支持。

（一）政府支持资金

在一定程度上，政府部门为帮助乡村民宿发展，实行过系列资金补贴政策、奖励政策等，为民宿提供资金保障。一方面，像中央、地方文旅部门等相关部门为调动农民群众等参与乡村民宿发展的积极性，对乡村民宿投资建设、改造升级给予资金补贴或提供贴息贷款。另一方面，文旅部门会协同相关部门对民宿定期进行打分、评级，对于满足一定等级标准的乡村民宿，政府会给予资金奖励。同时，针对返乡进行民宿开发创业的人员，政府也规定了相关的税收优惠政策，这无疑降低了民宿的经营成本，为区域民宿行业的发展创造了良好的营商环境。

除此之外，各地也被鼓励设立促进民宿发展的扶持资金，推出“文旅贷”等快速服务贷款产品，以重点支持民宿经济的发展。这种政府金融支持可以帮助民宿解决经营成本高、利润低等问题，进一步推动其数字化和品牌化的转型升级。

上述措施都是政府相关部门对乡村民宿数字化营销策略实施的大力支持，旨在推动整个行业的健康发展。

（二）金融融资资金

现阶段，部分民宿通过金融融资来保障民宿建设、运营所需的资金，金融机构是为民宿提供资金支撑的重要组织。例如，部分银行可以为民宿提供贷款，帮助其扩大规模和提升服务质量。此外，部分投资机构的投资人也会对民宿行业市场进行评估，当其看好民宿市场的发展前景时，会对民宿投入一定资金来帮助民宿运营管理。民宿运营者在进行金融融资时需要注意以下几点：

一是选择合适的融资方式。一般而言，目前国有银行对民宿行业市场的研究相对有限，民宿企业在相关银行获得贷款的可能性较低，因此民宿企业贷款通常是以个人贷或企业贷为主，且民宿企业在贷款时需要向银行提供抵押物。这对于租房经营的民宿业主而言，可能较难得到银行和风控的认可，其获取银行贷款的难度较大。另外，股权质押和抵押经营权也是常见的融资方式，其对投资人自有资金比例有一定限制，这类融资方式一般要求投资人自有资金 30% 以上。二是注意融资成本。一般金融机构会通过股权质押、抵押经营权的形式提供融资，综合年利息通常在 10%~15%，民宿企业融资前需要考虑成本控制的问题。三是合理设置自有资金投入比例。对于有一定自有资金，并且对民宿项目有信心的投资者，金融机构可能更愿意提供融资支持，但民宿需要根据自身能力及其对市场的预期合理设置民宿建设运营中的自有资金投入比例。

在上述基础上，民宿在进行数字化营销管理过程中需要进行财务管理，合理规划使用资金，确保资金的有效利用。例如，民宿在营销渠道的选择时，可以根据自身财务状况和民宿特征来选择渠道成本相对较低的营销方式。还如通过在知名网络社区的旅游版面发布宣传信息，或撰写图文并茂的风景区旅游攻略与游记，并在文中适当介绍民宿的亮点，以此来扩大网络宣传力度。这样既可以节省广告费用，又可以增加民宿的知名度和吸引力。

二、组织人员保障

民宿营销人员支撑是民宿数字化营销实施的基础，民宿组织人员保障对于民宿发展的重要性不可忽视。首先，民宿企业制定合理的人员架构和分工将有利于提升服务质量和经营效益，帮助民宿实现自身的发展目标。其次，通过有效的人员配置和管理，可以满足消费者的需求，提供更好的入住体验，增强消费者满意度和忠诚度，为民宿在消费者心中建立良好的口碑。再者，对于乡村民宿而言，合理的人员架构和分工是推动乡村民宿发展的重要动力，有助于乡村振兴战略的全面推进。因此，民宿企业需要根据自身的规模和业务特点，建立符合自身实际情况的组织人员保障体系。

在民宿组织人员保障上，民宿需要设置科学、合理的人员架构体系，根据民宿的规模和档次，设定相应的营销职位及人员数量。例如，一些大体量的民宿可能需要专门设立营销人员、管家、财务人员等细分岗位，而小体量民宿可能一人需要承担营销等多项工作职责。再者，注重民宿组织内部绩效管理及培训发展，在为民宿工作人员提供物质、精神保障的同时，进一步为民宿工作人员规划其职业发展，通过明确民宿工作人员职业发展目标和路径，提升民宿工作人员的专业能力和素质，促进个人成长和发展，增加民宿工作人员的归属感和忠诚度，优化人才管理和配置，提高组织的整体绩效，实现民宿工作人员与企业的共同发展。

【同步案例】

近年来，蚂蚁集团、浙江蚂蚁公益基金会联合中国乡村发展基金会等，发起“数字木兰”民宿管家培训计划。该计划主要面向乡村民宿或农家乐服务从业者，并为有意愿从事乡村文旅行业的村民开展免费培训，为乡村民宿产业发展培养专业人才。这在助力大众就业的同时，也能促进地方乡村文旅产业发展。截至2022年底，“数字木兰”民宿管家培训计划已在全国7个省建立了12个培训基地，累计培训2000余名乡村女性管家。

三、内外部制度保障

完善的内外部制度保障促进民宿有序、良性发展，而制度保障主要包括内部的管理制度和外部的政策法规两个方面。民宿内部管理制度主要涉及规范民宿的运营流程等，通过内部制度制定、宣导来帮助民宿管理，从而提升服务质量和效率，确保民宿的正常经营。而外部政策法规主要是指国家相关部门制定的会对民宿建设、运营管理等产生影响的相关政策，民宿外部政策法规可以为民宿提供合法经营的环境，保障其权益。同时，遵守行业标准和认证要求可以提高民宿的市场竞争力，获得客户的信任和好评。政府政策和行业协会组织可以为民宿提供资源和支持，促进行业的健康发展。因此，内外部制度保障是民宿发展不可或缺的重要因素。

（一）内部管理制度

1. 组织结构和职责分工

民宿企业需要在内部建立合理的组织结构，明确各个岗位的职责和权限，确保民宿运营的高效性和协同性。

2. 员工培训和发展

制订员工培训制度和计划，提升员工的专业素养和服务意识，为民宿提供优质的服务。

3. 运营管理制度

为民宿日常运营管理制定运营管理规范，包括房源管理、客户关系管理、安全管理等方面的规定，确保民宿的正常运营和服务质量。

4. 财务管理制度

建立健全财务管理制度，包括预算编制、成本控制、财务报表等方面的制度，保证民宿财务的透明和合规。

5. 投诉处理机制

建立有效的投诉处理机制，及时解决客户投诉和纠纷，维护良好的客户关系。

（二）外部政策法规

1. 相关法律法规

遵守相关的旅游法律法规，如《中华人民共和国旅游法》《旅馆业治安管理办法》《中华人民共和国合同法》《中华人民共和国价格法》《中华人民共和国消费者权益保护法》《中华人民共和国产品质量法》《规范促销行为暂行规定》《网络直播营销管理办法（试行）》《网络商品交易及有关服务行为管理暂行办法》等，确保民宿的合法经营。

2. 行业标准和认证

遵循行业标准和认证，如卫生安全标准、消防安全标准等，提高民宿的服务质量和安全性。

3. 政府支持政策

关注政府对民宿行业的支持政策，如税收优惠、创业扶持等，争取政府的支持和资源。

4. 行业协会和组织

加入相关的行业协会和组织，参与行业交流和合作，遵循行业规范，获取行业信息和资源支持。

【知识链接】

为助推民宿行业发展，各地陆续出台系列扶持政策。例如，广州市文化广电旅游局加快推进构建文化旅游行业高质量发展新格局，研究编制了《广州市民宿旅游发展专项规划（2018 — 2035 年）》，出台星级民宿相应配套扶持政策和管理办法，其中内容涵盖资金补助、审批简化、标准细化、运营规范等方面，为广州市旅游业高质量发展和文旅业助力乡村振兴保驾护航。广州市文化广电旅游局相关负责人表示，广州将继续打造北部以从化、增城、花都、白云区为主的山区生态民宿区，中部以荔湾、黄埔区为主的都市文创民宿区，南部以番禺、南沙区为主的滨海水乡民宿区的三大特色片区。

【本章小结】

本章通过对民宿数字化运营营销管理的全面剖析，帮助读者了解民宿数字化营销的概念、特点，指出民宿数字化营销的理论基础，并结合民宿数字化营销的发展现状，指出民宿数字化营销创新策略，具体包括民宿跨界营销、民宿关系营销、民宿精准营销及民宿数字体验营销等。进一步来讲，本章从资金、组织人员及制度等方面指出营销策略实施的保障机制，其为民宿营销人员提供了营销业务的数字化运营管理框架。

【思考与练习】

1. 民宿应如何根据自身特点选择数字化营销模式？
2. 民宿实施精准营销的要点是什么？
3. 举例说明民宿在数字化时代应该如何做好数字化营销与线下营销的结合？

4. 尝试以某一民宿品牌为例，探寻其数字化营销策略，并总结其成功经验。

【案例分析】

在日益激烈的民宿市场竞争中，品牌发展不仅需要依赖优质的产品或服务，还需要实施针对性的数字化营销策略。Airbnb 爱彼迎作为全球知名的民宿领域的运营品牌，其不仅为消费者提供住宿分享服务，而且会经常在线上推出系列创新性，且能触动消费者内心的营销策略，帮助其在民宿市场中成功打造出一个充满温度的品牌形象。具体而言，Airbnb 善于借助跨界合作、借势时事热点等来增强与消费者间的情感联系，在市场营销策略选择及品牌提升上树立了典范。

一是传递生活理念，塑造品牌价值。Airbnb 爱彼迎不只是提供住宿的线上数字化预订平台，它所倡导的还是一种融入当地生活的旅游方式。该数字化线上平台通过精心策划的故事和房东的个人介绍，将每一位房东呈现为旅游者在异地的朋友。这种策略不仅缓解了共享经济模式中潜在的信任问题，也满足了现代旅游者渴望真实社交体验的心理需求。通过这样的服务和传播策略，爱彼迎强化了其作为一个提供“家外之家”的品牌形象。

二是抓住用户心理，触动情感共鸣。在现代快节奏的社会环境中，“孤独感”“枯燥感”在人们交谈中出现的频率较高。爱彼迎深谙此道，准确抓住当代消费者的心理特征，在营销选择上避免打“价格战”，而是聚焦于用户关心的热点话题，如文化差异、旅游体验等，具体通过社交媒体、在线活动等方式与用户进行互动，建立起深层的心理连接。这不仅能让用户感受到品牌的关怀和理解，而且能较好地与品牌建立起情感关联。

三是客户导向，与不同领域品牌合作。爱彼迎以“居住”为核心，勇于尝试与其他领域的合作。例如，与 Nike 的合作案中，爱彼迎推出了“Kyrie 之家”，将 NBA 篮球明星凯里·欧文在美国的住所完整地搬到了中国的北京。这一独特的体验吸引了无数篮球爱好者，并为他们提供了一次难忘的住宿体验。这种跨界合作不仅展示了爱彼迎的创新精神，也进一步扩大了其品牌影响力。

四是内容营销，培养品牌忠诚度。爱彼迎通过一系列连续的营销活动，不断输出有趣且具有吸引力的内容，从而提升用户黏性。无论是通过线上的艺术体验系列活动，还是通过分享用户的旅游故事，爱彼迎都致力于创造引人入胜的内容，让用户在享受服务的同时，也能获得知识和灵感。这种内容营销策略不仅让品牌与众不同，还帮助培养了用户的品牌忠诚度。

问题：

1. 请思考爱彼迎采用了何种数字化营销策略？

2. 结合课程内容谈谈爱彼迎的数字化营销策略做到让顾客满意的关键点。

第六章　民宿数字化运营服务质量管理

【本章导读】

进入数智化时代，数字化服务也逐渐渗入各行各业中，从工业、农业到服务业等，数字化无不成为企业组织无法忽视的发展热点、趋势，数字化正在转变企业服务格局，助力行业经济格局向高效率转变。

民宿发展也不例外，民宿数字化产品也是民宿产品的重要组成部分，而民宿数字化服务则是民宿数字化产品的核心成分之一。数字化为民宿智慧服务转型提供有力的支持，帮助民宿实现高质量发展。首先，数字化可以帮助民宿更有效地收集和分析客户数据，了解客户的需求和喜好，从而提供更加个性化的服务。其次，数字化工具可以帮助民宿实时监控服务质量，及时发现并解决问题，提高客户的满意度和忠诚度等。打造民宿数字化的服务体系，为民宿消费者提供全方位、多维度的服务体验，保证民宿服务质量的高阶性、持续性，是民宿发展的强劲助推力，能够帮助民宿实现数实融合，打造新时代民宿发展新格局。

【学习要点】

1. 民宿数字化服务质量的内涵、特征等。
2. 民宿数字化服务质量评价的主体。
3. 民宿数字化服务质量的评价内容及评价方法等。
4. 民宿数字化服务质量管理策略。

第一节　民宿数字化服务质量概述

一、民宿数字化服务质量的内涵

根据 ISO–9000：2015 对于质量的界定，组织通过满足顾客和其他相关方的需求和期望创造价值，组织的产品和服务质量取决于满足顾客需求的能力以及对相关方预期或非预期的影响，如图 6–1 所示

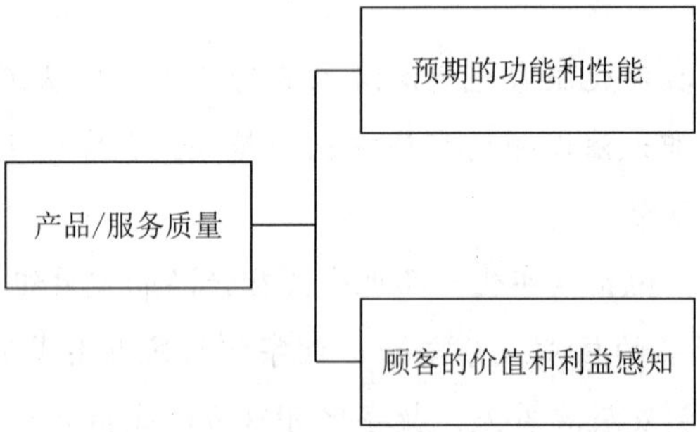

图 6–1　产品 / 服务质量的内涵

民宿行业隶属于第三产业即服务性产业，民宿数字化服务质量的界定主要以服务属性为重点，并将其论述为民宿依托具体的有形设施设备、人力等资源，借助数字化手段为顾客提供服务，从而满足顾客对其价值和利益需求的程度。在一定意义上，民宿满足顾客需求的程度越高，民宿数字化服务质量的水平就越高；反之，民宿数字化服务质量水平就越低。从产品构成属性分析，民宿数字化服务产品的内容构成主要包含两大部分，即有形的民宿数字化服务产品、无形的民宿数字化服务产品。

（一）有形的民宿数字化服务产品

主要包括智能家居设备，如智能门锁、语音助手等，提供更加方便、高效、个性化的服务，提升客人入住体验。

（二）无形的民宿数字化服务产品

主要包括：①民宿数字化预订服务，客人可以通过互联网或其他数字平台搜索、比较、预订民宿，实现轻松、便捷的在线预订服务；②民宿数字化服务流程，通过数字化

手段优化服务流程，例如，在线办理入住、电子门禁、在线退房、24 小时在线客户服务等，提高服务效率。实际上，无形的民宿数字化服务产品具有多样性、暂时性的特征，民宿数字化服务的质量与民宿数字化技术的成熟度、顾客特征及顾客对民宿数字化的熟悉程度等相关，这也使得无形的民宿数字化服务质量把控需要从多维度分析。民宿数字化服务质量的提高，不仅可以吸引更多的客人，还可以提升民宿的知名度和美誉度，为民宿创造更大的商业价值。

【同步案例】

近年来，多家民宿将智能家居、当地文化融入民宿设计中，这为民宿消费者带来独特的体验。以河南洛阳云华里非遗艺术民宿为例，该民宿位于河南洛阳的洛邑古城景区中街，其将洛阳本地特色的非遗文化融入 20 多间客房设计中，同时民宿还将互动性较强的智能语音助手——“小爱同学”设置于客房中，这让民宿消费者不仅能深入感受当地的历史文化，而且还拥有智能化的居住体验。

二、民宿数字化服务质量的特征

（一）民宿数字化服务质量的综合性

民宿数字化服务质量的综合性主要体现在民宿数字化服务产品的综合性，民宿数字化服务产品包含有形数字化服务产品及无形数字化服务产品。有形数字化服务产品包括智能门锁、智能家居设备等物理产品，这些产品能够提升民宿的安全性和便利性，为客人提供更好的住宿体验。无形数字化服务产品则包括在线预订系统、客户关系管理系统、智能客服系统等，这些系统能够提高民宿的运营效率和对客服务质量。此外，民宿数字化服务质量的综合性还表现在多主体参与的过程中。民宿数字化服务的形成需要民宿运营管理者、科技公司、客户等多方共同参与，通过合作共赢的方式推动数字化服务的发展。

（二）民宿数字化服务质量的依赖性

民宿数字化服务质量的依赖性主要体现在民宿数字化服务对于人（包括服务主体、服务对象）及数字技术的依赖性。具体而言，民宿数字化服务需要顾客、实际 / 数字化服务人员来协同完成，同时在民宿数字化服务过程中需要数字化技术的支撑。

（三）民宿数字化服务质量评价的主观性

回归质量的本质，质量的本质是产品满足顾客价值或利益需求的程度，而民宿数字化服务质量的本质则为民宿数字化服务产品满足顾客需求的程度。但由于民宿顾客的差异性价值诉求，其对民宿数字化服务产品满足需求的衡量标准或许存在一定差异，这直接导致其对民宿数字化服务质量评价的差异性。因此，民宿数字化服务质量的评价存在一定的主观性，主要受到评价主体主观价值观、态度、情绪等多维度的影响。

（四）民宿数字化服务质量形成的智慧性

民宿数字化服务质量形成的智慧性是区别传统民宿服务的突出特征。这主要是源于民宿数字化服务的形成需要科技的支持，通过智能化技术和数据分析，民宿为顾客提供个性化的服务。首先，民宿数字化服务可以通过智能化设备实现智能化管理，如智能门锁、智能家居设备等，从而提高民宿的安全性和便利性。客人可以通过手机 APP 实现自助入住、智能控制设备等，提升客户体验。其次，民宿数字化服务可以通过数据分析实现智能化营销和运营。通过客户数据分析，民宿可以更好地了解客人的喜好和行为习惯，从而提供更加个性化的服务和推荐。同时，民宿可以通过数据分析优化运营，提高效率和服务质量。最后，民宿数字化服务可以通过智能化客服为顾客提供智能化服务。通过智能客服机器人和在线客服系统，民宿可以更加高效地解决客人的问题，提供 24 小时在线服务，提升客户满意度。总之，民宿数字化服务质量形成的智慧性，不仅提升了客户体验和服务质量，也提高了民宿的管理效率和竞争力。随着科技的不断发展，民宿数字化服务的智慧性将会不断提升，为客人带来更加智能化、便利化的服务体验。

（五）民宿数字化服务质量显现的短暂性

民宿数字化服务质量显现的短暂性特征主要源于民宿数字化服务产品的不可储存性、消费及服务产生的同时性，这直接促使数字化服务结束将决定服务质量呈现结束。由于民宿数字化服务质量显现的短暂性特征，质量评价结果的准确性也面临一定挑战，这主要因为质量评价主体对于数字化服务质量的评价一般是服务行为结束后的“动作”，其准确性与质量评价主体对服务的记忆深刻程度存在一定关联。因此，在对民宿数字化服务质量进行评价时，质量评价主体需要尽可能地对服务质量开展即时评价，从而提升服务质量评价结果的准确度。

（六）民宿数字化服务质量的情感性

民宿服务的对象是“人”，同时民宿的服务提供主体也是“人”，民宿数字化服务行为的产生无法脱离“人”这一主体，而人是有情感、有思想的高级生物，其服务质量的高低会受到服务主、客体间的情感兼容性的影响。一般而言，民宿服务主体、客体间的情感交融性会促使服务质量的提升，而这一内涵主要源于服务主体对服务客体的“共情”，从而影响服务主体进一步深入理解民宿顾客的核心需求和民宿运营管理者为顾客提供更契合其需求的产品，最终促进民宿数字化服务质量的提升。

第二节　民宿数字化服务质量评价内容及主体

民宿数字化服务质量评价直接关系到客户的满意度。深入了解客户对数字化服务产品的体验和服务质量的评价，可以帮助民宿运营管理者进一步了解客户对民宿数字化产品的需求和期望，从而改进和提升民宿数字化服务水平，提高客户满意度。同时，对民宿数字化服务质量评价进行分析可以帮助民宿运营管理者了解自身在市场上的竞争力，发现自身的优势和劣势，从而制定清晰、准确的发展战略。而民宿数字化服务质量评价来源于服务质量评价主体，了解民宿数字化服务质量评价主体类型，从而选择合适的评价主体对于民宿运营管理者分析、理解及运用服务质量评价大有裨益。保障民宿数字化服务质量是保证民宿可持续发展的核心驱动力，民宿运营管理者需要围绕服务质量的各个维度内容进行评价，从而针对性地提升民宿总体服务质量，确保给民宿顾客提供满意服务。因此，民宿数字化服务质量包含哪些评价维度？何种服务质量评价方法是民宿运营管理者可以选择的评价方法？这些均是确保民宿服务质量评价科学性的基础所在。

一、民宿数字化服务质量的评价基础

若需对民宿数字化服务质量进行有效评价，则需要有效选择服务质量评价主体并选择合理的服务质量评价标准。由于民宿数字化服务产品的特殊性，其服务主体、客体都涉及“人”，而人有情感且其认知、情感均具有一定的差异性。基于此，服务质量评价的前提是选择客观、公正的服务质量评价主体。同时，为保证服务质量评价的可信度，服务主体需要选择统一的评价标准，从而可在民宿企业横向、纵向两个发展维度进行对比分析，最终促使服务质量评价结果为民宿企业发展服务。

二、民宿数字化服务质量评价的核心内容

随着民宿行业的蓬勃发展，国家文旅部、地方文旅部门也围绕民宿服务质量出台系

列规划文件、方针政策等。本节对国家层面出台的民宿服务质量相关文件进行梳理（见表 6–1），从而为民宿数字化服务质量评价核心内容的界定提供参考。

表 6–1　近 5 年来国家层面出台的民宿服务质量相关规范、标准文件

序号	来源	涉及民宿服务质量的内容	时间
1	《乡村民宿服务质量规范》（GB/T 39000–2020）	主要包括设施设备、建筑安全、环境卫生、服务要求、持续改进等	2020–09–29
2	《旅游民宿基本要求与评价》（LBT 065–2019）	主要包括规范经营、安全卫生、生态环保、环境建筑、设施设备、服务接待及特殊要求等	2019–07–03
3	《旅游民宿基本要求与等级划分》（GB/T41648–2022）	主要包括公共环境和配备、建筑和设施、卫生和服务、经营和管理等	2023–02–01

资料来源：编者自行整理。

结合国家出台的关于服务质量的相关标准，民宿数字化服务质量也属于民宿服务质量，其所蕴含的内容包含既有民宿服务标准，即有形的民宿硬件服务质量、无形的民宿软件服务质量。因此，民宿数字化服务质量评价的核心内容包含有形的民宿数字化硬件服务质量、无形的民宿数字化软件服务质量，其中民宿数字化服务质量在无形的软件服务质量中还包含数字化服务特有的质量要素，如民宿数字安全隐私等。

民宿数字化硬件服务和质量评价维度，主要包括民宿房间数字智能设施设备（智能门锁、智能窗帘等），公共区域数字化设施设备（包括大堂、休息区、餐厅等公共区域的数字化设施设备等）。

无形的民宿数字化服务质量评价内容主要包括：①网络接入和速度，评价民宿提供的网络接入服务的稳定性、速度、覆盖范围等，确保客人能够畅通无阻地使用互联网；②信息安全和隐私保护，评价民宿在数字化服务中对客人个人信息的保护程度，包括隐私政策的公开透明、数据加密和安全传输等；③电子支付和退款服务，评价民宿提供的在线支付系统的安全性、便捷性，以及退款政策的合理性和及时性；④在线预订和确认服务，评价民宿提供的在线预订系统的准确性、及时性，以及预订流程的便捷性和用户体验；⑤信息公开和透明度，评价民宿提供的信息的公开程度，包括房间信息、价格、取消政策等内容的真实性和准确性；⑥互动和反馈机制，评价民宿提供的客户互动平台，包括在线客服、投诉反馈渠道等，以及对客人反馈的及时性和有效性；⑦人工客服和技术支持，评价民宿提供的人工客服的质量和效率，以及技术支持的专业性和及时性；⑧用户体验和满意度，评价客人在使用民宿数字化服务过程中的整体体验和满意度，包括便利性、用户界面友好程度、交互体验等方面。

以上内容涵盖了民宿数字化服务质量评价的关键要素，通过综合评价这些方面，可以全面了解民宿数字化服务的质量水平。

三、民宿数字化服务质量评价主体

（一）民宿数字化服务对象

民宿顾客是民宿数字化服务质量评价的核心主体之一。民宿顾客对于服务质量的评价将影响其对民宿服务产品的满意程度，从而影响其对后续民宿产品的选择。基于此，民宿运营管理者需要通过线上、线下等多渠道了解民宿顾客对数字化服务质量的评价，从而可以适时、有针对性地调整民宿数字化运营策略，不断提升民宿服务质量，提升民宿顾客的满意度水平，从而促进民宿企业的可持续发展。具体而言，民宿可以通过以下渠道来了解民宿顾客对于民宿服务质量的评价结果。

1. 查阅并分析 OTA 评论

通过查阅、分析民宿上线的 OTA 平台的产品页下方的评价和评论来了解顾客端的民宿评价结果，如携程、去哪儿、爱彼迎等。

2. 发放并总结问卷调查

通过向顾客发放民宿调研问卷来了解服务质量水平。民宿可以主动向顾客发放服务满意度调研问卷，从而收集顾客对于民宿服务质量的评价结果，了解顾客的需求和意见。

3. 在社交媒体和网络上检索民宿关键词

及时通过社交媒体和网络评论来了解质量评价结果，如小红书、抖音、微博等。民宿可以搜集社交媒体和网络上关于民宿的评论和评价，了解大众对于民宿的真实反馈和口碑情况。

4. 与顾客不定期开展非正式洽谈

民宿运营管理者也可以鼓励民宿管家不定期与顾客开展非正式洽谈，在轻松愉快的环境氛围中了解民宿顾客对于民宿产品体验的真实感受，从而有效把握民宿的服务质量水平。

（二）民宿数字化服务产品的供给方

作为民宿产品的供给方，民宿需要定期评价自有产品的服务质量，明确企业的优势、劣势，从而有针对性地优化民宿数字化服务产品。这不仅能提高顾客满意度、提升企业的效益，而且可以帮助民宿企业在市场中建立或保持一定的竞争优势，促使民宿企业实现可持续发展。

为保证民宿企业自身评价结果的客观性，民宿企业可以通过深入了解民宿市场现状，包括但不限于实地体验竞争民宿、行业龙头的服务质量等，从而综合市场情况来评判自身的服务质量，找准自身在下一阶段的发展要点。一般而言，民宿企业需要结合行业标准制定契合自身发展定位的质量评价实施方案，确保评价工作的及时性、准确性。同时，民宿企业可以在民宿数字化服务质量评价方案中划分三个核心阶段即质量评价准备阶段、质量评价阶段及质量评价后阶段，其中民宿企业需要在质量评价后阶段对于评价结果进行有效分析，及时完善不足之处并强化发展优势，确保数字化服务质量评价的有效性。

（三）民宿相关的第三方组织或机构

民宿相关的第三方组织或机构对民宿服务质量评价的重要性在于提供客观的、基于客户真实体验的评价和反馈。这些评价可以帮助消费者做出更明智的民宿选择，同时也鼓励民宿提供更高质量的服务，可以帮助民宿改进和提升服务质量，促进行业的健康发展。因此，民宿相关的第三方组织或机构的评价对于消费者和民宿运营管理者都具有重要的参考和指导意义。

一般而言，对民宿数字化服务质量进行评价的民宿相关的第三方组织或机构主要包含以下几类：

1. 民宿 OTA

如携程、Booking.com、Airbnb 等，会对民宿的服务质量进行评价，并给予客户评价和反馈。

2. 民宿协会

一些地区或国家会有专门的民宿协会或组织，它们会对民宿的服务质量进行评价，并给以认证或评级。

3. 旅游网站

像 TripAdvisor、Expedia 等旅游网站会收集客户的评价和反馈，对民宿的服务质量进行评价。

4. 政府部门

一些国家或地区的政府部门会对民宿的服务质量进行评价，并给予认证或评级。

第三节　民宿数字化服务质量分析模型

民宿数字化服务质量评价的核心目的是确保客人能够获得良好的数字化体验，例如，便捷的预订流程、安全的支付方式及舒适、高效的数字互动体验。此外，民宿开展评价将有助于了解自身的经营状况，不断改进数字化服务流程，提升市场竞争力，从而推动行业的持续发展和整体服务水平的提升。具体而言，民宿数字化服务质量评价范围包括民宿数字化服务的硬件和软件等。再者，民宿数字化服务产品给顾客带来的是一种整体体验，对其评价涉及的过程较长，包含民宿数字化预订、接待、服务等全景立体式体验过程，民宿数字化服务的任一环节、过程均可能会影响顾客对于民宿数字化服务质量的评价结果。因此，民宿在开展数字化服务质量评价过程中，需要结合民宿特征来科学选取质量评价模型，确保服务质量评价结果的合理性、有效性。

一、5GAP 模型

（一）内涵界定

5GAP 模型也被称作服务质量差距模型，于 20 世纪 80 年代被美国营销学家 A.Parasuraman、ValarieAZeithamal 及 LeonardL.Berry 等提出，后被广泛应用于服务行业服务质量分析中，主要的用途是被用作分析质量问题产生的根源。

服务质量差距模型中有两个关键变量，分别是服务质量差距、服务质量。这两个变量关系成正相关，即服务质量差距越大，服务质量越差；服务质量差距越小，服务质量越好。其中，该模型中的服务质量差距是指五个维度的差距（见图 6–2）。

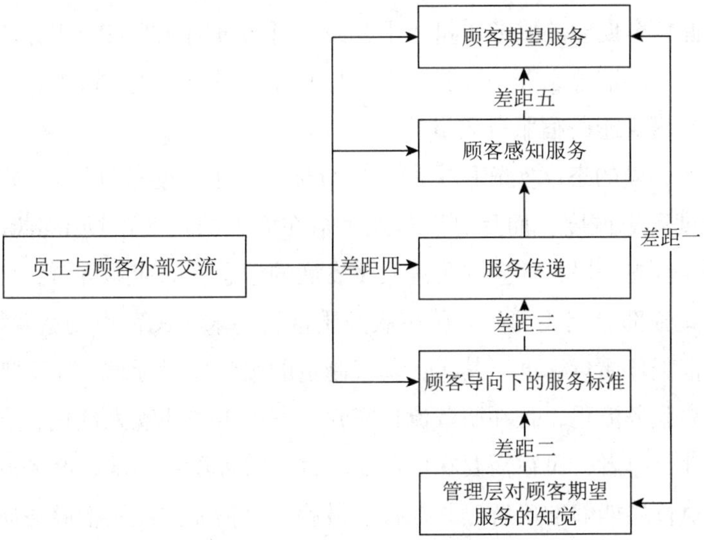

图 6–2　服务质量差距模型

1. 差距一：管理者认识的差距

即管理者认识与顾客期望间的差距。此种差距可能是由管理者没有开展缜密细致的需求分析、企业内部组织沟通不畅引起的信息误差等产生。

2. 差距二：服务质量标准差距

即服务质量标准与企业管理者质量期望的差距。此种差距可能是组织目标不够明确、计划管理不佳等原因导致的。

3. 差距三：服务质量传递差距

即员工在生产、服务过程中的行为与质量标准要求间的差距。此类差距形成的原因可能是质量标准过于复杂、企业内部服务管理效果不佳等。

4. 差距四：营销沟通差距

即企业提出的质量承诺与实际服务质量间的差距。此类差距的形成原因可能是由于企业部门间协作不够紧密、营销承诺的真实性不足等。

5. 差距五：感知服务质量差距

即顾客期望的服务水平与实际感知的服务水平间的差距。

（二）基于5GAP模型的民宿服务质量提升要点

1. 准确把握顾客期望的服务质量水平

相较于酒店服务产品，民宿服务产品更强调“家”文化的营造，这也要求民宿与顾客建立强连接的主客关系。而民宿与顾客建立良好关系的前提是，民宿需要主动去了解顾客，包括了解目标市场的整体特征、顾客的个性化需求以及顾客期望的服务质量水平等。为准确把握顾客期望的服务质量水平，民宿可通过向顾客发放服务质量调研相关的问卷，或者安排像民宿管家等一线服务人员与顾客开展非正式洽谈等。

2. 科学、严谨实施民宿服务质量标准

秉承科学、严谨的态度实施民宿服务质量标准，不仅能帮助民宿赢得顾客的青睐，提升顾客满意度和忠诚度，而且可以帮助民宿在庞大的行业市场中塑造良好的品牌形象。具体而言，首先，民宿需要立足高质量发展的理念，顺应顾客对民宿消费体验的需求，把握国家文旅部等相关部门对民宿服务质量的要求、民宿市场运营特征等，科学、系统地制定民宿服务质量标准。其次，基于制定的服务质量标准，民宿需要进一步完善民宿对客的日常服务流程，且在服务流程完善过程中需要体现人性化、全面性及其与服务质量的一致性。再者，民宿需要在内部定期宣导服务质量标准、服务流程等，确保民宿的管理层、执行层能够准确解读并执行。最后，民宿需按照民宿服务质量标准为顾客提供高水准的服务，并运用全面质量管理、目标管理等管理方法对民宿实际服务水平开展定期评估、优化调整等。

3. 确保民宿营销承诺宣传的准确性

科学开展民宿营销推广可以增进顾客对民宿产品的认知、了解，促进潜在顾客转化为真实顾客。但需要注意的是，民宿运营管理者需要把好宣传推广关，确保民宿营销承诺与服务质量的一致性，不得发布虚假、不真实的宣传内容，做到诚信经营。根据奥立佛期望—实绩模型，顾客对于产品的满意度取决于两个关键要素，即顾客对产品的预期成效、顾客消费的实际成效。具体而言，当顾客对产品的预期成效大于顾客消费的实际成效时，顾客便会对产品感到满意；当顾客对产品的预期成效小于顾客消费的实际成效时，顾客便会不满意。而民宿在顾客消费前向顾客做出的前期承诺则帮助顾客建立产品的预期成效，在民宿前期营销推广过程中对顾客做出适当承诺可帮助民宿树立良好的产品形象，提升顾客满意度及对民宿产品的信任度。

二、服务质量三因素模型

（一）内涵界定

20 世纪末，Rust and Oliver 提出服务质量的三个重要测量维度，即结果质量（顾客接受何种服务）、过程质量（顾客如何接受服务）及有形环境质量（顾客在何种环境中接受服务），后来该模型被广泛应用于服务行业质量评价中。结合该模型的界定可以看出，服务质量三因素模型的关注要点是与顾客接触的过程，而对于民宿内部服务质量管理的关注程度相对较少，最终导向是通过提升服务质量来提高顾客满意度水平。

（二）基于服务质量三因素模型的民宿服务质量提升要点

根据服务质量三因素模型，在对民宿进行服务质量评价时需要重点关注民宿互动质量、民宿物理环境质量及民宿提供给顾客的结果质量（见表 6-2）。

表 6-2　基于服务质量三因素模型的民宿服务质量提升指标

一级指标	二级指标	三级指标
民宿顾客满意度	互动质量	服务人员态度
		服务人员行动
		服务人员专业性
	物理环境质量	环境氛围
		配套设施
		社会关系要素
	结果质量	有形结果
		情绪结果

1. 关注民宿互动质量

在对民宿进行服务质量评价过程中，需要重点关注民宿互动质量，而民宿互动质量的高低主要取决于民宿在为顾客提供服务过程中展现出来的态度、行为特征及专业水平。由此看出，民宿互动质量的提升主要依赖于服务人员的服务水准，民宿运营管理者可以通过提高对客服务人员服务水平的手段来提升民宿整体的互动质量，例如：①定期组织民宿管家等服务人员参加服务水平提升培训；②结合服务质量标准来制定完善的民宿服务操作规范流程，并要求服务人员在对客服务过程中实施。

2. 关注民宿物理环境质量

根据服务质量三因素模型，民宿物理环境质量是服务质量评价中的关键要素，也是影响民宿顾客满意度的重要因素。顾客不仅会关注服务的“人”即民宿服务人员，而且会注意到民宿的环境氛围、配套设施以及社会关系要素等。对于民宿运营管理者而言，民宿的运营管理需要树立系统、整体的发展观，通过梳理民宿顾客在消费过程中所遇到的触点（包括人、事、物等），结合民宿目标客群的需求点来重新调整、优化顾客的“消费路径”，注重民宿环境氛围的营造、设施设备的配备及社会关系的营销等。

3、关注民宿提供给顾客的结果质量

民宿提供给顾客的结果质量主要是指顾客在接受民宿服务人员的服务后产生的情绪价值以及获得的有形物品。基于此，民宿运营管理者不仅需要关注顾客消费前、消费过程中的服务质量水平，而且需要思考顾客在民宿消费结束后可以“带走什么”，而顾客能从民宿“带走什么”将决定民宿提供给顾客的结果质量。因此，民宿一方面可结合目标顾客特征开发系列民宿延伸产品（如民宿主题文创产品、民宿属地土特产等），另一方面需要加强与顾客的互动交流，增进对顾客的了解，注重民宿“家”文化的打造，从而帮助顾客在消费后仍然拥有良好的“情绪结果”，促使顾客满意度、忠诚度的提升。

三、Kano-IPA 整合模型

（一）内涵界定

Kano-IPA 整合模型是由 Kano 模型及 IPA 分析方法整合的质量分析模型。

Kano 模型（二维质量模型）是由狩野纪昭教授首次提出，并被用于质量管理分析中。该模型强调从双层面（顾客主观感受、产品或服务的实际表现）、双维度（满意与没有不满意、不满意与没有不满意）来分析产品质量，且产品质量要素主要包括基本质量要素、期望质量要素、魅力质量要素、无谓质量要素及反向质量要素等。①基本质量要素：此类要素是指企业必须提供给顾客的产品或服务要素。提供这类要素不会使得顾客满意，但不提供此类要素一定会使顾客不满意。②期望质量要素：此类要素特征为顾客获得此类要素的满足水平与顾客满意度成正相关，即顾客获得此类要素的满足水平越高，顾客满意度就越高。③魅力质量要素：该类要素会使得顾客对产品和服务持有高水平满意度，且该类要素未被满足时不会导致顾客不满意。④无谓质量要素：顾客的满意度水平与该类质量要素无关。⑤反向质量要素：此类要素的顾客满足水平与顾客满意度成反相关，满足反而会导致顾客不满意。

IPA 分析法即重要性 – 表现性分析法（Important–Performance Analysis），于 20 世纪 70 年代被 Martilla&James 提出，随后被广泛应用于市场营销管理分析中。该方法是对产品或服务的重要性、实际表现进行评价，并将评价结果置于二维坐标图（IPA 定位象限图）中进行分析。如图 6–3 所示，IPA 定位象限图的横坐标为对产品或服务的重要性评价，纵坐标是对产品或服务的实际绩效评价，且整体被划分为四大象限（继续保持区、表现过度区、低优先级区、重点改进区）。①继续保持区：位于 IPA 定位象限图的第一象限，位于该象限的要素特征是重要且实际绩效表现较好。②表现过度区：位于 IPA 定位象限图的第二象限，位于该象限的要素特征是顾客不太重视但实际绩效表现较好。③低优先级区：位于 IPA 定位象限图的第三象限，位于该象限的要素特征是顾客不太重视且实际绩效表现不好。④重点改进区：位于 IPA 定位象限图的第四象限，位于该象限的要素特征是顾客重视但实际绩效表现不好。位于该区域的要素亦是评价主体需要重点关注的对象。

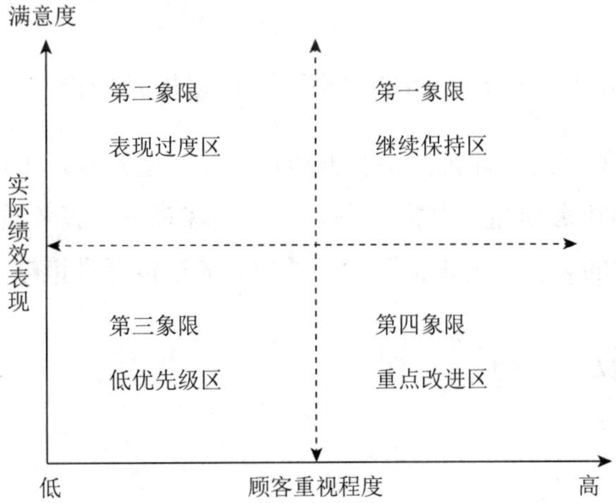

图 6–3　IPA 定位象限图

而 Kano–IPA 整合模型则充分发挥 Kano 二维质量模型、IPA 分析法的优点，能够更加全面地分析产品或服务质量。具体而言，在应用 Kano–IPA 整合模型时，第一步需要运用 Kano 二维质量模型对产品或服务要素属性进行分类，进而统计各要素的满意增加系数和不满意减少系数，进而构建满意系数—不满意系数矩阵，从而确定影响较大的满意、不满意的服务要素。第二步需要运用 IPA 分析法，统计各产品或服务要素的重要性、满意度，绘制 IPA 定位象限图，确定各区域要素及策略，并提取重要性较高的服务或产品要素等。第三步找出第一步中影响较大的要素与第二步中重要性较大的要素，并确认其中共有的要素，得到产品或服务质量的关键要素。第四步结合服务质量要素的 Kano 属性、IPA 定位象限图来分析（见图 6–4），明确要素的提升顺序。

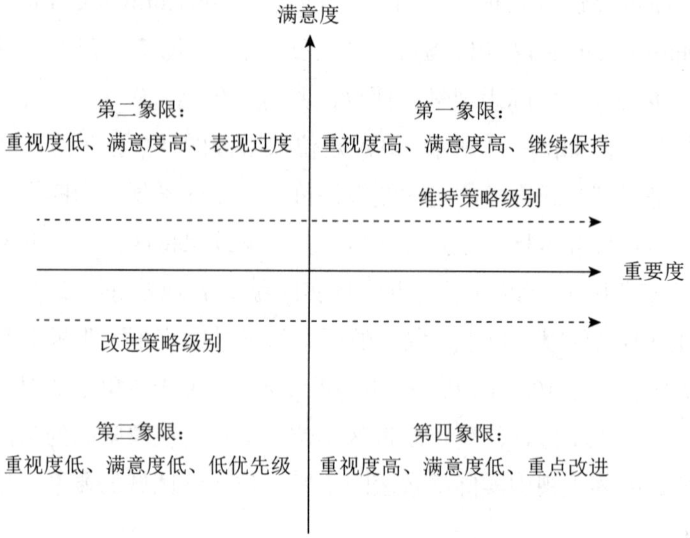

图 6–4　同一 Kano 属性要素的 IPA 象限策略分析图

（二）基于 Kano–IPA 整合模型的民宿服务质量提升要点

结合 Kano–IPA 整合模型评价民宿服务质量，民宿运营管理者需结合顾客的关注点有针对性地提升民宿服务质量，并需要深入分析顾客对不同服务质量要素的关注程度，进而根据顾客对要素的关注程度来提取阶梯式的服务质量提升策略。

四、SERVQUAL 模型

（一）内涵界定

SERVQUAL 模型也被称作 SERVQUAL 理论，SERVQUAL 是服务质量（Service Quality）的简称。该模型是基于全面质量管理理论提出，目前已成为各领域应用最为广泛的服务质量评价模型。SERVQUAL 模型具体包含五个维度，即有形性、可靠性、响应性、保证性及移情性。①有形性：有形性包括实际设施，设备以及服务人员等。②可靠性：可靠性是指可靠地、准确地履行服务承诺的能力。③响应性：响应性指帮助顾客并迅速提高服务水平的意愿。④保证性：保证性是指员工所具有的知识、礼节以及表达出自信与可信的能力。⑤移情性：移情性是指关心并为顾客提供个性化服务。

（二）基于 SERVQUAL 模型的民宿服务质量提升要点

1. 注重民宿有形性呈现

民宿可以通过提升实际设施的现代化程度和吸引力，确保员工整洁的服装，以及设施与所提供的服务相匹配，来提高顾客对有形性的感受。

2. 提升民宿的可靠性

民宿需要确保能够准时完成向顾客的承诺，当顾客遇到困难时能够表现出关心并提供帮助，准时地提供服务并正确记录相关的服务，以提升顾客对可靠性的感受。

3. 确保民宿的高响应性

民宿工作人员需要告知顾客提供服务的准确时间，并为顾客提供及时的服务，始终愿意帮助顾客，并不会因其他事情而忽略顾客，以提高顾客对高响应性的感受。

4. 展现民宿的保证性

民宿工作人员需要表现出值得信赖、礼貌、自信和可信的特质，让顾客在交易时感到放心。员工能够得到民宿的支持以提供更好的服务，从而提升顾客对保证性的感受。

5. 提高民宿服务移情性

民宿可以通过为顾客提供个性化的服务，给予顾客个别的关心，了解顾客的需求，优先考虑顾客的利益，以及提供符合顾客需求的服务，来提高顾客对移情性的感受。

第四节　民宿数字化服务质量控制及管理

一、TQM（全面质量管理）

（一）TQM 的内涵

TQM即全面质量管理（Total Quality Management），是现代管理中的重要理论之一，关注管理过程的整体性、系统性和持续性，其最早是在 20 世纪 60 年代被菲根堡姆博士提出。该理论的核心是以客户为导向，通过全员参与和持续改进，不断提高产品和服务的质量，以实现组织的长期成功和竞争优势。

（二）TQM 的特点

TQM 具有以下几个显著特点：

一是客户导向：将客户需求和满意度置于首要位置，以客户为中心，不断提高产品和服务的质量，满足客户的期望。

二是全员参与：强调全员参与质量管理，鼓励员工积极参与质量改进活动，发挥每个员工的潜力，推动全面质量管理的实施。

三是持续改进：强调持续改进和创新，通过不断地寻求和实施改进措施，提高产品和服务的质量和效率。

四是流程管理：强调对组织内各个流程的管理和优化，以确保流程的高效和质量。

五是数据驱动：强调以数据为基础进行决策，通过数据分析和度量来监控和改进质量管理活动。

六是与供方互利关系建立：强调与供应商、合作伙伴和利益相关者之间的合作和协调，共同提高整个价值链的质量水平。

七是领导力和承诺：强调领导者的承诺和领导力，推动全面质量管理理论在组织中的深入落实，领导者在 TQM 管理中发挥着关键作用。

（三）民宿实施 TQM 的步骤

在 TQM 实施过程中，民宿首先需要强化民宿运营管理者的关键作用，提升管理者的质量标准，同时依据全面质量管理为民宿制定一套可实施的质量管理方法，并结合现场管理方法进行有效推行。具体而言，民宿全面服务质量管理的实施可以遵循以下步骤：

1. 确立客户需求

了解客户对民宿的需求和期望，通过调研、反馈收集等方式获取客户的意见和建议，为后续的质量管理工作提供依据。

2. 制定质量管理目标

根据客户需求和民宿的定位，制定具体的质量管理目标，如提高客户满意度、降低投诉率、提高员工服务水平等。

3. 建立全员参与的质量管理机制

鼓励民宿所有员工参与质量管理工作，包括员工培训、实行奖惩机制、员工参与决策等，确保所有员工都能够意识到自己对质量管理的重要性。

4. 设计流程管理体系

建立民宿内部各项服务流程，包括客房清洁、接待服务、餐饮服务等，确保流程的高效和高质量。

5. 数据驱动的质量管理

建立数据收集和分析机制，监控关键指标如入住率、客房整洁度、客户满意度等，通过数据分析找出问题和改进策略。

6. 建立合作伙伴关系

与供应商、合作伙伴和当地社区建立良好的合作关系，共同提高民宿的整体服务质量。

7. 领导力和承诺

领导者需要对全面服务质量管理给予重视和支持，确保质量管理目标得到实现。

8. 持续改进和创新

鼓励员工提出改进建议，不断改进和创新民宿的服务，以满足客户需求和提高竞争力。

【知识链接】

2023 年 11 月，上海市文化和旅游局发布《关于推动上海乡村民宿高质量发展的若干措施》，强调提升民宿的全程服务监管水平。加强业务指导，制定上海乡村民宿经营管理操作指引，明确乡村民宿的安全管理要求和建设标准、“一业一证”具体事项名称和申办流程、监督管理职责分工等，进一步规范乡村民宿发展。制定上海乡村民宿监管执法清单，公开监管执法事项，实行跨部门联合监管，提高执法质效。

二、目标管理

（一）目标管理的概念

目标管理，又称为“成果管理”或俗称责任制，是一种现代的管理方法。它是由管理大师彼得·德鲁克在 1954 年的名著《管理实践》中首次提出，主张“目标管理和自我控制”。

目标管理是以目标为导向、以人为中心、以成果为标准，而使组织和个人取得最佳业绩的管理办法。具体来说，目标管理的基本内容是动员全体员工参与制定目标，并保证目标的实现。这需要自上而下地确定工作目标，然后通过工作中的“自我控制”，自下而上地保证目标的实现。

（二）目标管理的特点

目标管理对企业管理的重要性在于它能够帮助企业明确工作方向、激发员工积极性、提高工作效率，从而推动组织向着既定使命和愿景不断迈进，同时也有助于实现整体绩效的提升，增强竞争力。通过设定明确的目标和指标，目标管理使得企业能够更加有序地规划、执行和评估工作，从而实现组织的长期发展目标。目标管理是一种管理方法，其具有以下特点：

明确性：目标管理强调制定明确、具体、可衡量和可达成的目标，确保每个员工都清楚了解自己的工作目标，以便他们能够专注于实现这些目标。

可操作性：目标管理的目标和指标应该是可操作的，即员工可以通过自己的努力和行动来实现这些目标和指标。

可监测性：目标管理强调对目标的监测和评估，通过收集数据和信息，对目标的实现情况进行定期评估，及时发现问题并采取纠正措施。

可激励性：目标管理强调将目标与对员工的激励和奖惩机制相结合，激励员工实现目标，同时对未能实现目标的情况进行适当的奖惩。

可协作性：目标管理强调组织内外的沟通和协作，确保各部门和员工的目标相互协调，以实现组织的整体目标。

持续性：目标管理强调持续改进，通过不断审视和调整目标，确保目标与组织的使命和愿景保持一致，同时适应外部环境的变化。

（三）民宿运用目标管理的注意事项

在运用目标管理来运营民宿的过程中，需要注意以下几个关键事项：

首先，明确并合理设定目标是至关重要的。这需要根据民宿的经营策略和市场环境，制定出既具有挑战性又可达成的目标。

其次，目标的分解和落实也十分重要。大的目标需要被分解为小的、可操作的任务，然后分配给各个部门和个人，确保每个员工都明确自己的工作职责和目标。

再次，良好的沟通机制是保证目标管理有效运行的关键。这需要建立和保持开放、透明的信息交流渠道，让每个人都能及时了解到最新的信息和反馈。

另外，定期的检查和评估也不能忽视。通过定期对目标完成情况进行检查和评估，可以及时发现问题并采取相应的措施进行调整。

最后，要重视人才的培养和管理。优秀的员工是民宿成功的关键，因此需要投入资源进行员工的培训和发展，同时建立合理的激励机制，激发员工的工作积极性和创新性。

三、服务补救管理

在民宿运营管理过程中，民宿主需要从多个方面全方位把控服务质量，包括人员管理、设施设备维护、卫生清洁等方面，确保民宿向顾客输出高质量服务产品。但是，民宿在运营管理中也需要避免系列突发事件，建立健全的客户投诉处理机制和服务补救管理体系对民宿的可持续发展而言也至关重要。因此，民宿在日常管理中需要注重细节，做到预防为主，同时做好处理应急事件的准备，以确保顾客能够在民宿消费中享受到高质量的服务并拥有愉快的住宿体验。

（一）服务补救管理的内涵

服务补救管理是指在顾客投诉或者服务出现问题时，组织采取一系列措施和策略来挽回顾客的满意度，重建顾客的信任，以及最终保持良好的顾客关系。服务补救管理的内涵主要包括以下几个方面：

（1）及时响应：服务补救管理首先需要及时响应顾客的投诉或者问题，表达对顾客不满的歉意，并表示愿意解决问题。及时响应可以让顾客感到被重视，减少顾客的不满情绪，并为后续的问题解决奠定基础。

（2）主动解决问题：服务补救管理强调组织需要主动地解决问题，而不是推诿责任或者敷衍了事。组织需要真诚地寻求解决问题的方案，确保问题得到妥善处理，并且让顾客满意。

（3）补偿措施：在服务出现问题时，服务补救管理需要考虑给予顾客合适的补偿，例如提供折扣、赠送礼品、延长服务期限等。合理的补偿可以弥补顾客的损失，重建顾客的信任，并增强顾客的忠诚度。

（4）学习与改进：服务补救管理强调从问题中学习，找出问题发生的原因，并采取措施避免类似问题再次发生。组织需要不断改进服务质量，提升服务水平，以减少问题的发生，提高顾客满意度。

（5）沟通与公开：服务补救管理需要通过有效的沟通，向顾客说明问题的原因、解决方案和补偿措施，保持透明度，让顾客了解组织的诚意和努力，从而重建顾客的信任。

（二）民宿实施服务补救管理的步骤

1. 识别问题

首先，民宿运营管理者需要密切关注客户的反馈和投诉，以便及时发现服务中的问题。这可以通过电话、社交媒体等渠道进行。同时，还可以通过定期对员工进行培训和评估，提高他们发现问题的能力。

2. 分析问题

在识别到问题后，民宿运营管理者需要对问题进行深入分析，找出产生问题的根本原因。这可能涉及对员工的服务态度和技能水平及设施设备等方面进行检查。此外，还需要分析问题对客户满意度、口碑和民宿经营业绩的影响。

3. 制定补救策略

根据问题的严重程度和影响范围，民宿运营管理者需要制定相应的补救策略。这可能包括对员工进行再培训、调整服务流程、改进设施设备等。同时，还需要制定相应的时间表和安排相应的责任人，确保补救措施的落实。

4. 实施补救措施

在制定好补救策略后，民宿运营管理者需要组织员工按照计划实施。在实施过程中，民宿运营管理者需要密切关注员工的表现和客户的反馈，以便及时调整补救措施。

5. 跟进与评估

在补救措施实施完毕后，民宿运营管理者需要对效果进行跟进和评估。这可以通过收集客户的反馈、对比服务前后的数据等方式进行。如果补救措施取得了良好的效果，可以将其纳入日常管理中；如果效果不佳，需要进一步分析原因并调整补救策略。

6. 持续改进

服务补救管理是一个持续的过程，民宿运营管理者需要不断地关注客户的需求和反馈，发现问题并进行改进。同时，还需要定期对员工进行培训和评估，提高他们的服务水平和问题解决能力。通过持续改进，可以提高客户满意度，提升品牌形象，从而促进民宿经营业绩的提升。

【本章小结】

数字技术的引入不仅为民宿服务提供了新的工具和平台，也对服务质量管理提出了更高的要求。在本章节中，主要围绕如何通过数字化手段提高民宿服务质量进行阐述，首先对民宿数字化服务质量的内涵、特征进行界定，进而指出民宿数字化服务质量评价涉及的内容及主体对象，并基于此来提出民宿数字化服务质量的分析模型，再进一步地分析全面质量管理、目标管理及服务补救等管理方法在民宿数字化服务质量管理中的作用。本章尝试为读者提供全面提升民宿服务质量的方法论，旨在帮助民宿业主和管理者更好地理解和运用数字化工具，以实现服务质量的持续改进和优化，最终提升客户满意度和行业竞争力。

【思考与练习】

1. 为什么民宿需要重视服务质量管理？

2. 民宿数字化服务质量的特征有哪些？

3. 结合实际谈谈民宿应该怎样实施目标管理。

4. 请查阅相关资料，以我国某一连锁民宿品牌为例，分析其是如何开展数字化服务质量管理工作的。

【案例分析】

在数字化、智能化技术的推动下，乡村民宿在数字化营销发展及数字化产品升级方面均取得了显著成效。

① 民宿客源拓宽

随着城市居民对周边乡村旅游的持续关注，乡村民宿市场规模在持续扩大。根据木鸟民宿发布的《2023 年度民宿行业发展报告》，木鸟民宿的数字化平台房源量增至 175 万套，民宿订单同比增长 192%。此外，社交媒体平台成为乡村民宿营销的新战场。2023 年的第一季度，抖音线上住宿订单量超 10 万，超 4 亿用户在抖音观看旅游内容。相关社交媒体平台的口碑效应极大地拓宽了民宿的客源。

② 智慧服务升级

智能家居技术的融合使得乡村民宿的服务更加个性化和高端。例如，湖南清溪里智慧民宿和浙江“等风来”民宿等采用了人脸识别、智能面板控制等智能设备，不仅提升了游客的住宿体验，还优化了民宿的运营管理。在此过程中，客人可以通过智能设备轻松控制房间的灯光、温度等，享受到便捷、舒适的居住环境。相关数字化技术的应用也极大地提高了运营效率，减少了人力成本，提升了管理水平。

③ 推动数字化转型

智慧旅游平台和数字乡村建设也为乡村民宿的转型升级提供了新的途径。例如，安徽黟县的“徽黄游”小程序和浙江墩呑村的“畅游墩呑”小程序等，利用线上预订系统和大数据分析，为游客提供了便捷的预订服务，同时也为民宿经营者提供了大量的市场经营数据。这些数据可以帮助经营者更好地了解客户需求，优化服务，提升竞争力。此外，这些平台的推广也有助于地区旅游资源的整合，推动了地区旅游的发展，为乡村振兴注入了新动力。

乡村民宿通过数字化和智能化技术的融合，不仅拓宽了客源，提升了服务质量，还推动了行业的转型升级，成为推动乡村旅游和乡村振兴的重要力量。随着技术的不断进步和市场需求的不断变化，乡村民宿有望继续保持其吸引力，成为旅游行业的一大亮点。

问题：

1. 智慧民宿在数字化服务质量管理上的优势有哪些？

2. 民宿数字化服务可以完全替代民宿员工服务吗？为什么？

3. 传统民宿应该选择何种方式进行数字化变革，提升民宿顾客的数字化体验？

第七章　民宿数字化运营人力资源管理

【本章导读】

大数据时代的到来给酒店人力资源管理带来了新的变化和机会。通过运用大数据思维方式和移动互联网等新技术、新方法能够进一步完善人力资源管理信息系统，如员工招聘、绩效评估以及人力资源开发等。人工智能技术正在逐步取代人力资源运营管理中那些简单、标准化和重复性的任务，同时，人力资源管理的理念、结构、方法和重点也在经历深刻的变革。更为关键的是，数字化人力资源管理的实质并不仅仅是简单地将新技术引入人力资源管理工作中，而是为应对未来全新挑战而进行的必要准备。

民宿作为酒店行业的一个重要组成部分，其服务性产业特征使得其人力资源需求呈现出较强的依附性、较大的波动性和灵活的需求机制等特点。随着智能化技术的发展，民宿运营的数字化转型已成为必然趋势。通过数字化运营人力资源，可以有效提高服务效率和管理水平，降低人力和管理成本，提高人效比和服务质量，实现民宿的安全管理和高效管理。因此，民宿行业应积极推进数字化转型，加强智能化技术的应用，以提高服务效率和管理水平，满足顾客及员工的需求并增强自身的竞争力。

通过本章的学习，将有助于我们了解如何运用数字化技术提升民宿的人力资源管理能力，提高管理效率，优化员工招聘、培训、激励等各个环节，掌握数字化时代下民宿人力资源管理的最新理念和最佳实践。

【学习要点】

1. 民宿数字化运营人力资源管理的相关概念、特征及其作用。
2. 民宿数字化招聘渠道、流程及岗位介绍。
3. 民宿数字化员工培养与使用管理方式。
4. 民宿数字化运营绩效管理的方法。

第一节 民宿数字化运营人力资源管理概述

一、相关概念

（一）人力资源管理

人力资源管理（Human Resource Management，简称 HRM），是对人力资源的获取、培养、维持和有效利用进行系统性规划与管理的过程。这一过程涵盖组织内部人与人关系的协调、人事匹配以及人力资源的全面发掘。其目的是通过科学的方法、工具和技术，激发员工的潜力，调动其积极性，提高整体工作效率，从而达成组织的既定目标。

（二）数字化人力资源管理

数字化人力资源管理（Digital HRM）是运用数字技术搜集、分析与应用有价值数据的过程，以构建以数据驱动的全新 HRM 运行模式，进而提升 HRM 效率与组织管理模式。在此过程中，我们运用人力资源信息系统、云计算、大数据分析、人工智能等先进技术，实现招聘、培训、绩效管理、薪酬管理、员工关系管理等人力资源管理领域数字化的全面覆盖。数字化人力资源管理的核心目标在于自动化与简化人力资源管理流程，提高效率与效果，同时为员工与管理者提供更佳的用户体验，以增强员工满意度和企业竞争力。

（三）民宿数字化人力资源管理

民宿数字化人力资源管理是指民宿利用信息技术和数字化工具来管理和优化人力资源的过程，其重点是成功管理民宿员工，以有效地实现组织目标，确保民宿的人力资源得到有效利用。现代民宿企业的数字化人力资源管理更加侧重于人力资源的激励、考核、开发等核心工作的研究、规划和实施。区别于传统的民宿人力资源管理思维，民宿数字化人力资源管理更好地体现了符合时代的“以人为本”的理念，即重视员工体验。

二、民宿数字化人力资源管理的特征

近年来，民宿行业在国家政策的支持下得到迅速发展，其数字化人力资源管理也逐渐呈现出多元化、智能化、精准化和定制化等特征（如图 7-1 所示）。具体表现如下：

图 7-1　民宿数字化人力资源管理的特征

（一）多元化

传统的民宿人力资源管理注重员工与组织之间的联系，在这种模式下，民宿员工通常会长期全职服务于组织，形成持久而互利的雇佣关系。人与机器的分工明确，界限清晰。然而，随着数字化的发展，民宿人力资源管理的方式也发生了变化。当前，民宿员工的工作形态展现出更高的流动性和灵活性，他们可能以全职、兼职、零工或工作团队的形式服务于不同的组织。与此同时，随着科技的进步，机器人正逐渐融入民宿工作领域，扮演着员工和同事的角色，人机协作已成为民宿行业发展的新常态。

（二）智能化

数字技术的广泛应用极大地优化了民宿的运营流程，使民宿主能够更为便捷地获取员工的实时信息。例如，借助互联网技术，人力资源部门能够实时追踪和查询民宿员工的工作状态与表现。此外，数字技术的应用也显著简化了民宿的人力资源管理流程。例如，基于人工智能的绩效管理系统能够利用实时数据，为员工提供及时、准确的反馈，同时为民宿主提供更加科学的决策支持。值得一提的是，数据驱动的 HRM 模式有助于消除民宿传统绩效管理中的主观偏见，提升评价的公正性与准确性。此外，数据技术还有助于提高人机协作以及人与数字技术之间的协同效率。民宿人力资源管理者可以依托先进的算法等数字化手段，高效实施诸如工作分配、绩效管理等人力资源流程，减少了对面对面交互的依赖，进一步提升了工作效率与灵活性。

（三）精准化

民宿数字化人力资源管理的精准化主要体现在选人、用人、育人、留人四个环节。这四个环节相互关联，共同构建一个协同的整体，旨在为民宿主人提供便利，实现高效管理员工，进而有效推动民宿业务的持续发展与提升（如图 7-2 所示）。

选人	•大数据为民宿招聘工作提供更广阔的平台； •民宿主可以更容易获得应聘人员的信息。
用人	•建立员工信息系统，计算员工的业绩差异； •根据员工的业绩数据，将员工分配在合适的岗位。
育人	•更容易了解员工的需求、心理状态； •为员工设计培训和发展计划。
留人	•利用大数据预测员工的流失情况； •利用相关数据，降低人员流动的负面影响。

图 7-2　民宿数字化人力资源管理的精准化

（四）定制化

在组织管理方面，民宿行业具备较高的灵活性，员工可实现随地办公。由于民宿员工数量相对较少，民宿管理者能够全面了解员工需求，为员工量身定制培训及发展规划，以激发员工的积极性。此外，在薪酬制度上，运用数字化技术为员工构建个性化薪酬体系，降低员工流失率，实现员工与组织的共同发展。

三、数字化人力资源管理在民宿中的作用

数字化技术正在重塑民宿行业，其中最引人注目的变化之一就是数字化人力资源管理的应用。通过引入数字化技术，民宿企业可以更好地管理员工，提高工作效率，降低成本，并提升服务质量。主要体现在以下几个方面：

（一）提高工作效率

数字化技术可以简化人力资源管理流程，减少人力成本和时间成本。例如，通过在线招聘系统，民宿企业可以快速筛选大量应聘者，提高招聘效率。通过在线培训系统，民宿企业可以实现对员工进行远程培训，节省了大量的时间和成本。同时，数字化技术还可以通过智能化的数据分析，为民宿提供更好的人力资源规划建议。通过数字化技术，民宿企业可以建立员工信息管理系统，记录员工的基本信息、工作经历、技能和表现等。这种数字化档案可以帮助管理者随时了解员工的情况，为选拔和晋升提供参考。同时，数字化技术还可以实现自动化的人力资源管理流程，如招聘、考勤、考核等，大大降低了人力成本。

（二）提升服务质量

通过数字化技术，民宿可以实现精细化管理，更好地满足客户需求。例如，通过客户评价系统，民宿可以及时了解客户的需求和反馈，从而提供更好的服务。同时，数字化技术还可以通过智能化的数据分析，为民宿提供更好的服务建议和改进方案，提高客户满意度和服务质量。

【同步案例】

乡村民宿文旅产业振兴需要新模式、新活力

为推进乡村民宿文旅产业的持续发展，中国饭店协会的理事单位旅悦集团携手腾讯公司，于2022年5月联合推出了“为村花筑”品牌，旨在促进乡村民宿的数字化经营与管理。为此，旅悦集团特制定了一套全面的运营SOP标准，覆盖民宿筹开、服务管理、人力资源管理等核心领域，保障民宿的高效运作。

值得一提的是，旅悦集团慷慨地将其先进的XPMS智能酒店管理平台免费提供给合作民宿，实现房间分配、价格动态调整及人力资源管理的全面数字化。在运维专业人才与数字化系统的共同支持下，“为村花筑”团队依托花筑民宿的运维标准，结合文旅大数据，深入挖掘并推广何家岩村的梯田、苗绣、美食等特色民俗文化，为消费者提供更为丰富和深入的文旅体验。“为村花筑”团队和花筑民宿双方共同制定了涵盖旅行线路规划、文化体验、民俗展示、民宿入住等多方面的运营策略，以推动乡村民宿文旅产业的持续繁荣与发展。

第二节　数字化员工招聘与管理

一、数字化员工招聘

数字化员工招聘是指利用数字技术寻找、评估、吸引、选择和招聘空缺职位候选人的过程。它涵盖企业官网、职业网站、移动招聘、社交招聘和在线评估等多种手段。尽管目前许多企业已采用上述一种或多种策略，但距离实现数字化招聘战略仍有较大差距。如今，招聘和留住员工已成为大多数雇主所关注的主要问题。数字化员工招聘可以使整个招聘过程更加便捷。这是因为，在线招聘人员可以轻松搜索员工档案、评估其经验和技能，并通过发送快速回复来询问他们是否需要沟通或寻找新的机会。招聘经理可以通过结合社交媒体和招聘软件等多种数字招聘技术来快速寻找理想的候选人。

二、民宿员工招聘的渠道

（一）内部招聘

民宿内部招聘工作主要涵盖两种方式：一是内部晋升，指在民宿内部出现职位空缺时，鼓励符合资格的员工竞选更高层级职位。二是调换岗位，指员工的职务等级与待遇未发生显著变动，仅根据员工意愿将其调配至有空缺的岗位。

1. 工作竞聘

工作竞聘是民宿内部招聘中的重要环节，它允许自认为符合空缺职位任职条件的员工提出新的工作申请。这个过程旨在保证内部招聘的公平性和公正性，让每个符合条件的员工都有机会参与竞聘。通过工作竞聘，民宿可以更好地发掘和利用内部人才资源，提高招聘效率和质量。民宿内部招聘的优缺点如表 7-1 所示。

表 7-1　民宿内部招聘的优缺点

优点	缺点
降低招聘成本：节约费用，如广告费、招聘人员和应聘人员的差旅费、培训费等	错过高素质的外部候选人：外部优秀人才比较多，一味寻求内部招聘，会减少外部人才的进入
员工适应性更强：内部应聘者更了解民宿的运营模式、组织结构和服务理念，更快地适应工作环境及工作内容	造成内部矛盾：未被选中的内部应聘者会感到失望，影响工作的积极性，削弱民宿的竞争力
提高员工敬业度：内部招聘能够给员工提供晋升机会，使员工的成长与民宿的发展同步，能够鼓舞员工士气	不利于创新：同一家民宿的员工有相同的文化背景，可能会出现“近亲繁殖”的现象，僵化思维，抑制创新

2. 职位公告

职位公告是民宿内部招聘流程中的重要环节，旨在通过文字形式向全体员工公开发布现有工作岗位的空缺信息。公告内容应包括职位名称、岗位职责、任职要求以及薪酬待遇等详细信息，以确保透明度和公平性。

（二）外部招聘

当内部招聘无法为民宿提供合适的候选人时，就需要开始外部招聘。外部招聘是一个劳动密集型过程。尽管民宿管理者可以接触到无限的候选人库，但可能需要花费大量时间来对所有候选人进行筛选。直到最后，才能完全确定是否做出了正确的招聘决定，为民宿的发展储备管理人才。

1. 员工推荐

企业会根据“就近招聘”的原则，鼓励员工推荐合适的候选人。企业为成功推荐候选人的员工提供奖励，这是一种具有有限可选范围但相对低成本的招聘策略。这种方式的优点是员工通常更了解当地市场和工作环境，能够提供更准确的推荐，节省运营成本。例如，上海市崇明区的民宿员工大多推荐当地人，避免了远距离通勤。这种口口相传的招聘方式既省时又高效，特别适用于民宿行业。

2. 院校招聘

院校招聘是民宿外部招聘的重要渠道之一，许多民宿主人会选择到高等院校招聘实习生或毕业生。2022 年，人力资源社会保障部向社会公布了 18 个新职业的信息，其中包括民宿管家。这一新职业得到了国家的认可，因此高校和职业院校加强相关学科专业建设或增加民宿管理类课程，这为行业发展提供了更多的人才支持。

3. 虚拟招聘会

虚拟招聘会具有吸引力、直观性和互动性，这使得潜在员工和雇主之间能够更轻松地建立联系。还有，虚拟招聘会使得雇主能够接触到来自更广泛地理区域的众多潜在候选人，从而增加了招聘的效率和效果。此外，虚拟招聘会还降低了时间和金钱成本，因为它让雇主和求职者能够在虚拟层面上进行互动，而无须承担高昂的差旅费用。

4. 社交网络平台

诸多公司都依托于小红书、微博、抖音以及微信等社交媒体平台进行招聘活动。这些平台每天都会更新信息，为企业提供了一条快速通道以寻找到最优秀的精英，而无须耗费大量的财务投入。尽管各个社交平台提供的服务各有差异，但大多数给予雇主便捷的筛选机制，无须经历烦琐的面试过程。此外，雇主与候选人之间还可以建立起一种联系，相互了解，精准地确定合适的人选，并探讨合作的可能性。招聘人员也可以通过这些平台剔除不符合要求的候选人，寻找到早期的优秀人才，并密切关注相关联系人的动态。民宿外部招聘的优缺点如表 7–2 所示。

表 7–2　民宿外部招聘的优缺点

优点	缺点
发现优秀的候选人：外部人才来源广泛，招聘人才时有充分的选择余地，有利于满足民宿选择合适人才的需要	风险大：存在不了解新员工的职业道德、候选者的价值观与企业文化冲突等问题，这会增加企业决策的风险
带来新的理念和技术：新员工可以给公司带来耳目一新的变化，比如新视角、新的思维方式、新理念等	影响内部员工士气：选择外部招聘的人才，内部员工得不到相应的晋升和发展机会，现有员工可能会感到被忽视，他们的积极性就会受到影响

续表

优点	缺点
缓解内部竞争关系：空缺的职位有限，内部竞争者存在不良的竞争关系，外部竞争者能够平衡内部的关系	学习周期长：新员工进入角色状态慢，需要更长的时间学习新单位的工作流程和运营模式，这会占用财力、人力、时间

在决定内部招聘还是外部招聘时，考虑时间限制和技能要求等因素至关重要。内部招聘往往更快，因为不需要漫长的入职或入职培训期。但是，如果当前人才库中无法提供有专业技能或专业知识的内部人才，外部招聘可能是更好的选择。民宿内部招聘和外部招聘的比较如表 7–3 所示。

表 7–3　民宿内部招聘和外部招聘

内部招聘	外部招聘
需要立即填补职位	长期目标
预算较少	需要有特定技能或资格的专业角色
现有员工已准备好晋升	无法从内部填补的全新角色
培训资源有限	需要新的观点或想法

【知识链接】

在民宿招聘管理中，Chat GPT 以其独特的人工智能技术，能够通过多种方式为招聘流程提供有力支持。Chat GPT 具备快速响应和提供相关信息的能力，使其成为招聘过程中的得力助手。在筛选简历环节，Chat GPT 利用自然语言处理技术，对简历内容进行深度分析，精准识别与民宿招聘职位紧密相关的关键词和信息。这一功能极大地提升了招聘者的工作效率，使他们能够迅速锁定符合要求的候选人，从而节省大量宝贵的时间和精力。

此外，在面试环节中，Chat GPT 同样发挥着重要作用。面对需要精心准备的面试，Chat GPT 能够快速生成一系列针对性强的问题，并自动分析候选人的回答。这种能力使招聘者能够更全面地了解候选人的能力和性格特征，从而做出更为明智和准确的招聘决策。Chat GPT 的应用，无疑为民宿招聘管理带来了更加便捷、高效的招聘体验。

三、民宿员工招聘的流程

民宿数字化招聘流程是指通过数字化手段进行招聘的全过程。具体来说，它包括以下几个主要步骤：

（一）分析岗位需求

民宿经营者首先需要明确招聘的岗位和人数，并深入了解每个岗位的详细职责和要求。这一步骤需要对民宿的经营状况进行全面、客观的分析和评估，包括对客流量、服务质量、运营成本等方面的细致研究，以及对市场竞争、客户需求等方面的了解。通过深入的调查和研究，可以确定哪些岗位是必需的，每个岗位需要多少人手，以及每个岗位的具体职责和要求。其次，也可以根据实际需要直接确定招聘的岗位和人数，以确保民宿能够高效地运营并提供优质的服务。

（二）发布招聘信息

当民宿经营者决定开始招聘员工时，他们需要将招聘信息发布到相应的招聘平台上。这些平台不仅有专业的在线招聘网站，还包括社交媒体、在线论坛等其他数字渠道。在选择招聘平台时，民宿经营者需要考虑每个平台的受众群体和招聘资源。专业招聘网站通常具有广泛的用户覆盖面和丰富的招聘资源，能够帮助民宿经营者寻找到符合职位要求的优秀人才。而社交媒体和在线论坛等平台则能够展示民宿的特色和工作环境，吸引更多的潜在求职者。除了选择合适的招聘平台，民宿经营者还需要精心设计招聘信息。他们需要确保招聘信息清晰、简洁并易于理解，同时突出民宿的特色和优势。在语言和语气方面，他们需要使用有吸引力的表达方式来吸引潜在的求职者，并让他们感受到民宿的热情和真诚。

（三）筛选应聘简历

在所有应聘者提交了简历之后，民宿经营者需要细致地筛选这些简历。筛选的标准可以依据岗位需求来制定，如应聘者的经验、教育背景以及技能水平等。通过对此类因素的认真评估，民宿经营者可以准确地筛选出最符合岗位需求的应聘者，并邀请他们参加面试。这样做不仅能够提高招聘效率，还可以确保招聘到的人才能够为民宿的经营和发展贡献力量。

（四）面试和评估

在筛选出符合条件的候选人之后，民宿经营者需要采取进一步的行动，即进行面试和评估。面试和评估的过程可以通过线上视频面试或电话面试等方式进行，这些方式可以节省时间和成本，也可以提高面试的效率和便捷性。

在面试过程中，民宿经营者需要仔细地观察候选人的言谈举止、态度和表现，同时还需要注意候选人的专业知识和技能是否符合职位的要求。此外，民宿经营者还需要了解候选人的个人品质、价值观以及对工作的期望和态度等方面的信息。

在评估方面，民宿经营者可以利用各种数字化工具进行评估和比较，以确定最合适的候选人。这些数字化工具包括评估问卷、在线测试、技能评估系统等。具体来说，比如卡特尔人格测试、霍兰德职业兴趣测试等。通过这些工具，民宿经营者可以快速地了解候选人的技能水平、工作态度、沟通能力等方面的信息，从而更好地比较不同候选人的优劣，最终确定最合适的候选人。

（五）发放录用通知

在确定最终的人选之后，民宿经营者需要向员工发出录用通知。这个过程可以通过电子邮件或短信等数字化手段来完成，这样既高效又方便。在发出通知的同时，民宿经营者还需要与这位员工协商入职时间、薪酬待遇等相关事宜，以确保彼此的期望和需求都能得到满足。这一步需要细致入微的沟通，因为这关系到员工的工作积极性和工作满意度。只有当这些相关事宜都协商好了，员工才能顺利地开始在民宿工作，为游客提供优质的服务。

通过使用先进的数字化招聘流程，民宿经营者能够显著提高招聘效率和质量，这意味着他们可以更快速地找到最适合的候选人，并且这些候选人通常会比传统招聘流程中招募到的更优秀。这种流程不仅缩短了招聘周期，还降低了招聘成本，因为数字化招聘可以减少许多烦琐的手续和时间成本。

此外，数字化招聘也能够扩大招聘范围，吸引来自世界各地的优秀人才参与竞争。这为民宿经营者提供了更多的选择，他们可以根据自己的需求和标准，挑选最适合自己民宿的人才。这种扩大的人才库也意味着经营者可以更容易地找到具备特定技能或经验的候选人，从而更好地满足他们的招聘需求。

四、民宿岗位的介绍

（一）单体民宿

1. 民宿管家

经过人力资源和社会保障部的正式确认与公告，2022 年 6 月 14 日，民宿管家被确立为一种新的职业身份。民宿管家主要职责是为旅客提供定制化的服务，涵盖住宿安排、餐饮管理，并介绍当地的自然环境、文化传统及生活方式，满足人们对美好生活的向往与追求。这是在新时代背景下，基于新的社会理念和发展格局所催生的一种新兴职业。党的十九大之后，乡村振兴成为热点。风口上的民宿行业作为乡村振兴的入口，成为焦点。民宿管家也成为第一批回乡青年的首选职业。和酒店服务员相比，民宿管家技能需要更多更全。除了基本的客人接待、客房卫生服务之外，民宿管家还需要了解在地文化，需要会讲故事、懂营销，有互联网思维，有审美有才情。以下是民宿管家的岗位职责：

（1）负责深入了解并全面掌握民宿的经营管理工作，确保民宿的运营成本得到合理控制，同时努力提高民宿的各项营收。

（2）负责维护与各界的公共关系，尤其是与民宿形象塑造相关的公共关系，以树立良好的民宿形象。

（3）保证高效率、高质量地完成领导交付的各项工作任务。

2. 民宿清洁师

民宿清洁师在民宿服务中发挥着至关重要的作用，承担着维护民宿清洁卫生的重任，为客人提供舒适宜人的住宿环境。他们需要具备优秀的卫生习惯和工作态度，以确保民宿的整洁和卫生。同时，他们还需要具备良好的沟通能力和团队合作精神，以便与其他员工紧密合作，共同完成工作。在工作中，他们需要保持高度的责任心和专业性，不断提高工作质量和效率，为客人提供更好的住宿体验。以下是民宿清洁师的岗位职责：

（1）承担民宿公共区域、客房、餐厅等场所的清洁卫生职责。

（2）根据要求对物品进行洗涤、熨烫、整理和收纳。

（3）负责维护和保养各类清洁设备、用具和用品。

（4）积极配合其他部门，共同提供优质服务。

3. 民宿前台

民宿前台是负责接待客人的工作人员，承担着为客人提供热情周到服务的重要职责。他们需要具备良好的沟通技巧和服务意识，以保证客人的满意度。此外，民宿前台还需要具备良好的组织能力和协调能力，以便处理各种突发情况。在工作中，民宿前台需要保持良好的形象和态度，积极响应客人的需求，提供及时有效的帮助。同时，他们还需要与客人建立良好的关系，了解客人的需求和反馈，以提高服务质量。对于民宿的日常运营，民宿前台也需要积极参与，协助处理各种事务，确保民宿的顺利运营。在招聘民宿前台时，民宿主通常会考虑候选人的个人形象、沟通技巧、服务态度、专业知识和工作经验等方面的因素。以下是民宿前台的岗位职责：

（1）接待客人，提供热情、周到的服务，确保客人有愉快的住宿体验。

（2）处理客人的预订、入住、退房等事宜，协助客人办理入住手续。

（3）及时解决客人的问题、需求和投诉，提供有效的解决方案。

（4）维护民宿的卫生、安全和设施设备，确保客人有一个舒适、安全的环境。

（5）协助其他部门的工作，如客房清洁、餐饮服务等。

4. 民宿烹饪师

民宿烹饪师是从事烹饪和美食制作的工作人员，承担着为客人提供健康、美味餐饮服务的责任。为此，他们必须具备精湛的烹饪技能和严谨的食品卫生习惯。除此之外，他们还需要具备良好的服务意识和沟通能力，以便为客人提供个性化的餐饮服务，满足客人的需求。以下是民宿烹饪师的岗位职责：

（1）准备各种食材，包括蔬菜、肉类、海鲜等，确保食材新鲜、卫生。

（2）设计和制作各种菜品，根据客人的口味和需求进行适当调整。

（3）协助其他员工完成餐饮准备工作，如布置餐桌、准备餐具等。

（4）在客人就餐时提供优质的服务，包括为客人介绍菜品、推荐菜品搭配等。

（5）保持厨房的清洁卫生，确保食品的安全和卫生。

（二）集群化民宿 AI 管家

近年来，集群化民宿发展迅猛，民宿行业相应地新增了一些管理和服务岗位，民宿岗位设置变得更加丰富和多元化。过去，民宿的岗位设置相对简单，主要是以各类服务岗位为主，负责接待客人、提供住宿服务等。现在，民宿中除了传统的岗位外，还出现了诸如 AI 管家、旅游顾问、客户经理等。这些新岗位的出现，不仅为民宿提供了更多的人力资源，还为民宿的发展注入了新的活力。特别是 AI 管家的引入，对民宿的发展产生了极大的影响。AI 管家能够理解客人的需求，提供个性化的服务，如自动安排客房、推荐旅游线路、解答客人的问题等。这种智能化的服务方式，不仅提高了服务效率，还提升了客人的满意度。同时，AI 管家的引入也极大地提升了民宿的运营效率。传统上，民宿需要大量的人力来管理客房、安排客人入住等。但是，有了 AI 管家之后，这些工作都可以由 AI 来完成，节省了大量的人力资源开支，提高了效率，有效控制了成本。

【同步案例】

潮宿“AI 赋能民宿管家”遗产教育项目

“AI 赋能民宿管家”遗产教育项目，不仅是一个致力于培养新一代民宿管家的计划，更是一个推动遗产活化与保护教育发展的前瞻性战略。通过独特的空间设计、改造手法，项目团队成功地使泉州古厝这一文化遗产焕发出新的生机，转化为具有浓厚地方特色的民宿。这种改造不仅保留了古厝的历史韵味，还注入了现代设计的元素，使之成为兼具传统与现代魅力的旅游住宿选择。

在这个过程中，项目团队深刻认识到遗产保护与可持续旅游之间的和谐关系。他们坚持在保护文化遗产的基础上，通过合理利用和开发，使其成为促进地方旅游业发展的有力支撑。这种平衡的做法，既保留了泉州古厝的历史价值，又为其注入了新的活力，使之成为游客流连忘返的热门景点。

此外，项目团队还注重世遗古城文化的传播工作。他们通过培养古城民宿讲解员，让这些讲解员成为传播世遗文化的核心力量。这些讲解员不仅具备丰富的历史文化知识，还能以生动的语言和形象的展示，向游客介绍泉州古厝的历史背景和文化内涵。他们的努力，让更多的人了解了泉州古厝的价值，也为古城发声，赢得了市民和游客的广泛赞誉。

在科技方面，项目团队积极运用AI技术，为游客提供了更加便捷和个性化的服务。例如，AI古城漫游等创新应用，让游客可以根据线下不同场景上传照片，并选择泉州主题风格的建筑或人文景观进行合照。通过AI技术的处理，游客可以生成个性化的AI打卡作品，为游览古城增添了新乐趣。这种融合传统与现代的技术应用，不仅提升了游客的游览体验，也为泉州古厝的传承和发展注入了新的动力。

同时，项目团队还引入了AI刷脸住民宿等智慧民宿数字管理手段。这些技术的应用，不仅提高了民宿的管理效率，还为游客提供了更加便捷和安全的住宿体验。游客可以通过刷脸完成入住手续，无须携带烦琐的钥匙或证件。这种智能化的管理方式，显著提升了古城游客的满意度和民宿的口碑。

总之，“AI赋能民宿管家”遗产教育项目通过综合运用空间设计改造、文化传播和AI技术等手段，成功地将泉州古厝这一文化遗产转化为具有独特魅力的民宿旅游资源。这一项目的实施，不仅推动了遗产活化与保护教育的发展，也为地方旅游业注入了新的活力。同时，通过培养古城民宿讲解员和运用AI技术，项目团队成功地传播了世遗文化，提升了游客的游览体验和管理效率。这一前瞻性的战略思维和实践成果，为其他地区的文化遗产保护和旅游业发展提供了有益的借鉴和启示。

第三节　数字化民宿员工培养与使用管理

一、民宿员工培养

民宿员工培养是一项系统性工作，旨在通过精心策划与组织的教育活动，包括讲授、训练、实习和辅导等，向员工传授专业知识、服务技能、管理理念以及企业文化。

此过程旨在全面提升员工在理论素养、技术能力和职业道德等方面的表现，确保他们能够以民宿所期望的专业水平，高效地完成所分配的工作任务。通过此种培训，民宿期望员工能够更好地适应民宿的运营需求，为客人提供优质的服务体验，进而推动民宿整体服务质量的提升。

戴维·麦克利兰（1987）提出三种重要的人类需求，即成就需求（nAch）、权力需求（nPow）、归属需求（nAff）。成就需求者的特点是:（1）喜欢独立承担责任的工作;（2）追求成功;（3）不断监控自己的行为和影响。具有强烈成就需求的人工作极其努力，不断力争提高个人绩效。相反地，对于追求权力的人来说，激励他们的是未来可以控制下属。而归属者希望与同事有令人愉悦的关系，渴望帮助别人。他们寻求与他人建立友好的关系。他们强烈渴望得到同伴的认可，因此他们在团体协作中会采取保守的态度。

Z世代员工作为生产力的主力军，他们更加追求生活和工作的平衡及自我价值的实现，因此民宿主在员工培养方面需要注重员工的个人发展和成长。为了满足这一需求，民宿主可以采取多种方式，如定期组织培训、分享会和团队建设活动等，以帮助员工提高技能和知识水平，实现自我价值的提升。同时，民宿主也需要创造一个积极向上、健康有序的工作环境，让员工在工作中感受到归属感和满足感，从而提高员工的工作效率和忠诚度。

（一）创造“学习与发展”场景

在员工学习与发展方面，传统的基于流程与职能的学习管理系统，如现场培训和在线授课，已经不再是唯一的培训方式，而是向基于员工社交化和知识管理的学习管理平台转变，或者转向混合学习模式。员工的学习模式也正在由以老师为中心的培训模式向员工自主学习模式转变，员工的学习已经呈现出移动化、碎片化、个性化和社交化的特点。如今，很多公司都在积极倡导大型开放式网络课程（MOOC）和小型私人在线课程（SPOC），大大地改变了过去企业固定场所的培训模式，员工可以通过笔记本电脑、手机，从PC端、移动端和微信端随时随地进行学习。例如，领英公司创建了小型私人在线课程，以自主学习为主，同时创造互动学习体验的新方式，如知识社群、同行评审、小组合作、问答互动等，这也与标准化的E-learning线上学习课程完全不同。

在碎片化学习的时代，越来越多的企业正在积极引进微课，以顺应年轻一代的学习习惯，将过去的“整时间”变成“碎时间”，扩大了学习的时间和空间范围，激发了新生代员工学习的积极性。由于学习课程的平台化，民宿可以更方便和直观地了解员工的学习情况，掌握员工整体的学习进程。通过对员工学习档案、学习行为等数据进行分析，大数据技术可以帮助企业了解员工的兴趣和偏好，为员工量身定制个性化学习方案。这样，民宿可以更有针对性地帮助员工学习和成长。

此外，民宿学习与成长部门应深度挖掘数字化平台的潜能，致力于构建学习型组织。通过有效激发员工的潜能，可以显著提升人力资本的收益与贡献。在员工培训方面，引入 VR（虚拟现实）和 AR（增强现实）等前沿科技，重现特定工作场景，打造高度仿真的虚拟环境，能有效提升员工的学习参与度和效果，从而为民宿行业的持续进步与发展奠定坚实的基础。

（二）引入“游戏化”培训场景

在线培训已逐渐融合游戏化的元素及传统教学流程，以促使员工在组织内部不断提升技能与知识水平。当与大数据技术相结合时，人力资源专家得以洞察各类员工对培训计划的响应度，从而适时调整教学内容或风格。此外，员工数据的保存为管理层提供了在紧急状况（如客户服务失误或员工意外）发生前，识别培训缺陷并及时为员工提供支持的机制。实质上，游戏化过程通过应用游戏思维和游戏机制，将行为激励技术从传统游戏模型引入非游戏环境中。人力资源行业正逐渐采纳与消费者环境相一致的原则。例如，万豪酒店作为游戏化的早期实践者，于 2011 年推出了“My Marriott Hotel”这一 Facebook 游戏，使玩家得以体验酒店经理的角色。此举不仅助力万豪填补职位空缺，更培养了员工的品牌忠诚度。

此外，利用社交媒体游戏（如解谜游戏）激发员工参与培训课程的积极性，成为企业吸引员工并提升培训效果的新颖而深刻的方式。酒店行业中，1Huddle 便是一个典型的游戏化应用案例。该公司自 2015 年成立以来，一直通过手机游戏为员工提供培训。Loews Hotels & Co. 便是该平台的首批客户之一，利用移动设备实现游戏化培训。希尔顿酒店公司同样致力于开发各类游戏，如 Roblox，一款移动应用程序，员工可在其中参与希尔顿的虚拟培训计划，体验希尔顿在线酒店的工作环境，甚至参与希尔顿的工作面试。这些游戏不仅提升了品牌知名度，更对激发年轻一代对酒店业的职业兴趣起到了积极的推动作用。

（三）以实现自我价值为主导方向

随着新生代劳动力逐渐占据职场主导地位，员工对于自我主张和认同感的追求日益显著，他们更加强调自我价值实现和工作体验。员工在选择组织和留在组织中时，除了基本的谋生需求外，还追求更高层次的需求满足。首先，他们期望通过工作体现自我价值，从事具有意义的事业；其次，他们关注个人职业的发展，希望企业能提供持续学习的机会；最后，他们追求职场安全感、存在感和幸福感。这种综合性的工作体验对员工留任具有积极影响。在新时代背景下，允许员工以自己喜欢的方式开展工作，发挥个人价值已成为一种创新的管理方式。因此，提升员工体验在新时代的人力资源服务工作中显得尤为重要。最终，组织通过提升员工体验，激发员工的敬业精神，推动组织的持续发展。

二、民宿员工的使用

在民宿行业中，员工的合理使用至关重要。为了确保民宿员工能够提供优质的服务，并为客人带来愉悦的体验，尊重员工的需求是必不可少的。以下是一些关键原则：

（一）建立良好的沟通

实现民宿有效运营的关键在于与员工保持良好的沟通。积极倾听员工的意见和建议，理解他们的需求和想法，并及时解决他们所遇到的问题，可以增强员工的满意度和忠诚度。因此，与员工保持良好的沟通对于民宿的运营至关重要。

（二）合理分配工作

根据员工的不同特质和能力水平进行合理的工作任务分配，对于实现团队的集体效能最大化至关重要。在充分发挥个体优势的同时，也需要激发团队的协同合作力量。为了实现这一目标，民宿经营者应该通过对员工的能力、性格、兴趣等方面的了解，将他们分配到最适合他们的工作岗位上。这样可以让每个员工充分发挥他们的优势，让他们在工作中感到得心应手，同时可以提高整个团队的效率和工作质量。

（三）关注员工心理健康

在紧张的工作进程中，员工可能会有一定的心理负担和疲劳，因此关注员工的心理健康是一项至关重要的责任。民宿经营者应时刻向员工表达关心和支持，并为他们提供必要的心理援助，以帮助他们调整心态并减轻压力。

（四）建立良好的企业文化

良好的企业文化对于增强员工归属感和自豪感具有重要作用。为此，可以组织各类活动和庆祝活动，营造出良好的工作氛围，让员工深刻感受到民宿大家庭的温暖。通过这种方式，员工可以更加团结，工作热情得到提高，从而为企业的发展做出更大的贡献。

【同步案例】

“数字木兰”民宿管家公益培训计划

民宿行业近年来在我国旅游消费领域崭露头角，得益于政策层面的大力扶持，该行业呈现出迅猛发展的态势。随着民宿市场的不断扩大，民宿管家从业者数量也实现了百万级别的跨越式增长，这一职业逐渐受到社会各界的广泛关注。

2022 年 6 月，民宿管家被正式纳入人力资源和社会保障部的职业分类，这标志着该职业走向正规化和专业化。然而，民宿管家的工作内容涵盖经营、服务、文化传播等多方面，对于从业者的素质要求极高。他们不仅需要具备丰富的行业知识和服务技能，还需要拥有创新思维和敏锐的市场洞察力，以满足多元化的市场需求。

在我国，大部分旅游民宿分布于乡村和山区，从业人员以本地居民为主。这些地区通常交通不便、信息闭塞，从业人员在服务能力、行业认知以及专业技能等方面存在一定的缺陷。因此，如何提升民宿管家的整体素质，成为当前亟待解决的问题。

为了推进民宿管家群体的专业发展，自 2021 年起，蚂蚁公益基金会携手中国乡村发展基金会等合作伙伴，共同启动了名为“数字木兰”的民宿管家培训项目。该项目旨在通过专业培训，提升民宿管家的服务质量和数字营销能力，推动乡村文化旅游的发展。

经过一段时间的努力，“数字木兰”项目已在 7 个省份成功建立了 12 个培训基地，累计为超过 2100 名乡村民宿管家提供了专业培训。这些培训涵盖民宿行业知识、客房与餐饮服务规范、应急管理等核心知识和职业技能，有效提升了管家的服务能力和专业水平。

基于过往的实践经验，2023 年“数字木兰”项目迎来了全面升级。该培训计划将细分为“木兰普惠班”与“数字加强班”两大类。其中，“木兰普惠班”将着重于强化民宿管家的基础服务技能，确保管家能够提供专业且优质的服务。这一班次旨在帮助民宿管家提升服务品质，满足游客的多元化需求，提升民宿的市场竞争力。

而“数字加强班”则将聚焦于培养民宿管家的数字营销能力，涵盖短视频制作、直播技巧、内容创作及社群运营等关键领域。这一班次旨在帮助民宿管家提升数字素养，有效运用互联网平台展现乡村魅力，推动乡村文化旅游的发展。通过培训，民宿管家将学会如何利用短视频、直播等新媒体形式吸引游客，提升民宿的知名度和影响力。这将为民宿管家创造更多的资源获取与增收途径，推动乡村经济的持续发展。

总之，“数字木兰”民宿管家培训计划的全面升级将为民宿行业的持续发展注入新的活力。通过强化基础服务技能和数字营销能力的培训，该计划将助力民宿管家提升整体素质，满足市场需求，推动乡村文化旅游的发展。同时，这也将为乡村经济的繁荣和民宿行业的可持续发展做出积极的贡献。

第四节　民宿数字化运营员工绩效管理

一、绩效管理的含义

（一）绩效管理

绩效管理通常应用于更广泛的组织环境，指的是组织、计划、协调和使用其资源（包括人力资源）以实现目标的方式、业务、宗旨和目标。绩效管理一词通常是指将人员管理与组织目标联系起来的具体方法和流程。在民宿运营管理中，绩效管理是确保民宿实现绩效目标的过程，包括设定目标、衡量绩效以及在必要时采取纠正措施。有效的绩效管理有助于组织确保员工了解他们的角色，获得建设性的反馈，并获得实现其业务目标所需的支持。

（二）数字化绩效管理

数字化绩效管理指的是企业运用持续的数字技术支持沟通，旨在构建管理者与员工间的和谐关系，以实现企业的战略目标，并确保员工的参与度和积极性达到最大化。借助员工在线档案，管理人员可以轻松地与员工互动，全面了解其职业发展状况。通过这一系统，绩效表现得以量化评估，最佳实践基准也可作为奖励依据，从而提升员工的敬业精神。此外，绩效管理系统配备了标准化的沟通模板和问题设置工具，不仅帮助员工高效完成个人工作、设定发展目标，还为民宿业员工与民宿主之间搭建了一个有效的沟通桥梁。当员工在系统中设定了工作目标并提交后，民宿主会接收并审核这些目标计划，提出建设性建议和反馈或明确的改进意见，经双方充分讨论并达成共识后确认。这一过程确保了目标的明确性、可行性和实现性，为企业的发展奠定了坚实的基础。

此外，员工可利用该系统，积极收集来自同事、民宿主或下属的反馈，以全面了解自身工作目标的完成情况。通过这一过程，员工能够清晰认识到自身的优势、存在的短板以及发展需求，从而助力其提升工作业绩并扩大个人影响力。综合各方绩效反馈、员工的自我评价及民宿主的观点，民宿主能借助系统生成“员工职业发展分析报表”，依据该报表为员工提供个性化的职业发展方向建议，并制订出切实可行的培训与发展计划。值得一提的是，部分绩效管理系统还融入了 360 度评估工具，专门用于评估民宿企业中层及以上管理者的综合能力，以便民宿企业及其人力资源部对其胜任力和潜能进行客观评价，进而为干部培养及继任者计划提供有力依据。

二、绩效管理的经典理论

（一）赫茨伯格的激励—保健理论

“激励—保健理论”由美国心理学家弗雷德里克·赫茨伯格（Frederick Herzberg）于20世纪50至60年代所提出。此理论主张，员工的工作动力源自两类截然不同的需求：一类是激励因素，另一类是保健因素。其中，激励因素指的是能够引发员工工作积极性与工作满足感的关键因素，例如，工作中的成就感、晋升机遇、工作内容的趣味性，以及成长和发展的可能性等。赫茨伯格坚信，这些因素在提升员工的工作积极性、效率和业绩方面起着至关重要的作用。

而保健因素则是指那些能够预防员工对工作产生不满的事物，例如，公司的政策和管理制度、员工的工资和福利、工作环境和条件以及与同事和上级的关系等。赫茨伯格认为，这些因素如果得不到满足，员工就会对工作产生不满，但即使得到满足，也不会激发员工的工作积极性。赫茨伯格的理论对于管理实践有着重要的影响，它提醒管理者要注意区分激励因素和保健因素，并采取不同的管理策略来激发员工的工作动力和提高员工的工作满意度。同时，该理论也强调了员工对于内在激励的重视程度，这为后来的内在激励理论提供了重要的启示。

在民宿的应用中，激励—保健理论同样具有指导意义。例如，民宿的经营者可以通过提供有趣的工作任务、给予员工适当的自主权和参与决策的机会来激发员工的动力和热情。这可以增强员工的成就感、责任感和认同感，提高他们的工作满意度。同时，提供良好的工作环境和福利待遇，如合理的薪资、良好的人际关系、完善的管理监督体系等，也是保持员工积极性的重要手段。通过充分理解和应用赫茨伯格（1968）的激励—保健理论，民宿经营者可以更好地了解员工的需求和期望，采取适当的措施提升员工的工作满意度，进而提高整体的服务质量和客户满意度。这对于民宿在激烈的市场竞争中保持优势具有积极的意义。

（二）公平理论

公平理论主张，员工是否认为自己被公平对待是影响激励效果的主要因素。当员工将他们获得的奖赏与自己的努力程度与其他同事进行比较时，如果他们认为自己获得的奖赏相对较低，就会产生不公平感。如果回报与个体付出的努力成正比，员工会认为这是“分配公平”。然而，如果员工感到奖赏与努力之间的关系不一致或失去平衡时，就会出现“认知失调”，导致员工感到不安和不愉快，进而降低其努力程度和动机。

在持续的意见反馈和绩效评估中，公平性的重要性不言而喻。特别是在最终决策阶段，其关键作用更是凸显无疑。员工对于公平性的感知，可细分为分配公平、程序公平与互动公平三个方面。分配公平，即员工根据自我与他人之间的比较，对公平性所进行的主观判断。例如，当某员工被解雇而其他员工未受同等处理时，便可能产生分配不公的感觉。然而，此类潜在的不公平是否进一步转化为暴力或诉讼等报复行为，则受到程序公平与互动公平的双重影响。

分配公平关注结果，而程序公平和互动公平则更关注手段和过程。程序公平尤其侧重于方法和过程，用来判定收获结果的多少。如果在做出对员工有负面影响的决策时采用的方法和过程看上去是公平的，其得到的反应可能会正面些。例如，如果被解聘的员工认为做出这个决定的过程始终如一、无偏见、准确、可校正、有代表性且符合伦理，那么他们可能会以较小的愤怒接受这个决定。

对于民宿来说，确保员工对激励抱有公平感至关重要。这不仅有助于提高员工的积极性和工作动机，还有助于维护良好的工作氛围和员工关系。因此，民宿管理者应该关注员工的激励公平感，并采取措施确保员工感到被公平对待。

三、绩效管理目标

绩效管理旨在培养员工提高绩效和实现工作成功所需的技能和能力。反过来，这些技能有助于组织实现其目标。然而，Betterworks 的一项研究报告称，21% 的员工表示他们的目标每年都会设定一次，并且再也没有看过，而 16% 的员工表示他们没有设定任何目标。1/3 的员工报告说，他们与民宿主没有一对一的交流，也没有收到反馈来帮助他们每年两次以上实现目标。每 10 名员工中就有 1 人声称他们很少或从未收到过此类反馈。

绩效管理目标包括设定绩效期望，以便员工清楚地了解对他们的期望以及他们通过满足这些期望可以获得什么，包括薪酬、奖励，甚至晋升。持续的实时反馈可帮助员工了解他们所处的位置及他们的学习、自我纠正和成长。他们可以不断提高自己的工作表现，为他们提供更大的成就感。这使组织拥有一支熟练、敬业和合格的员工队伍。WTW 的一项研究发现，有效使用绩效管理计划的公司，其财务表现优于竞争对手的可能性是竞争对手的 1.5 倍，员工生产力提高的可能性是竞争对手的 1.25 倍。绩效管理可以提高个人和团队的绩效，从而帮助企业实现其目标。例如，如果业务目标是增加收入，那么有效管理销售人员的绩效可以帮助实现这一目标。绩效管理还允许员工了解他们的个人目标如何与公司目标保持一致，并了解他们如何为实现这些目标做出贡献，从而鼓励敬业度。绩效管理的四个阶段如图 7-3 所示。

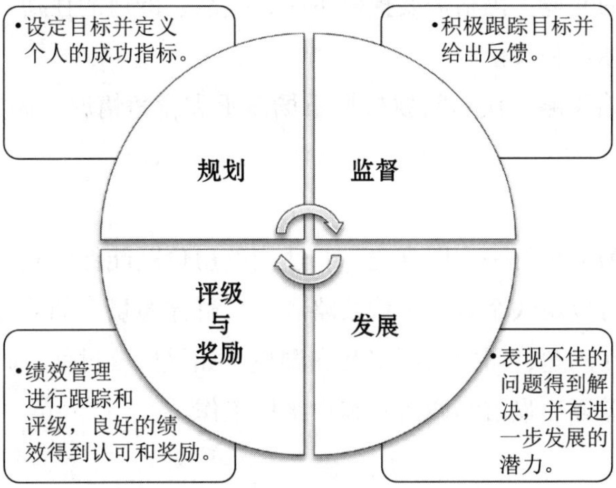

图 7-3　绩效管理的四个阶段

四、衡量和评估民宿运营绩效的有效方法

为了确保民宿经营能够取得成功，设定关键绩效指标显得尤为重要。通过设定这些关键指标，民宿主可以更加精准地评估经营状况，及时发现并解决存在的问题，进而提升整体的经营效能。实施绩效管理可以激发员工积极完成民宿各项指标的热情和动力，推动整体业绩的持续提升。通过科学的绩效管理，不仅能够有效提升员工的工作积极性和执行力，而且有利于实现整个民宿的经营目标。

（一）设定关键绩效指标（KPI）

民宿主应为员工绩效设定 SMART 目标，并在制定员工发展目标时让人力资源部门参与进来。每个员工都应该有自己清晰、个性化的关键绩效指标（KPI）以便他们了解民宿主的期望，以及他们的经理可以跟踪他们的分数和成就。根据工作和职能以及员工的个人和职业抱负，个性化很重要。通过这些目标，民宿主可以有效地衡量绩效并发现改进机会。绩效指标如下：

1. 入住率

衡量民宿运营成功与否的主要指标是入住率，它能够反映市场需求和受欢迎程度。高入住率通常意味着更高的盈利能力，因为更多的客人意味着更多的收入和利润。为了提高入住率，民宿需要关注以下几个方面：

（1）提供优质的服务：民宿需要提供热情、周到的服务，让客人感受到家的温暖和舒适。同时，民宿还需要关注客人的需求和反馈，不断改进和提升服务质量。

（2）营造舒适的环境：民宿需要提供干净、整洁、舒适的住宿环境，让客人能够在旅途中得到充分的休息和放松。

（3）合理的价格策略：民宿需要根据市场需求和竞争情况，制定合理的价格策略，吸引更多的客人。

2. 平均房价

房价是客户最为关注的一个因素之一，适当的房价既能保证利润，又能维持客户满意度。这个指标还可以反映企业的定价策略和客户群体质量。如果房价过高，说明企业的定价策略可能存在问题，需要重新审视和调整。如果房价过低，则可能说明企业的客户群体质量不高，需要加强市场调研和客户维护工作。

3. 客户满意度

客户满意度是衡量服务质量的重要标准，这一点已经得到了广泛的认可。为了了解客户满意度，民宿主可以采取多种方法，其中最常用的就是收集客户评价和观察投诉率。首先，收集客户评价是了解客户满意度的直接途径。通过向客户发放问卷、进行电话调查或者在线调查，可以收集到客户的反馈意见，从而了解他们对服务质量的评价。在收集客户评价的过程中，需要注意问卷的设计和问题的表述，确保问题能够客观、准确地反映客户的需求和期望。同时，还需要对收集到的数据进行整理和分析，以便更好地了解客户满意度的整体情况和存在的问题。

其次，观察投诉率也是了解客户满意度的重要途径。投诉率是指客户对服务不满意而进行投诉的比例，投诉率的高低可以反映服务质量的优劣。如果投诉率较高，说明服务质量存在问题，需要及时采取措施进行改进。除了以上两种方法外，还可以通过其他途径了解客户满意度。例如，可以定期与客户进行沟通交流，了解他们的需求和期望；可以开展客户满意度调查，了解客户对服务的整体评价；可以分析客户的流失率，了解客户对服务的满意程度。

4. 周边产品销售量

民宿产业在不断地创新与进化，现代民宿已经不再是单一的住宿服务提供者，而是向多元化产业发展。以鸿田 · 义田民宿为例，它不仅提供了高品质的民宿服务，还打造了一个集酒庄、休闲、养生于一体的综合性旅游目的地。如各类酒水、日本墙漆以及健康操课程等，这些周边产品的销售不仅丰富了游客的入住体验，也为民宿带来了丰厚的收入。

（二）制订民宿评估计划

民宿行业近年来在我国迅速发展，竞争也日趋激烈。为了提高民宿的服务质量和竞争力，制定一套合理的员工绩效评估计划至关重要。本文将详细阐述如何制定民宿员工绩效评估计划，以确保员工积极性的同时，提升民宿的整体运营水平。

1. 明确评估目标

在构建民宿员工绩效评估计划的过程中，首要且至关重要的步骤便是确立清晰、明确的评估目标。这些目标应当全面涵盖服务质量、客户满意度、工作效率以及团队协作等多个维度。通过确立这些目标，可以确保整个评估体系既全面又具有针对性，从而有效指导员工的日常工作，并推动民宿整体业务的持续发展。

2. 设定评估指标

在确立了清晰的评估目标之后，需要制定具体、可量化的评估指标。例如，客房的清洁程度、酒店的入住率、客户的投诉率以及员工的出勤率等，这些都是可以作为评估标准的具体指标。这些指标不仅需要具备可衡量性和客观性，还需要具备实用性，以便能够真实、准确地反映出员工在工作中的表现。通过这样的评估方式，可以更加科学、客观地评价员工的工作成果，为民宿的持续发展提供有力的支持。

3. 制定评估标准

为确保评估工作的客观、公正，需针对各项评估指标，制定明确的评估标准。这些标准不仅应具备激励员工提升工作效能的作用，还应助力实现民宿的长期运营目标。以客房清洁度为例，可以设定具体的清洁标准，通过此方式，引导员工在日常工作中关注细节，致力于提升客户体验，从而提高客户满意度。

4. 设定评估周期

针对员工绩效评估结果的实时性和有效性，必须合理设定评估周期。通常情况下，评估周期可分为季度、半年和年度三种。然而，根据民宿业务的实际运营情况，评估周期可能需要进行适当的调整。这样的灵活性有助于更准确地反映员工的工作表现和业绩，从而促进企业的整体发展。

5. 实施评估流程

在实施员工绩效评估计划时，务必保证评估流程的公正性、公平性和透明度。此过程需涵盖数据收集、数据分析和评估结果反馈等关键环节。就评估结果应当及时、准确地与员工进行沟通，协助他们识别工作中的短板，并提供具有针对性的改进建议。

6. 建立激励机制

为了充分调动员工的积极性和创造力，民宿业应建立一套全面而精细的激励机制。此机制应将员工的绩效评估结果与薪资调整、职位晋升以及各类奖励紧密关联，确保员工在不断提升自身专业能力的同时，能够获得与其贡献相匹配的实质性回报。这样的做法不仅有助于激发员工的内在动力，还能促进民宿业整体运营效率和服务质量的提升。

7. 持续优化评估计划

民宿员工绩效评估计划必须保持灵活性和适应性，随着民宿业务的发展和市场环境的变化进行相应的调整。民宿管理者需密切关注评估体系的实际运行效果，及时识别存在的问题，并持续对评估方案进行优化和改进。通过这样的方式，可以确保评估计划能够真正反映员工的实际表现，为民宿的长期稳定发展提供有力支持。

（三）数字化绩效管理的优势

利用人力资源技术和软件有助于提高绩效管理流程的效率和有效性。绩效管理数据可以提供手动跟踪和调查无法比拟的详细见解和模式。正确的技术也可以节省民宿管理者的时间，但前提是要有明确的绩效管理策略。民宿管理者还需要能够随时查看实时数据，以确定正确的成功目标。但是，重要的是要注意绩效管理是一个以人为本的过程。技术不能（也不应该）取代与民宿管理者直接沟通和艰难对话的需要。民宿管理者需要接受并保持对此的所有权。但是，在专门的绩效管理系统中，正确的数据可以消除隐性偏见，向员工确认他们正在接受客观的评估，并促进诚实的讨论。传统绩效管理与数字化绩效管理的区别如表 7–4 所示。

表 7–4　传统绩效管理与数字化绩效管理的区别

	传统绩效管理	数字化绩效管理
数据	无法彻底解决地域差异	KPI 在区域之间可以被公平地比较
来源	需要花费大量的人力和物力统计数据	只需要极少的人工操作就可以自动生成报告，且数据来源统一可靠
时间和地点	结果数据滞后	实时数据警报，及时解决问题
人	通常因为负责人过于繁忙，无法开展有效的业绩对话	任意时间、地点和人都可以开展业绩对话
决策	一旦出现变化，难以追踪	数字化的鱼骨刺图和闭环举措追踪系统，保证落实所有的举措

【同步案例】

景咖美宿：高品质民宿的数字化管理之道

海南景咖美宿，作为一家深耕于移动互联网技术创新应用的连锁旅游住宿品牌，专注于民宿经营管理领域。品牌定位明确，致力于提供与五星级酒店床品相媲美的城市民宿体验。在日常运营中，员工需应对众多游客及其多样化的需求，这是一项既具挑战又充满机遇的任务。

为了提高员工的工作效率和整体绩效，景咖美宿的管理层决定与伙伴云数字化服务平台携手合作，共同引入先进的数字化绩效管理模块。经过双方共同努力，成功构建了一套全面而高效的数字化绩效管理体系。这一体系涵盖员工工作安排、任务分配、客户满意度调查以及员工评价等多个核心模块，旨在通过数字化的方式，实现工作流程的优化与提升。

这套数字化绩效管理体系的实施，不仅极大地提高了工作效率，还有助于更好地满足游客的需求，进一步提升游客满意度。

（四）民宿各岗位绩效考核指标

在实施数字化绩效管理后，民宿员工的工作效率得到了显著的提升。借助该系统，员工能够更加明确地了解自己的工作任务和职责，从而避免因任务分配不明确和工作重复等问题所带来的困扰。此外，通过客户满意度调查和员工评价模块，民宿主得以更加全面地掌握员工的工作表现和客户反馈，进而为提升民宿服务质量提供了强有力的支持。

数字化绩效管理的实施还带来了其他诸多益处。例如，民宿主能够通过该系统对员工进行更为公正、客观的评价和激励。在员工评价方面，该系统会综合考虑员工的工作表现、任务完成情况以及客户反馈等多个方面，从而避免因主观评价而产生的误差。在激励方面，系统能够根据员工的绩效表现和任务完成情况提供相应的奖励和惩罚，进一步激发员工的工作积极性和投入度。为了确保民宿运营的顺利进行，民宿主会对各个岗位进行严格的绩效考核。以下是考核指标（如表 7–5 所示），可根据实际情况进行调整：

表 7–5　民宿考核的指标

岗位	考核指标
民宿管家	1. 经营计划的制订与执行情况 2. 各部门协调工作的效果 3. 客人满意度 4. 解决问题的能力 5. 团队管理能力
民宿清洁师	1. 服务态度 2. 专业知识和技能 3. 卫生清洁能力 4. 客人评价

续表

岗位	考核指标
民宿接待员	1. 沟通能力 2. 服务态度 3. 解决问题的能力 4. 客人评价
民宿烹饪师	1. 烹饪技能 2. 服务态度 3. 食品卫生执行情况

【本章小结】

本章深入探讨了民宿行业在大数据时代背景下，如何通过数字化转型提升人力资源管理的效率和质量。随着科技的发展，特别是人工智能的应用，人力资源管理正经历着一场深刻的变革。民宿行业作为酒店业的重要组成部分，其人力资源管理的数字化转型显得尤为重要。首先，本章介绍了人力资源管理（HRM）的基本概念，以及数字化人力资源管理（Digital HRM）如何利用先进技术，如云计算、大数据分析等，来提升HRM 的效率。民宿数字化人力资源管理特别强调了利用信息技术和数字化工具来优化人力资源流程，包括员工招聘、培训、绩效管理等。其次，文中分析了民宿数字化人力资源管理的特征，包括多元化、智能化、精准化和定制化。这些特征反映了民宿行业在适应新时代挑战时的灵活性和创新性。例如，智能化技术的应用使得民宿能够实时追踪员工表现，而精准化的人力资源管理则体现在选人、用人、育人、留人等环节的精细化管理。此外，本章还讨论了数字化技术在提升工作效率、服务质量方面的作用。通过数字化技术，民宿能够简化管理流程、降低成本，同时提高服务质量，更好地满足客户需求。在员工招聘与管理方面，本章详细介绍了数字化员工招聘的流程，包括岗位需求分析、招聘信息发布、简历筛选、面试评估以及发放录用通知等步骤。同时，对比了内部招聘与外部招聘的优缺点，并提出了根据不同情况选择适当招聘策略的建议。最后，本章通过案例分析，展示了数字化人力资源管理在实际应用中的优势，如旅悦集团的“为村花筑”项目，以及景咖美宿的数字化绩效管理实践，这些案例进一步证实了数字化转型对于提升民宿竞争力的重要性。

综上所述，民宿行业的数字化人力资源管理是行业发展的必然趋势，它不仅能够提高管理效率、降低成本，还能提升服务质量，增强民宿的市场竞争力。通过本章的学习，读者可以全面了解数字化人力资源管理的概念、特征、作用以及实施方法，为实际工作中的人力资源管理提供指导和参考。

【思考与练习】

1. 民宿数字化人力资源管理指什么？
2. 民宿数字化绩效管理指什么？
3. 民宿内部招聘和外部招聘各有什么优缺点？
4. 试概述民宿培训的内容与方法。

【案例分析】

Z 世代民宿房东——高学历的斜杠青年

民宿业逐渐成为青年才俊的聚集地，尤其是Z世代群体在其中表现尤为突出。根据途家平台 2023 年上半年的统计数据，新增房东中Z世代房东占比高达七成，相较于 2019 年增长了五成。这一增长趋势在民宿产业复苏后越发明显，使得民宿行业成为Z世代年轻人就业的新热门选择。

这些年轻的房东普遍拥有高学历背景，其中本科及以上学历占比达到 50.1%，硕士研究生学历占比 3.84%。他们不仅在学历上有着明显的优势，还因为多元化的爱好、强烈的社交需求以及作为互联网原住民的身份，在行业中具备独特的优势。他们更能适应年轻化的客户群体，从而在激烈的竞争中脱颖而出。

“95 后”群体投身民宿行业的现象，进一步印证了民宿行业的蓬勃发展。随着民宿需求的不断攀升，今年上半年民宿市场呈现出繁荣景象，与民宿紧密相关的职业，如民宿管家，也备受瞩目。据东信营销集团董事长兼 CEO 刘杨透露，今年民宿行业直接或间接创造的就业机会预计将达到百万个。这一数字不仅反映了民宿行业的快速发展，也展现了Z世代年轻人在行业中的重要作用。

除了开设民宿外，民宿管家也已成为备受瞩目的新兴职业。在招聘平台上，2023 年开工一周内，酒店和民宿行业的投身人数同比增长最为显著，增长率超过七成。这一趋势反映出酒旅市场消费需求的增长以及行业自身的发展需求。正是这些因素激发了“95 后”们积极投身民宿行业的热情，他们不再满足于被动地接受诗和远方的概念，而是乐于亲自创造属于自己的诗和远方。

随着民宿房东的年轻化，民宿行业也迎来了新的活力和动力。这些年轻房东们凭借高学历背景、多元化的爱好和强烈的社交需求，为民宿行业注入了新的活力和创意。他们不仅能够更好地适应年轻化的客户群体，还能够利用自己的优势在激烈的竞争中脱颖而出。同时，他们的加入也为民宿行业带来了更多的创新和发展机会，推动了整个行业的进步和发展。

问题：

1. 请结合案例回答，民宿管理队伍的年轻化、高学历化，能给民宿数字化运营人力资源管理带来哪些好处？

2. Z 世代民宿房东正在崛起，大量的毕业生加入民宿行业，如果你是一位民宿房东，你该如何排兵布阵呢？

第八章　民宿数字化运营安全管理

【本章导读】

2021年8月，邹某通过平台公司A预订了B公司经营的民宿大床房两晚，并向平台缴纳预订房间的保证金1976元。邹某入住民宿后，当夜突降暴雨，导致其客房积水严重，随身物品等被水淹没，其中包括价值2万余元的单反相机和镜头等。邹某认为，事发时曾主动拨打民宿前台电话寻求救援，但对方并未拨打119或120进行救助。事后虽承诺要赔偿相机损失，但至今未实现。因此邹某将平台公司A和B公司一并诉至法院，并要求A公司承担B公司的连带责任……旅游活动中“食、住、行、游、购、娱”等各环节的消费安全，一直备受关注，且旅游活动中的安全问题更是时有发生，给游客的财产乃至生命造成威胁，旅游住宿业也不例外。我国民宿行业虽起步较晚，但发展迅速，特别是2023年以来，民宿再次出现“大爆发”的增长态势。有报道称，截止到2023年10月底，全国民宿相关企业数量合计达到22.3万家。低起点、高速度的发展必然会出现各类问题，安全问题更是难以避免，特别是数字经济时代，安全问题类型更多、更复杂，尤其是信息安全更为突出。本章针对数字经济时代民宿企业在生产和运营活动中突出的信息、设备、食品、环境等常见的安全管理问题进行探讨，以警钟长鸣。

【学习要点】

1. 旅游安全、旅游住宿业安全、民宿运营安全管理、民宿数字化运营安全管理等相关概念，民宿运营中安全事故类型及发生原因。

2. 我国民宿数字化运营中出现事故的危害和安全管理的特点。

3. 我国民宿数字化运营安全管理的相关政策、法规。

4. 民宿数字化运营安全管理策略的相关内容。

5. 通过实践案例掌握民宿企业在生产和运营活动中信息、设备、食品、环境等领域常见安全问题的管理措施。

第一节　民宿数字化运营安全管理概述

一、民宿数字化运营安全管理相关概念

（一）旅游安全

民宿属于旅游住宿接待业，含在旅游安全管理之列。何谓旅游安全，学者们通常从广义和狭义两个方面去认知。广义的旅游安全指旅游现象中一切安全现象的总称。它既包括旅游活动中各相关主体的安全现象，也包括人类活动中与旅游现象相关的安全事态和社会现象中与旅游活动相关的安全现象。狭义的旅游安全通常是指旅游活动中各相关主体及对象的一切安全现象的总称。它包括旅游活动各环节中的安全现象，也包括旅游活动中涉及人、信息、设备、食品、环境、资源等相关主体及对象的安全。

（二）旅游住宿业安全

旅游住宿业安全应在旅游安全的总框架下阐述，一般是指在住宿设施（饭店、酒店、民宿和其他各类住宿接待设施）所控制的范围内，前来消费宾客的人身、财产以及从业员工没有危险、没有威胁、没有事故。

旅游住宿业安全包含的范围很广很细：第一，旅游住宿业安全不仅仅针对前往住宿设施内消费宾客的安全，还应包括住宿设施内管理和服务员工的安全；第二，旅游住宿业安全范畴不仅仅针对消费者和员工的人身和财产而言，还包括心理安全；第三，旅游住宿业安全对象不仅仅针对人、财、物而言，还包括信息、设备、环境、资源、食品卫生等诸多方面。

（三）民宿运营安全管理

从民宿运营管理和旅游住宿业安全等概念的内涵出发，本章将民宿运营安全管理定义为：民宿企业从市场需求出发，为实现其经营目标和宗旨，在运营管理中为保障前来住宿和休闲娱乐等的各相关主体及对象的安全所制定的一系列规章、制度和条例，以及所采取的预警、控制、救援等安全管理措施，确保民宿企业经营目标顺利实现的所有工作。

（四）民宿数字化运营安全管理

民宿数字化运营安全管理是指采用大数据、云计算等数字化技术，通过更智慧、更高效、更快捷的管理技术和设备，实现安全性更高的民宿运营安全管理模式。

二、民宿运营中安全事故类型及发生原因

（一）消费者人身和财产遇险

近几年，消费者在民宿旅游过程中人身、财产安全受到损害的投诉集中表现为：携带的物品在房间被盗或因其他原因造成了损坏；不洁餐饮引起的肠胃不适或食物中毒；一些乡村民宿经营者店大欺客、价格不透明、随意加价等原因造成消费预算和实际消费支出之间的财产损失，影响心情；民宿旅游消费者对自己居住的民宿和周边旅游活动场所的安全隐患不了解；还有在消费环节中由于信息泄露造成的财产被其他方式骗走的现象。

（二）消费者隐私泄露风险

虽然各级政府和相关管理部门对民宿经营者下发了许多相关管理制度和法规，但在现实中，民宿行业完全对标《旅游民宿基本要求与等级划分》进行实际经营的商家数量较少。部分民宿还是没有建立起科学的客户信息管理制度，对入住客人缺乏严格的身份验证措施，或身份鉴别不严；另外，未经允许擅自使用客人的照片或信息等现象时有发生，客人信息泄露的风险较大。更有甚者，采用不当手段窥视客人隐私。相较于财产安全、信息安全，隐私安全有时更显重要。

2018 年 11 月和 2020 年 3 月，万豪集团曾发生两次酒店用户信息泄露事件，负面影响很大，不仅自身经济损失巨大，而且对客户造成了很大伤害。

（三）民宿设施设备故障隐患

我国民宿中，乡村民宿所占比重最大，早期的一些乡村民宿是砖木、竹木结构建筑，耐火等级低，加之村民安全用电用气意识不强，存在电、气火灾风险。还有一些房屋，设施老旧，年久失修，使用时间已经到达或超过了建筑寿命，简单装修后就用于民宿经营，安全隐患也很大。尽管各级政府和管理部门对民宿建筑和设施设备安全管理有相关制度要求，但民宿通常由私人经营，安全标准执行往往不够重视，消防设施等安全设备配备不足，管理不善，关键通道没有紧急出口和疏散指示，没有进行有效的应急预案制定。这些管理漏洞也会导致安全问题的发生。近几年各级政府和相关管理部门加强

了管理和监督，这些现象有所好转。

（四）食品卫生安全事故

乡村民宿经营者大多数没有经过食品卫生类相关专业培训，食品卫生安全意识不强，没有严格履行食材、原料进货查验、索票索证和食品留样制度，导致原料难以溯源。有的还使用三无产品、未经检验检疫食品。还有的食材保管不当，过期使用。餐具清洁消毒不到位等现象也时有发生。

（五）环境资源遭受破坏

民宿多数位于居民区或农村社区，经营中可能存在环境噪声和污染等问题。一些民宿经营者不注意垃圾分类和垃圾处理，排污系统建设简陋或者建而不用，导致土壤、河流等环境污染。还有一些民宿在改建扩建中随意占用耕地、湿地，出现砍伐林木等破坏环境资源的行为。

（六）服务产品质量不稳定

民宿经营者受教育程度不一，且大部分没有经过系统的相关业务培训和考核，服务产品质量参差不齐。一些民宿经营者可能没有意识到提高服务质量的重要性，从而忽视在服务上的投入，出现服务产品质量问题。消费者购买的产品价不符实，往往投诉无门，证据难取，消费风险较大。

（七）民宿从业人员人身和财产遇险

民宿大部分为自主经营，基本上就是个体工商户，民宿内工作人员不多。有些单体民宿地处偏远的农村，治安保障力量受限制，因此比较容易遭受不法分子的突然袭击，人身和财产出现危险性比较大。

三、民宿数字化运营安全事故的危害

（一）事故影响面广

现代民宿消费者在购买民宿产品时不仅仅是购买住宿用的房间，更多是寻找一种新的有别于常住地的生活方式，这除了与旅游直接关联的要素“食、住、行、游、购、娱”密切相关，还有诸如亲子教育、医疗康养、体育健身、追踪寻觅等更多的消费需求，故安全问题隐患多，许多事故具有突发性和不可预见性。在数字化时代，信息传播不仅快速，而且面广，一旦出现安全事故，瞬间将会扩散，如果处理不当还可能持续发酵，对涉事企业和所在地区均会造成巨大的负面影响。

（二）救助相对困难

我国大部分民宿坐落地要么“上山”，要么“下乡”，环境相对偏僻，道路交通往往不够通畅，应急救治队伍体系建设不完备，社会治安力量相对不足，一旦发生险恶事故往往难以快速应对。

（三）区域形象受损

民宿消费市场所谓的“房源有假，入住规则有坑，隐私安全有险，交易公平缺失，安全保障阙如”等不良议论网络传播很快，直接影响的就是客源市场信心。对民宿行业而言，发展中暴露的上述问题，对民宿提升信誉、建立品牌影响很大，甚至影响到民宿所在地区文化和旅游等相关行业的发展，对事故发生地的产业发展环境也会产生诸多不良影响。

（四）市场接受度下降

民宿市场消费者在购买民宿产品时，首要关注的往往是安全问题。民宿行业快速发展暴露出来的安全问题，不仅会给涉事民宿企业造成直接的经济影响，而且会给民宿所在地区的政府治理能力和区域形象带来负面评价。虽然国家和各地方政府及相关管理部门都有政策性管理规范文件约束民宿经营行为，但一些民宿主并未认真贯彻执行，存有侥幸心理。其实，民宿属非标酒店，民宿违法行为仍然会受到民法典及消费者权益保护法等若干法律和规范文件的制约。

四、民宿数字化运营安全管理的特点

（一）政策性

我国民宿产业在发展过程中，从中央到地方政府，各级管理部门都出台了很多相关的政策法规、指导性意见和管理措施，涉及民宿建设、信息管理、消防管理、治安管理、食品卫生管理等各个方面，民宿运营安全管理中必须坚决执行。

（二）服务性

民宿企业提供的是服务型产品，而要保证产品质量必须关注顾客满意度指标。客人购买和消费民宿产品往往是一种情感的寄托，心情十分放松，因此在进行安全管理时不能破坏服务氛围，要让客人在轻松愉快的气氛中接受安全提醒和教育，将安全管理做成安全服务，提高顾客的满意度。

（三）多样性

民宿在运营中既要保障客人的人身安全、财产安全和心理安全，又要保障员工的人身安全、财产安全和心理安全；既要保障民宿的建筑与设施设备安全，防止火灾、水灾，又要防范客人逃账、维持饭店正常的经营秩序；还要保障民宿的网络安全，防止黑客入侵，防止病毒感染等，方方面面，类型多样。

（四）复杂性

民宿企业虽然岗位不多，但用工随意性大，招工时间不确定，异地用工经常出现。另外，民宿消费者构成也相对复杂，消费活动相对私密，活动范围相对比较广阔。这些也都增加了安全管理的难度。

第二节　我国民宿数字化运营安全管理的政策法规

《中华人民共和国安全生产法》（2021 年 9 月 1 日起施行）总则第三条要求，安全生产工作在中国共产党的领导下，应当以人为本，坚持人民至上、生命至上，把保护人民生命安全摆在首位，树牢安全发展理念，坚持安全第一、预防为主、综合治理的方针，从源头上防范化解重大安全风险。同时要求，安全生产工作实行管行业必须管安全、管业务必须管安全、管生产经营必须管安全，强化和落实生产经营单位主体责任与政府监管责任，建立生产经营单位负责、职工参与、政府监管、行业自律和社会监督的机制。

我国经过不断实践探索，积累了丰富的经验，建立了一套相对完备的政策、措施和制度体系，出台的一些法律、法规对安全生产经营活动也形成约束力，可谓成绩斐然。

一、我国民宿主要行政管理组织及其相关安全管理职能

我国涉及民宿行业工作的行政管理组织主要有：中华人民共和国文化和旅游部、中华人民共和国商务部、中华人民共和国住房和城乡建设部、中华人民共和国公安部、中华人民共和国国家卫生健康委员会、中华人民共和国生态环境部、中华人民共和国国家

市场监督管理总局、中华人民共和国国家消防救援局等。

本着管行业必须管安全、管业务必须管安全的法规精神，上述组织的工作职责中都有关于民宿运营安全管理的相关内容。例如：中华人民共和国文化和旅游部以及各省（市）、市（区）、县（市）等文化和旅游局与民宿行业密切相关的职能有：贯彻落实党的文化工作方针政策，研究拟订行业政策措施、法律法规草案；推进行业信息化、标准化建设；指导行业市场发展，对市场经营进行行业监管，推进信用体系建设；依法规范民宿市场经营活动，维护市场秩序，监管市场服务质量，指导服务质量提升等。在《旅游民宿基本要求与等级划分》中关于安全管理的直接条款就有 30 余条。

中华人民共和国商务部作为商贸行业主管部门，承担商务服务业（含餐饮业、住宿业等生活服务业）的行业管理工作。住宿业和餐饮业及部分娱乐业的主管部门都是商务部门。商务部的职责中就有：牵头有关部门统筹推进旅游民宿安全生产工作，督促指导旅游民宿市场主体学习和贯彻落实安全生产法等有关安全生产法律法规。

中华人民共和国住房和城乡建设部主要职能中第七条里与民宿经营密切相关的市政公用设施建设、安全和应急管理，第八条承担规范村镇建设、指导全国村镇建设的责任，第九条承担建筑工程质量安全监管的责任等也都与民宿安全生产与管理工作密切相关。

中华人民共和国公安部和各省（市）、市（区）、县（市）公安局以及所属派出所，主要对旅游民宿市场主体治安工作负监管责任。其主要职能与民宿安全生产经营活动直接相联系：第一，起草有关法律法规草案，指导、监督、检查全国民宿旅游市场治安工作。第二，各地方公安机关依法查处危害社会治安秩序的各种行为。第三，处置民宿经营活动中的重大案件、治安事故和骚乱，打击恐怖活动。第四，承担消防、保障道路交通安全和交通秩序以及机动车辆、驾驶员管理等工作。第五，负责群众性治安保卫组织的治安防范工作和公共信息网络的安全监察工作。

中华人民共和国国家卫生健康委员会以及各省（市）、市（区）、县（市）卫生健康部门对旅游民宿市场的主体卫生和传染病预防工作负监管责任。具体职责是以国民健康政策为指导，以卫生健康事业发展法律法规、政策为依据，统筹规划卫生健康资源配置，指导、监督民宿企业在生产经营活动中严格执行国家卫生健康标准和疾病防御要求；组织开展食品、饮用水卫生和安全风险监测评估，依法制定并公布和实施食品安全标准；另外，对民宿环境卫生、室内外场所卫生等公共卫生区域实施监督管理，预防和控制传染病的发生和传播。

中华人民共和国生态环境部与民宿安全生产密切相关的职能有：依法、依规对旅游民宿经营活动中所关联的生态环境资源的安全工作负责监管。具体而言，负责环境污染防治的监督管理，查处和打击破坏生态环境的行为，监督野生动植物保护、湿地生态环境保护、节能减排检查、实施生态环境宣传教育工作等。

中华人民共和国国家市场监督管理总局负责全国的市场综合监督管理，与民宿市场主体的安全经营活动密切相关，最直接的主要是有无执照经营检查、相关的食品安全和特种设备安全检查，对产品质量、价格收费、诚信制度建设等承担监管责任。

中华人民共和国国家消防救援局及各省（市）、市（区）、县（市）消防救援局对民宿市场主体的消防安全工作负监管责任。

其他管理部门都有相应的职责，也都制定、实施了民宿运营中安全生产的相关政策、意见或措施，在此不再赘述。

二、我国民宿运营安全管理的相关政策措施

依照《中华人民共和国安全生产法》，强化和落实生产经营单位主体责任与政府监管责任等。近年来，我国各级行政管理组织对民宿生产和经营活动相继出台了诸多政策措施，一些行业组织也有配套的制度、办法，对民宿行业健康发展切实起到了指导、引导和监督作用。以下列举一些国家和地方部分省、自治区、直辖市及其下属组织机构发布的政策、措施中对民宿安全生产经营活动实施监管的条款。

（1）中华人民共和国文化和旅游部发布的《旅游民宿基本要求与等级划分》（GB/T 41648–2022）已于 2023 年 2 月 1 日实施，归口全国旅游标准化技术委员会。其中关于民宿生产和安全管理的直接条款有：5.3~5.14、7.1.8~7.1.11、7.2.5、7.2.7~7.2.15、8.1.1~8.1.5、8.1.11~8.1.12、8.2.8~8.2.10 等，如 8.2.8 提供安全提醒服务，8.2.9 提供医疗服务信息，8.2.10 为宾客购买公众责任险以及相关险种等。另外，还列出了“生活饮用水卫生标准”等 8 个安全标准类规范性引用文件。

（2）中华人民共和国商务部发布的《餐饮业经营管理办法》修订草案征求意见稿（2023）中，多项条款直指安全管理工作。例如：第五条，餐饮服务经营者应当严格按照法律、法规和规章的有关规定从事经营活动，建立健全各项制度，积极贯彻国家和行业有关经营管理、产品、服务等方面的标准。第十五条，餐饮服务经营者应落实法律法规要求，加强污染防治，做好环境保护、食品安全、公共卫生安全等相关工作。第十九条，国家鼓励餐饮服务经营者进行数字化升级改造，提升数字化经营能力，加快线上线下融合发展。第二十五条，餐饮服务经营者应当依据《中华人民共和国安全生产法》等有关法律法规建立健全突发事件应急预案、应对机制，明确职责分工，落实责任。发生突发事件时，应当立即启动应急处理工作程序并及时向政府有关部门报告事件情况及处理结果。

（3）2023 年 11 月 2 日，上海市农业农村委员会牵头 12 家单位，印发了《关于推

动上海乡村民宿高质量发展的若干措施》(沪农委规〔2023〕14号)，该措施是继《上海市人民政府办公厅印发〈关于进一步促进上海乡村民宿健康发展的指导意见〉的通知》精神后进一步推动上海市乡村民宿高质量发展的又一重要举措，其中大部分条款明示民宿的安全生产经营目标，并指定相关责任部门落实。措施第一条中指出："对于存在食品安全、消防安全、房屋结构安全等重大隐患的乡村民宿，由各相关部门按照职能，依法依规处理。"第三条指出："完善住宿治安管理制度。进一步落实乡村民宿住宿旅客实名登记管理制度，实现乡村民宿住宿旅客实名登记全覆盖。各涉农区要指导乡村民宿经营主体通过相关渠道及时向公安部门报送住宿人员信息。"第四条要求："落实房屋质量安全要求。各涉农区对乡村民宿落实房屋质量安全的监管责任，确保所用房屋安全……对于自建房转为乡村民宿经营用途的，产权人或使用人在办理相关经营许可、开展经营活动前，应当依法依规取得房屋安全鉴定合格证明。"第五条提出："提升全程服务监管水平。制定上海乡村民宿监管执法清单，公开监管执法事项，实行跨部门联合监管，提高执法质效。"第六条强调："开展集中联合执法检查。各涉农区要进一步加强区域范围内乡村民宿治安安全、消防安全、房屋结构安全、食品经营、公共场所卫生、生态环境、排污纳管等方面执法检查。明确联合执法牵头部门，建立联合执法工作机制，合理确定执法检查频次。"

（4）四川省雅安市文化体育和旅游局2023年8月1日下发了《雅安市旅游民宿管理办法（2023年）（试行）》，该办法自2023年9月1日起施行，有效期2年。其中关于安全管理的条款有：第五条，旅游民宿经营者应当自觉遵守法律法规和村规民约，尊重当地民俗，维护环境卫生，创建主客共享、文明和谐的旅游环境。第六条，旅游民宿选址应当符合所在辖区的国土空间规划，并应当避开易发山洪、泥石流等自然灾害的高风险区域。第七条，旅游民宿建筑应当符合国家有关房屋质量安全的标准和要求。危险房屋不得用于民宿建筑。第九条，旅游民宿接待住宿，应当逐一查验旅客的身份证件，如实登记旅客的姓名、住址、身份证件种类和号码等身份信息以及入住、退房时间，并实时录入旅馆业治安管理信息系统，传报公安机关。严格落实接待未成年人入住"五必须"相关规定。旅游民宿应当配备必要的防盗设施，客房的门、窗符合防盗要求。配备必要的视频监控等安全技术防范设施，并保证安全技术防范设施在营业期间正常运行。监控录像资料应当留存30日以上备查。第十条，旅游民宿污水禁止在饮用水源保护区内排放，不得将未达标的废水排入自然水体和洼地。可依法依规接入公共污水管网，亦可自建污水处理设施，达标后排放或资源化利用。旅游民宿内部实行雨污分流，禁止雨水排入污水管网。提供餐饮服务的民宿应当落实污染防治的各项要求，保持周边环境整洁，生活垃圾应当分类投放、收集，每日处理和转运。旅游民宿应当符合当地环境保护有关规定与要求，推进节能减排，实施绿色低碳发展。不得在饮用水水源保护区、自然保护区核心区、风景名胜区核心区和其他禁止准入区范围内经营。第十一条，旅游民宿应当有严格的卫生防疫防控工作措施，防止传染病传播与流行。服务人员应当持有效健康证明。第十七条，旅游民宿经营管理应当符合治安、消防、卫生、建筑、环境保护、食品安全等相关规定。第十八条，旅游民宿经营者应当依照《中华人民共和国治安管理处罚法》《旅馆业治安管理办法》《四川省旅馆业治安管理办法》等法律法规，履行入住人员信息查验登记责任，如实登记入住人员身份证件信息并及时传报公安机关，不得接受无合法有效身份证明的人入住。第十九条，旅游民宿经营者应当建立安全管理责任制，设立安全管理责任人，制定突发性公共事件应急预案，切实保护消费者的人身、财产安全。第二十条，旅游民宿兼营食品销售和餐饮服务的，应当遵守食品安全相关法律、法规、规章以及食品安全相关标准的规定，规范经营，保证食品安全。第二十二条，旅游民宿不得销售国家明令禁止的商品或者经营国家明令禁止的服务项目，不得设置侵犯消费者隐私的设备，不得擅自使用旅游民宿等级标志，不得从事法律、法规、规章以及行政规范性文件禁止的其他行为。上述条款从方方面面阐述了民宿生产和运营活动中必须履行的安全责任和义务及履行责任人，并且每条后均指定了相关责任部门落实。

（5）大理白族自治州人民政府 2023 年 11 月 13 日发布了《大理州酒店与民宿规范发展的指导意见（2023 年）（试行）》，意见从总体要求、主要任务、保障措施三个方面做了具体要求。在主要任务 12 条中，与安全管理密切相关的条款有：“（2）加强房屋建设管理；（3）加强房屋安全管理；（4）加强生态环境保护；（5）加强消防安全管理；（6）加强治安管理；（7）加强卫生监管；（8）规范开办经营；（9）规范在线经营；（12）加强诚信建设。”其中第 6 条要求酒店与民宿应落实治安管理相关规定，安装使用云南省旅馆业治安信息智能管理系统，推广使用大理州酒店住宿业数字监管服务平台；第 9 条要求不得允许证照不全的酒店与民宿通过在线平台从事相关经营活动，广告宣传必须真实、合法；第 12 条要求酒店与民宿经营单位在价格实施前 5 日主动将基本信息、客房价格等情况向当地价格管理部门和行业管理部门报备，规范明码标价行为，突出了数字化信息管理的要求。

以上组织机构发布的政策、措施中，多数条款要求与公安机关联网执行。一些管理手段如视频监控、安装治安信息智能管理系统、采用数字监管服务平台等都体现了数字化、信息化、智能化技术应用在民宿安全运营管理中的必要性和趋势。

三、我国民宿运营安全管理的相关法律法规

我国民宿起步晚，虽说目前尚没有专门的法律法规约束民宿经营者和消费者的违法

行为，但现有的许多法律法规对生产经营者的安全生产和运营活动有相应的约束条款，同样适用于民宿生产经营者和旅游者的违法行为处理。

（一）《中华人民共和国民法典》

中华人民共和国《民法典》于2020年5月28日由第十三届全国人民代表大会第三次会议通过，2020年5月28日由中华人民共和国主席令第45号公布，自2021年1月1日起施行。《中华人民共和国民法典》的出台，使我国民事法律的基本方面以一部法律的形式完整地展现出来，协调了各领域民事法律制度的关系，优化了民法的体系结构，为消费者权益保护提供了更有力的基础法律支撑，同时为生产经营者安全生产和运营活动明确了行为规范。

《中华人民共和国民法典》第一编总则第一章基本规定中第三条明确，民事主体的人身权利、财产权利以及其他合法权益受法律保护，任何组织或者个人不得侵犯。第五章民事权利第一百一十一条明确，自然人的个人信息受法律保护。任何组织或者个人需要获取他人个人信息的，应当依法取得并确保信息安全，不得非法收集、使用、加工、传输他人个人信息，不得非法买卖、提供或者公开他人个人信息。

《中华人民共和国民法典》第三编合同第一分编第二章第四百九十六条规定，格式条款是当事人为了重复使用而预先拟定，并在订立合同时未与对方协商的条款。提供格式条款的一方未履行提示或者说明义务，致使对方没有注意或者理解与其有重大利害关系的条款的，对方可以主张该条款不成为合同的内容。第三章合同的效力第五百零六条规定，合同中的下列免责条款无效：（一）造成对方人身损害的；（二）因故意或者重大过失造成对方财产损失的。

《中华人民共和国民法典》第四编人格权第一章第九百九十六条规定，因当事人一方的违约行为，损害对方人格权并造成严重精神损害，受损害方选择请求其承担违约责任的，不影响受损害方请求精神损害赔偿。此条款的增加，不仅扩大了精神损害赔偿的适用范围，而且更有利于对消费者生命健康权的保护。第六章第一千零三十二条明确了自然人享有隐私权。任何组织或者个人不得以刺探、侵扰、泄露、公开等方式侵害他人的隐私权。且规定了隐私的范围，即自然人的私人生活安宁和不愿为他人知晓的私密空间、私密活动、私密信息。第一千零三十四条规定，自然人的个人信息受法律保护。第一千零三十五条规定，处理个人信息的，应当遵循合法、正当、必要的原则，不得过度处理。

《中华人民共和国民法典》第七编侵权责任第一章第一千一百六十六条规定，行为人造成他人民事权益损害，不论行为人有无过错，法律规定应当承担侵权责任的，依照其规定。第三章第一千一百九十八条规定，宾馆、商场、银行、车站、机场、体育场馆、娱乐场所等经营场所、公共商场的经营者、管理者或者群众性活动的组织者，未尽到安全保障义务，造成他人损害的，应当承担侵权责任。因第三人的行为造成他人损害的，由第三人承担侵权责任；经营者、管理者或者组织者未尽到安全保障义务的，承担相应的补充责任。经营者、管理者或者组织者承担补充责任后，可以向第三人追偿。第四章第一千二百零二条规定，因产品存在缺陷造成他人损害的，生产者应当承担侵权责任。第一千二百零七条规定，明知产品存在缺陷仍然生产、销售，或者没有依据前条规定采取有效补救措施，造成他人死亡或者健康严重损害的，被侵权人有权请求相应的惩罚性赔偿。第七章第一千二百三十四条规定，违反国家规定造成生态环境损害，生态环境能够修复的，国家规定的机关或者法律规定的组织有权请求侵权人在合理期限内承担修复责任。侵权人在期间内未修复的，国家规定的机关或者法律规定的组织可以自行或者委托他人进行修复，所需费用由侵权人负担。

（二）中华人民共和国《消费者权益保护法》

《消费者权益保护法》的立法宗旨即为保护消费者的合法权益，维护社会经济秩序，促进社会主义市场经济健康发展，是保护为生活消费需要购买、使用商品或者接受服务的消费者合法权益不受侵害。现行对消费者权益保护有多部法律法规，如《消费者权益保护法》《食品安全法》《产品质量法》《旅游法》《广告法》《商标法》《反不正当竞争法》《反垄断法》等。

《消费者权益保护法》第二章消费者的权利规定了消费者享有安全保障权、知情权、选择权、公平交易权、获得赔偿权、成立维权组织权、获得知识权、受尊重权及个人信息得到保护权、监督权等基本权利；第三章经营者的义务规定了经营者履行法定义务和约定义务，听取意见、接受监督的义务，安全保障义务，对存在缺陷的产品和服务及时采取措施的义务，提供真实、全面信息的义务，标明真实名称和标记的义务，出具发票、凭证和单据的义务，瑕疵担保义务、瑕疵举证责任，退货、更换、修理的“三包”义务，无理由退货制度，正确使用格式条款的义务，不得侵犯人格尊严和人身自由的义务，特定领域经营者的信息披露义务，保护消费者个人信息的义务等。

（三）中华人民共和国《旅游法》

中华人民共和国《旅游法》第六章即旅游安全，明确要求旅游经营者重视旅游安全经营和管理的条款主要有第七十九条，即旅游经营者应当严格执行安全生产管理和消防安全管理的法律、法规和国家标准、行业标准，具备相应的安全生产条件，制定旅游者安全保护制度和应急预案。旅游经营者应当对直接为旅游者提供服务的从业人员开展经常性应急救急技能培训，对其提供的产品和服务进行安全检验、监测和评估，采取必要的措施防止危害发生。第八十条要求，旅游经营者应当就旅游活动中的下列事项，以明示的方式事先向旅游者做出说明或者警示：（一）正确使用相关设施、设备的方法；（二）必要的安全防范和应急措施；（三）未向旅游者开放的经营、服务场所和设施、设备；（四）不适宜参加相关活动的群体；（五）可能危及旅游者人身、财产安全的其他情形。第八十一条要求，突发事件或者旅游安全事故发生后，旅游经营者应当立即采取必要的救助和处置措施，依法履行报告义务，并对旅游者做出妥善安排。第八十二条要求，旅游者在人身、财产安全遇有危险时，有权请求旅游经营者、当地政府和相关机构进行及时救助。这些都适用民宿运营安全管理。

以上条款从不同方面体现了法律法规对生产经营活动的基本规定和要求，各级各部门下发的政策性指导意见和管理措施都是在相关法律的框架下制定和实施的。

第三节　民宿数字化运营安全管理策略

民宿数字化运营安全管理必须遵照我国现有的法律法规开展工作。制度的制定必须以中华人民共和国《安全生产法》为指导，遵守各级行政主管部门和行业主管部门制定的政策、措施和建议，策略的实施必须切实可行，并自觉接受相关管理组织、机构和消费者监督。

一、建立安全管理的制度体系

（一）民宿安全管理及安全管理制度的概念

安全管理是企业生产管理的重要组成部分，是企业实施安全管理规划、指导、检查和决策的过程，同时又是保证生产经营处于最佳安全状态的根本环节，是一种动态管理。安全管理制度则是为了解决和消除各种不安全因素，防止事故的发生而制定的法规法则。安全管理制度可繁可简，可根据企业安全管理的实际需要而定。

民宿安全管理是民宿企业运营管理的重要组成部分，是民宿企业实施安全管理规划、指导、检查和决策的过程。在民宿生产运营管理过程中，必须重视安全管理，提前预防事故的发生，保障生产绩效目标顺利实现，并以此树立和提高民宿企业的外部形象，保持现有客源市场并争取潜在的客源市场。

民宿安全管理制度体系则是指为了解决和消除民宿运营中相关方面不安全因素而制定的法规法则。安全管理对民宿企业生产和运营管理有着重要的作用。

（二）安全管理制度在民宿安全管理中的作用

以制度的形式，明确民宿企业各部门、各级各类人员的安全职责范围，可以使全体从业人员知道自身的岗位和职责，避免相互推诿，实现各在其位、各司其职、各负其责的管理目标。此外，安全制度的建立，也可督促相关业务人员提高操作水平和技能，避免因不规范操作而导致事故的发生。

（三）民宿制定安全管理制度的原则

1. 体现“以人为本，人民至上，生命至上”的思想

安全管理制度的建立首先应当体现“以人为本，人民至上，生命至上，把保护人民生命安全摆在首位”的原则。民宿生产运营涉及食、住、行、游、购、娱等各个方面，涉及人员多，工作程序繁杂，为了实现安全运营，保护消费者安全，制度设计必须做到精练精简，易于理解，操作性强。同时，各岗位负责安全工作的管理者和员工必须责任明晰，职责分明。执行制度面前人人平等，考核过程一视同仁。

2. 坚持“安全第一、预防为主、综合治理”的总方针

“树牢安全发展理念，坚持安全第一、预防为主、综合治理的总方针，从源头上防范化解重大安全风险”是安全管理制度建立的另一重要思想。民宿行业有着自己的产生背景和行业特点，安全管理制度的制定务必围绕总方针同时结合民宿生产运营所需的设施设备、服务要求、人员结构、产品性质等的特点，制定出切合民宿生产运营实际的安全管理制度。

3. 安全管理制度应严谨，绝不能模棱两可

安全管理制度制定的目的是约束相关人员的安全行为，规范工作的程序，故务必要做到科学、严谨，经得住推敲，经得住实践和时间的检验。安全管理制度内容的表述要准确，绝不能这样也可以，那样也行，这是制度能严格执行的前提条件，避免在执行中出现偏差。

（四）民宿实施安全管理制度的要求

1. 有的放矢，教育为先

制度制定出来，不能束之高阁，一定得让员工学习、理解，并在此基础上不折不扣地执行。民宿安全管理制度制定之后，为了让民宿企业员工理解和认同，必须对制度加以宣传和贯彻。为了实现宣贯效果，需要在方法和形式上下功夫。可以将安全知识的教育融入考核过程中，也可以通过案例教学、模拟教学的方式开展教育和宣贯工作。安全管理制度的贯彻可以形式多样，但需注重形式和内容的统一。

2. 奖罚分明，奖罚及时

安全管理制度实施时应做到奖罚分明、奖罚及时。安全绩效考核一定要严禁奖罚失衡、时效滞后、避重就轻、考核不公和尺度不一。民宿企业对于从业人员中执行安全制度优秀者应及时奖励，差者应加以惩罚，严重的甚至严惩，以观后效，“警钟长鸣”是企业安全管理工作的第一要务。

3. 严格执行，柔性实施

民宿安全管理制度下发之后，务必严格执行。坚决杜绝“三天打鱼，两天晒网”的行为，坚决反对今天严格、明天松懈，这边严格、那边松懈的做法，更不能“搞运动式”贯彻推行。要将制度进行固化，并在执行上做到各部门、各岗位标准一致。另外，建议在实施时和企业文化建设相结合，形成良好的企业安全文化氛围。

4. 与时俱进，及时更新

随着时间的推移，民宿企业经营内外环境都可能发生变化，相应的安全管理制度也可能会出现过时或不适应企业未来发展的状况。因此，民宿安全管理制度一定要及时更新、与时俱进，适应民宿企业发展新需要。民宿安全管理制度一旦不适应本行业发展需要，或出现与国家新的安全管理制度不相符时，务必进行及时的修订和完善。

民宿企业有责任和义务贯彻执行国家对生产经营性企业制定的安全管理法律法规和规章制度，建立安全生产秩序。涉及产业链上企业的要督促链上企业安全生产和运营。激励民宿员工自觉遵守国家安全生产经营相关法律法规和企业运作安全制度条例，营造安全有序的经营环境。

二、构建智能化安全管理信息系统

（一）民宿运营安全管理信息系统的概念

民宿运营安全管理信息系统是指为保障民宿消费宾客的安全，政府构建的全面协调综合管理信息系统，它由现代先进的信息技术和专业的管理人员组成。该系统可以分为民宿安全管理信息系统、民宿安全管理预警系统、民宿安全管理控制系统、民宿安全管理保障系统，这四个子系统在指挥机构的统一指导下相互沟通、紧密联系，组成高效的管理系统。

（二）民宿运营安全管理信息系统的功能

民宿运营安全管理信息系统是个综合、全面、协调的管理系统，能够将民宿管理机构整合、统一起来，避免多头管理和无序管理的局面出现。一方面，该系统能够将全国的民宿安全信息集中整合，依据互联网等相关技术对民宿安全的状态进行监察。另一方面，根据检测到的信息，对民宿与民宿周边环境安全的隐患进行排查、清除，并进行全面的管理。该系统既适用于日常的监测管理，又适用于危机事故的处理。

（三）民宿运营安全管理信息系统的构建

1. 民宿运营安全管理信息系统

民宿运营安全管理信息系统包括民宿所在地气象信息、民宿所在地文化和旅游资源信息、民宿安全设施信息、民宿环境信息、民宿客房存量信息及民宿所在地的社会治安信息等数据库，每个数据库都有数据的收集和报送两个环节。数据的收集要依靠管理机构提供支持，管理机构下置的管理人员分散在民宿安全管理诸多部门，能够提供完善的信息服务。民宿运营安全管理信息系统将收集到的信息进行整合、分类，并报送民宿安全预警系统，由预警系统进行分析与预测，从而划分出信息等级，进行报警服务。

2. 民宿运营安全管理预警系统

民宿运营安全管理预警系统的主要任务是制定、发布民宿安全事故预防管理的法规、条例，教育和培养民宿从业人员，强化民宿宾客的安全意识，提高民宿宾客安全事故的防范能力。具体工作有以下内容：

第一，在民宿内部设置安全宣传栏，发放安全宣传手册；在有安全隐患处设置告示牌、警示牌，提醒住客注意；在民宿房屋结构图上表明安全通道和安全设施存放部位。

第二，对住客进行普法教育，提高他们的法治观念和守法意识，特别是让他们了解安全的居住环境和他们的切身利益的密切关系，使他们能自觉维护民宿区域内外的安全环境。

3. 民宿安全管理控制系统

民宿安全管理控制系统是由安全管理队伍和安全防控管理的一系列工作组成，具体有以下内容：①设置安全专职岗位，民宿业主应对安全工作负责，进行内部的治安维护，防止出现盗窃、酗酒、闹事等违法事件，保证住客在民宿内部的人身财产安全。②对民宿区域内的活动空间进行防控和管理，在安全的条件下开展文化和旅游等相关活动。③对民宿建筑和设施设备进行日常安全预防检查和管理。④对民宿宾客的住宿安全、饮食安全进行防控、监督和管理。

（四）民宿安全管理保障系统

民宿安全管理保障系统由民宿安全管理规章制度、民宿安全救援机构、民宿安全报警设施、民宿安全保险体系等部分组成。

1. 民宿安全管理规章制度

民宿安全管理规章制度要根据国家、各地方政府和相关管理机构颁布的法律、法规、条例并结合本地具体情况来制定，和本区内的文化、公安、环保、旅游、工商、交通等相关部门相互协调，一并落实。

2. 民宿安全救援机构

民宿安全救援由民宿所在地的医院、消防、公安和政府职能部门对民宿安全事故进行快速有效的救援，要有专门的救援车、救援小组人员，要配备相关的救援设施和设备，要经常设计和演练救援方案，以提高救援的能力和效果。

3. 民宿安全报警设施

民宿内尽可能安装安全报警设施，如果出现意外安全事故，及时反应并帮助住客报警，控制事故蔓延。同时，帮助住客保护事故现场，保护证据。

4. 民宿安全保险体系

民宿要建立住客的人身保险和财产保险体系，客人入住前应加强旅游保险的宣传，提倡和引导住客购买意外保险。入住游玩中要提醒住客加强安全防范意识和自身旅游安全保险意识，万一出现安全事故协助住客进行理赔工作。

三、民宿安全管理方案的制定与实施

（一）安全管理方案的定义

安全管理方案是指社会组织为预防本组织事故发生和控制事故损失的工作方法的集合。其中的社会组织可以大到国家这样的超大型组织，也可以小到企业这样的微观经济组织。对于建立了职业安全健康管理体系的组织，安全手册、程序文件、作业文件、记录等体系文件的集合体就是安全管理方案。对于没有建立职业安全健康管理体系的组织，成文或不成文的安全管理工作方法的集合也是安全管理方案。可以说，目前已经存在的组织都有自己的安全管理方案，不同的只是方案内容和方案质量。

（二）民宿安全管理方案的制定

落实安全管理制度，实施有效的安全管理，首先必须制定一套切实可行的安全管理方案，做到有章可循，有案可查。安全管理方案的制定应坚持“安全第一，预防为主，综合治理”的方针，体现出快速反应的能力，做到没有事故发生或者将事故造成的损失降到最低限度。

民宿安全管理方案可由以下内容组成：

1. 事故预防方案

民宿进入正常生产运营时，建筑与设施设备必须达到规定的安全标准，经过各相关部门验收才能使用。客人到来之前，要对客人所居住的房间、可能接触到的设施设备进行安全排查。厨房对所有购置的菜品、辅料配料等都要按章进行食品卫生安全检查，确保新鲜和品质。保安人员对民宿周边环境要进行检查，发现可疑的人员要询问盘查，发现事故隐患要及时上报民宿业主或管家，及时处理。防火救火设备要安放到位，检查是否能正常使用。这些工作都应作为常态化工作内容写入安全管理方案。

2. 安全责任方案

安全管理方案还包括安全管理工作领导人和工作小组成员的岗位职责内容。从事安全管理工作的员工应当经过专门的培训和考核，应该具备相应的专业知识和技能，具有一般事故救援的基本能力，熟悉救援机构的联系方式，了解当地事故救助机构的地址和救助工作范畴，了解防治环境污染的管理规定，应急反应速度快，语言表达能力强。

3. 事故报告和应急检查方案

无论发生何种事故，民宿企业管理者都必须向上级相关的管理部门和机构报告，同时立即启动应急预案。在救援人员到达之前，民宿所有员工都应率先到达现场参加救援。事故处理完后，根据安全责任方案分头查找事故原因，厘清责任，上交事故处理报告。

（三）民宿安全管理方案的实施

安全管理方案制定后，必须严格实施。民宿内安全管理者和服务人员要有红线意识，要实施全员安全管理、全过程安全管理，尽可能做到零事故发生，做到人人都是安全员，处处都是安全地。2022 年 6 月，人力资源和社会保障部新增了“民宿管家”职业岗位，对民宿管家提出了制定民宿及服务项目应急预案、检查维护安全设施和设备、组织实施紧急救护等岗位职责要求。

政府各相关职能部门应对民宿安全管理工作开展例行检查、监督。以预防为主，对存在安全隐患的单位依法依规进行处理，该整改的整改，该关停的立即关停。民宿经营者应当配合相关管理部门和机构的检查、监督，对发现的安全缺陷和隐患，及时进行整改、消除。如果发生意外事故，则要配合相关管理部门的调查，写出事故报告，并根据事故实际责任接受相应的处理。

【同步案例】

黄山公安机关助力乡村民宿安全运营与发展

乡村民宿合法合规经营需要办理特种行业许可证，于是安徽省黄山市公安局选择黟县公安局作为试点，由公安、旅游、消防等部门成立联审小组，探索推行联审模式，以“一站式”方式对乡村民宿进行现场踏勘和执法检查，采取准入简化、登记简单、管理简便的工作方针。

民警在乡村民宿装修过程中提前介入，精准指导民宿业主规范配备安全防范设施，以避免后期联审小组检查验收不合格、返工造成损失。同时，为了避免因为证照审批时间过长给民宿业主造成损失，对有轻微建筑、消防安全隐患的，黄山公安机关实行告知承诺制，依法快速发放特种行业许可证。公安机关在特种行业许可证发放之后，会再次对乡村民宿进行回访、复检。这一管理模式的推行，得到了当地民宿的赞赏。

第四节 我国民宿数字化运营安全管理实践

安全生产意义重大，各级各类企业必须重视。安全生产不是一蹴而就的工作，必须由政府及各相关管理部门、各行各业和职工共同努力，必须接受社会各界的监督。以下是近几年我国民宿在安全生产经营中的一些经验和做法，供读者学习参考。

一、民宿数字化运营信息安全管理实践

（一）加强民宿运营信息安全管理的重要性

智慧酒店研究院曾发布了一份《智慧酒店消费者需求与行为分析研究报告》，报告中显示，85% 的消费者对酒店信息安全极为看重，他们认为，一旦个人信息泄露，将再也不会入住。这也表明信息安全是智慧酒店的生命线，一旦酒店发生客人信息泄露事件就会失去客源。同样，民宿数字化运营信息安全日常管理中，用户隐私安全管理也极为重要。

（二）加强民宿运营信息安全管理的具体措施

1. 加强数据的安全保护

建立完善的数据保护机制，确保客户信息、交易数据等敏感信息和隐私的安全。可

以采用加密技术、数据备份等措施，防止数据泄露和损坏。民宿企业规模大小不一，有的虽然客房数不多，满客的入住人数一天一般也就几十人（一般是集群式民宿），但日积月累，总量也不少。例如，上海市崇明区一个民宿群老总 15 年经营时间建立了 2 万多人的客户群，因为信息安全管理工作做得好，没有一起客户信息泄露事故发生，口碑很好。

2. 实施实名认证管理

实施实名认证管理，确保入住人员的身份信息真实可靠。通过与公安系统对接，实现入住人员的“实名＋实人＋实证＋实时”的四实身份核验管理，提高治安管理成效；通过增加对房东的人脸信息识别，公安系统校验，确保房东、房源信息的准确合规。

【同步案例】

上海“途家网”的民宿实现实名认证管理，确保入住人员的身份信息真实可靠。该民宿与公安系统对接，对入住人员进行实名认证和身份核验，确保了入住人员的合法性和安全性。同时在上房系统内增加了“房屋资质”选项，有效保障房源、房东信息的真实性。同时这也是国内首家强制要求上传房屋资质凭证的民宿平台。

二、民宿数字化运营设备安全管理实践

（一）加强民宿运营设备安全管理的重要性

利用互联网、物联网等技术，建立数字化管理系统，实现民宿的智能化管理都是基于设备安全。智能系统包括客房预订、支付、入住、退房等环节，可以为客人提供便捷、高效的数字化服务。利用智能设备加强对民宿的各项设施的建设、改造，可以节省成本，提高运营效益，提升客户良好体验。

（二）加强民宿运营设备安全管理的具体措施

1. 强化门锁安全管理

引入智能门锁管理系统，实现远程控制和开门服务。同时，采用人脸识别技术，对进出民宿的人员进行身份核实，防止非法入侵和安全事故的发生。

【同步案例】

武汉市公安局洪山分局北港派出所的民宿安全管理实践

武汉市公安局洪山分局北港派出所在所辖区网约房中推广“实名认证智能锁”系统，住客在入住时，必须通过小程序完成实名认证后方可开门，而入住信息会实时同步至店家和辖区派出所，这样做既便于管理，也为经营者增设了一道安全门。

为了杜绝未成年人借电竞游戏之名，实则上网玩耍，阿雅达电竞民宿在警方的指导下，把每个房间都安装了“实名认证智能锁”，入住人员实名信息可以被片区警官实时掌握，减少了店家的安全事故担忧和日常管理人力成本。

另外，智能锁投入使用半年后，北港派出所就在辖区网约房内打掉了三个犯罪团伙，刑事拘留 6 人，治安警情同比下降了 57%。

2. 落实消防安全管理

建立智能消防系统，通过传感器、烟雾报警器等设备，监测火灾隐患，及时发现并处理火灾情况。同时，与公安消防部门进行联动，实现快速响应和救援。

【同步案例】

温州市瓯海区推广智能消防设施受欢迎

浙江省温州市瓯海区全面推广使用独立感烟火灾探测报警器，全区一次性采购了 5000 个独立智慧感烟火灾探测报警器配发到部分农家乐、民宿场所。通过民宿消防安全工作现场会，以 3 家农家乐特色民宿为试点，向全区 61 家民宿、商业店铺法人推广物联网式感烟探测器、物联网式电气火灾智慧配电箱、手动报警器、声光警号等设备。一次，茶山街道山根音乐艺术小村一家民宿旁的小吃店突然发生火情，店里的喷淋一下子就把火给扑灭了，而且消防队仅 3 分钟就赶到了，智能消防设施起了很大作用。由于这些智慧烟感、喷淋、报警器等消防设备的安装，让附近的民宿经营管理者都安心了不少。

3. 实现智能设备管理

利用智能设备对民宿的各项设施进行管理，包括空调、照明、热水等设备。通过智能设备的管理，可以节约能源、降低运营成本，同时提高客户体验。例如：上海馨居 · 枫舍民宿利用智能设备对各项设施进行管理，所有客房均配备智能客控系统，灯光、窗帘、电器等均可以智能声控；同时搭载无线漫游技术，民宿所有区域 Wi-Fi 无缝连接，为客户提供网络与科技体验。

4. 加强视频监控管理

在民宿的重要区域和关键设备上安装视频监控系统，实现24小时安全监控。通过视频监控，可以及时发现异常情况，并采取相应的措施。例如：天津市公安局2022年9月30日施行的《天津市公安局民宿治安管理实施细则》第八条规定，民宿要在房屋出入口、前台、通道等公共区域安装视频监控设备，并确保在营业期间正常运行。禁止传播、出售、泄露、删改视频监控资料。一般情况下，视频监控资料保留60天。

三、民宿数字化运营食品安全管理实践

（一）加强民宿运营食品安全管理的重要性

民以食为天，旅游构成的六大基本要素中“食”排在第一位。民宿行业生产和运营管理中，食品安全是来访消费者最关心的事项之一，也是影响消费者住宿体验的关键要素，对于民宿企业稳定市场、实现可持续发展意义重大。

（二）加强民宿运营食品安全管理的具体措施

加强民宿运营食品安全管理必须由三方群体共同努力：

（1）民宿企业自身首先要自觉遵守国家食品安全法等食品安全法律法规，依法生产经营，保证食品安全；其次，民宿主要增强承担食品安全责任的使命感，切实担当保障食品质量安全总体责任，履行第一责任人义务；再次，加强企业诚信体系和诚信文化建设，诚信经商，主动接受同行、消费者和全社会的监督；最后，开展食品安全知识的宣传和普及，坚持源头控制，倡导健康消费，提供科学消费信息。

（2）各级政府有关监管部门必须坚持人民利益至上、生命至上，把保障食品卫生安全放在重要位置，不断完善食品卫生安全监管体制机制，不断加大监管力度，定期或不定期地对民宿企业内食品卫生开展检查，通过增强生产经营的外部约束力促其内部自身管理能力稳步提高。

（3）来访消费者和民宿所在地社区居民都要主动关心、维护食品卫生安全，发现食品卫生安全违法问题要及时、主动地向监管部门举报。必要时用法律武器维护自身的合法权益。

【同步案例】

村民扫描民宿前台的"安心码"

为了保障"舌尖上的安全"，杭州市余杭区黄湖镇与青山村公益组织共同推广了"安心码"数字识别标志。该标志由黄湖镇监管部门制定监督管理方案，由绿水公司、公益组织、村民代表、市场人员组成食品安全检查队，每季度开展检查打分，并根据分数高低决定商家引流，以此激发商家对食品安全的重视，切实为消费者排查食品安全风险隐患，营造良好的食品安全氛围。

"安心码"分为绿、黄、红三种颜色，不同颜色反映出商户的食品安全风险程度。绿码表示食品安全状况良好，可放心就餐；黄码和红码表示食品安全状况一般或较差，需要进行整改，不建议进店就餐。

四、民宿数字化运营环境安全管理实践

（一）加强民宿运营环境安全管理的重要性

环境安全是人类健康和保障生命质量的前提，也是社会和经济可持续发展的基础。环境污染、自然灾害以及湿地、生态、资源等环境破坏事件不仅会影响人类的生存和健康，还会导致财产损失和社会恐慌。如果没有环境安全的保障，人类的生存和发展都会面临严峻的挑战。依法、依规对旅游民宿经营活动中所关联的生态环境和资源的安全工作负责监管，查处和打击破坏生态环境的行为，监督野生动植物保护、湿地生态环境保护、节能减排检查，绿色生产，实施生态环境宣传教育等工作对民宿企业的可持续发展意义重大。

（二）加强民宿运营环境安全管理的具体措施

民宿运营环境安全管理需要政府、企业（民宿企业和相关联企业）和公众（消费者和社区居民）的共同合作。民宿运营环境安全管理只有在政府、企业和公众的共同努力下才能有效实现。

1. 政府层面

各级人民政府首先必须制定环境保护的法律法规、标准和措施，同时加强环境保护宣传和普及工作，鼓励基层群众性自治组织、社会组织、环境保护志愿者开展环境保护法律法规和环境保护知识的宣传，营造保护环境的良好风气。其次，加强环境监测。通过建立环境监测站点和使用各种监测设备对生产性企业周围的大气、水体、土壤等环境

指标进行定期监测和检查，及时掌握环境污染情况，发现问题及时处理。最后，严厉打击环境犯罪活动，对于以牺牲环境为代价的生产活动坚决零容忍。

2. 企业层面

应严格执行国家环境保护相关法律法规和政策、措施，增强环保意识，加强对员工的环境保护教育，倡导绿色生产。如果在生产中无意对周边环境造成了污染或破坏，要负责整治且承担污染治理费用。民宿和民宿生产关联企业应该共同努力，互相支持配合，做好清洁生产。

3. 公众层面

支持国家环境保护相关法律法规和政策、措施的贯彻实施，在日常生活和旅游消费中发现违法经营者及时取证和举报，为维护环境友好秩序尽到公民应尽的责任。

【同步案例】

民宿产业绿色生产低碳转型之路

国家电网有限公司浙江省湖州市德清县供电公司在推进民宿产业用能绿色低碳转型之路上不断探索。该公司着力推动当地全电民宿建设，通过整合政府部门、民宿、智能家居企业、金融机构等多方资源，建立“绿聚能”产业联盟，因地制宜为民宿提供节能改造、设备采购运维等综合能源服务。

采暖制冷、热水供应、餐饮等都采用空气能热泵等电气设备的全电民宿在莫干山遍地开花。为了提升用能管理水平，国家电网有限公司德清县供电公司还打造了“绿聚能”智慧用能管理平台，推动民宿用电设备精准启停，提升民宿用能管理水平，做精生态和经济的“双面绣”。

【本章小结】

民宿企业可持续发展，安全生产和运营至关重要。本章首先阐述了旅游安全、旅游住宿业安全、民宿运营安全管理、民宿数字化运营安全管理等相关概念，通过概念的理解来掌握民宿数字化运营安全管理与传统民宿运营安全管理的区别；并从七个方面揭示了民宿生产运营中安全事故的主要类型及发生安全事故的原因，指明了我国民宿生产运营中出现安全事故的危害和数字化安全运营管理的特点。根据《中华人民共和国安全生产法》，安全生产工作实行管行业必须管安全、管业务必须管安全的要求，本章选出了11 个我国民宿直接的行政管理组织，列出了这些组织对民宿企业安全管理的相关职能、下发的政策措施和配套的制度办法等。我国目前虽没有专门的法律法规约束民宿经营者和旅游者的违法行为，但本章列举了现有的《中华人民共和国民法典》《消费者权益保护法》《旅游法》等中对民宿的安全生产和运营活动的相应的管理和约束条款，同样可以对民宿经营者和旅游者的违法行为起到管理和约束作用。

安全生产意义重大，各级各类企业必须重视。本章提出了民宿数字化运营安全管理必须建立安全管理的制度体系、构建智能化安全管理信息系统、制定与实施安全管理方案等相关内容。最后，通过实践案例解析了民宿企业在生产和运营活动中信息、设备、食品、环境等领域安全管理的重要性和常见安全问题的管理措施。

【思考与练习】

1. 解释民宿运营安全管理和民宿数字化运营安全管理的概念。
2. 简述民宿运营中安全事故的主要类型。
3. 我国民宿运营行政管理组织主要有哪些？
4. 我国民宿数字化运营安全管理涉及哪些政策和法律法规？各说出 3 个名称。
5. 民宿数字化运营安全管理策略包含哪些内容？
6. 通过本章学习，谈谈民宿数字化运营安全管理应采取哪些措施？

【案例分析】

途家在民宿安全管理问题上的探索与实践

国内民宿短租行业的代表企业途家，发布了《民宿分级标准》白皮书，通过对民宿的硬件设施、安全卫生、服务保障等方面做出更规范的要求标准，把民宿像星级酒店一样规范定级，推动民宿品质服务标准化的落地。

为了解决安全管理问题，途家实现与公安系统打通，并发布了公安部相关部门提供的安全可靠认证平台下的“民宿智能监管安全解决方案”，实现身份认证和人脸识别，确保房客安全入住。

针对房东和房客之间的信任难题，途家搭建信用体系，通过引入第三方信用，信用越好代表权益越多；上线双向评论系统，并推出“用户筛选”功能，这样用户在入住前能有效筛选房客，此后的功能中，房东也可以筛选用户；设立黑名单，接入用户背景调查，不良行为也可以记录并接入公安系统。

“通过建立多套信用体系，搭配智能安防体系，途家有效解决了长久困扰民宿发展的安全与信任问题。”途家表示。途家将会继续发挥示范作用，聚焦用户体验，用创新和技术来推动行业健康有序地发展。

问题：

1. 案例中途家为了实现民宿安全管理做了哪些实践探索？

2. 你认为未来共享住宿行业会出现哪些发展趋势？

第九章　数字化民宿企业文化建设概述

【本章导读】

国家的强盛总是以文化兴盛为支撑，民宿长远发展也需要立足于优秀的内外部组织文化。在数字化发展浪潮下，民宿——作为旧乡愁和新乡土的“产物”，需要重新审视组织现有文化要素，以更加灵活、创新的视角重新构建企业文化。这不仅是对既有文化的延续，更是对文化的重新定义与再塑。如何在数字化浪潮中保持竞争力？如何构建具有创新力、客户导向、团队协作和可持续发展的企业文化？这均是摆在每个民宿企业面前的一项重要任务。

本章将着重探讨数字化民宿企业文化的建设，从定义、内涵、外延到实施方案，全面解析数字化如何助力民宿企业文化发展。首先，我们将了解企业文化的定义与范围，包括企业文化的理论发展及主要特点，以及如何与数字化的结合。详细剖析民宿数字化企业文化的内涵，包括其核心价值观、特点及目标。其次，还将探讨数字化民宿企业文化的外延，包括如何将数字技术与企业文化相结合，以及如何将企业文化拓展至产业链上下游。最后，本章还将基于民宿企业文化的数字化建设方案进行阐述，探讨数字化在民宿企业文化建设方面的具体实施步骤。

【学习要点】

1. 企业文化的定义、构成和相关理论。

2. 民宿数字化企业文化的概念、作用及构成要素。

3. 民宿数字化企业文化的内涵、外延与方向。

4. 民宿企业文化数字化建设方案，包括总体战略规划、数字化人才队伍建设、营销推广及管理系统建设等。

5. 民宿企业文化数字化建设方案实施策略和步骤。

第一节 企业文化与民宿数字化

一、企业文化的定义与构成

（一）企业文化的定义

企业文化是指企业内部形成的一种价值观、行为规范、工作方式和组织氛围，也是企业在长期生产经营中倡导、积累、筛选与提炼形成的人本管理理论，往往以企业最高目标、企业精神、优良作风、礼仪风俗、行为规范、标识、环境、传播网络等为主要内容。它是企业员工共同遵循的一种精神文化，反映了企业的核心价值观和经营理念。

企业文化作为企业的灵魂和精神支柱，不仅可以影响员工的态度、行为和工作效率，而且对企业的绩效提升、可持续发展和企业竞争力的提高均具有重要意义。具体来说，企业文化的意义表现在以下几个方面：

1. 激发员工的归属感、积极性和创造性，提高企业的凝聚力和竞争力

企业文化强调以人为本，通过培养员工的归属感和责任感，激发员工的积极性和创造性，提高企业的凝聚力和竞争力。同时，良好的企业文化也能够吸引和留住优秀的人才，为企业的长期发展提供有力的保障。

2. 塑造企业的形象和品牌，提升企业的社会知名度和美誉度

企业文化不仅代表了企业的内在精神和价值，也反映了企业的外在形象和品牌。良好的企业文化能够提升企业的社会形象和品牌价值，提高企业的市场占有率和竞争力。同时，良好的企业文化也能够获得员工的认可和信任，提高员工对企业的忠诚度和满意度。

3. 促进企业的可持续发展，提高企业的长期盈利能力

企业文化是企业的核心价值观和行为规范的体现，它能够引导员工的行为和企业的发展方向。同时，企业文化也能够激发员工的创新意识和创新精神，推动企业不断进行创新和升级。

4. 增强员工的责任感和使命感，提高员工的工作效率和积极性

企业文化强调员工的责任和使命，通过培养员工的责任感和使命感，激发员工的工作热情和积极性。同时，良好的企业文化也能够提高员工的工作效率和工作质量，推动企业的发展和进步。

5. 帮助企业应对市场变化和挑战，适应新的环境和形势

随着市场和形势的变化，企业需要不断进行调整和创新以适应新的环境和形势。良好的企业文化能够引导企业应对市场变化和挑战。同时，良好的企业文化也能够吸引合作伙伴和客户，促进企业的合作和发展。

（二）企业文化的构成

企业文化一般包含四个部分即企业物质文化、企业制度文化、企业行为文化和企业精神文化。

1. 企业物质文化

指企业的物质环境和设施，包括生产的商品、服务，以及生产环境、广告宣传等，以物质形态为研究对象，属于企业文化形成的外在基础因素。如办公室的布置、设备和工具的配置等。

2. 企业制度文化

指企业的规章制度和管理制度，是企业为实现经营目标而制定的系列行为规范，一般分为主要领导管理制度、公司内部组织机构以及公司管理体系三个方面，具有保证目标实现，以及约束、限制员工行为的作用，属于企业文化的中层。如考勤制度、奖惩制度、晋升制度等，它反映了企业的管理理念和管理方式。

3. 企业行为文化

指企业员工的行为方式和态度，是在生产经营、娱乐、生活等活动中形成的文化，属于企业文化的浅层表现。如团队合作、客户服务、诚信守约、企业家、企业模范人物、企业人员的言行等，它反映了企业的价值观和行为准则。

4. 企业精神文化

指企业的文化内涵和精神氛围，是企业文化的核心层，是企业在长期的生产经营中形成的精神成果和文化信仰，包括经营哲学、企业精神、价值观念和企业道德，能引导日常生产经营活动的各项行为、群体意志与价值理念。如企业的使命、愿景、核心价值观等，它反映了企业的文化底蕴和文化传承。

企业文化四层结构关系如图 9-1 所示。

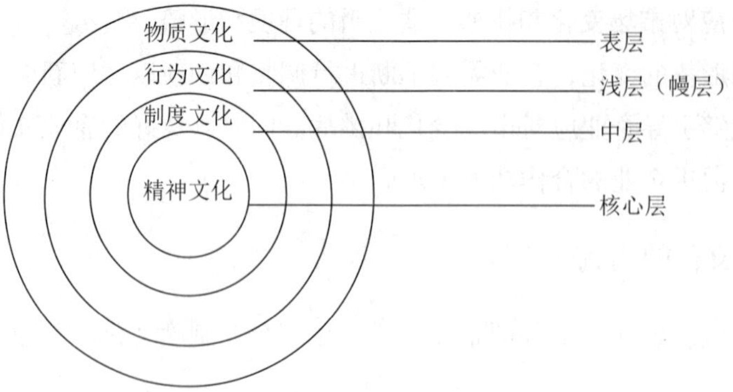

图 9-1　企业文化四层结构关系

企业文化作为企业发展的内生动力，决定了企业的品格和最终目标。除了在日常管理中发挥作用，企业文化还在企业战略决策中起到决定性作用。因此，为了确保民宿企业成功实施数字化转型，可通过将可持续发展理念有机融入企业文化中，从而在文化的熏陶下逐渐铸就数字化发展的崭新格局。

（三）企业文化理论

企业文化的概念起源于 20 世纪 80 年代，是从原有的管理理论中不断发展延伸出的一种新的管理方法，是管理科学发展到一定阶段的产物。回溯源头，管理科学的发展过程由以下四个阶段组成：古典管理理论阶段、行为科学管理理论阶段、管理丛林阶段、企业文化。企业文化属于第四阶段，该理论最早是由美国学者提出，主要产生于二战后的日本企业。彼时，日本经济飞速发展，在世界经济舞台上大放异彩。美国学者对这些企业的成长动力和管理方法进行了深入研究和总结归纳。最终，他们将这种企业管理与企业文化相结合的新型管理方式称为文化管理，这也标志着管理科学发展进入第四阶段——企业文化阶段。相比管理科学前三个阶段对于人的忽视，企业文化阶段更注重组织发展壮大过程中，企业团结老成员、发展新成员，从而使全体成员习得共同价值观的能力。这个过程将企业管理从技术和经济层面上升到了文化层面，不只简单地将人视为“经济人”，而且把人看作“社会人”“文化人”，强调人的价值观、道德、行为规范等，重视人的自我发展需要，发挥员工为企业工作的积极性和创造性。

企业文化理论主要包括六大管理学说，即创立学说、定义学说、价值观学说、人本学说、革命性学说、批评学说。这些学说强调了企业文化在企业管理中的重要作用。具体来说：

1. 创立学说

认为企业文化是企业长期形成的独特文化和价值观，对企业的发展和运营有着重要的影响。这一学说的提出者主要是企业管理领域的专家和实践者，他们通过长期的实践和观察，认识到企业文化在企业发展中的重要作用，并提出了企业文化的概念和理论。理查德·巴雷特和罗伯·戈夫在《企业文化与绩效》中认为企业文化是组织成员共享的价值观、信仰、行为准则等，它们会影响员工的行为和决策，进而影响企业的绩效。

2. 定义学说

指出企业文化是由企业的环境、价值观、英雄人物、礼仪和庆典、文化网络等要素构成。这一学说的提出者主要是企业文化领域的学者和研究人员。他们通过对企业文化的深入研究和分析，提出了企业文化的定义和构成要素。例如，约翰·P. 科特和詹姆斯·L. 赫斯克特在《企业文化》一书中，提出了企业文化的概念，认为企业文化是一种能够影响企业运营和员工行为的重要力量。他们强调了企业文化对于企业成功的重要性，并提出了企业文化的构成要素，包括价值观、信仰、仪式、符号等。刘光明的《企业文化学》详细阐述了企业文化的概念、构成要素、功能以及建设方法。他强调了企业文化对于企业战略发展的重要性，并提出了企业文化的建设需要从多个方面入手，包括价值观塑造、行为规范、组织结构等。

3. 价值观学说

认为企业文化建设的核心是价值观，应该注重培养和塑造符合企业战略发展需要的价值观。这一学说的提出者认为价值观是企业文化的核心。例如特伦斯·迪尔和艾伦·肯尼迪在《企业价值观管理》一书中，提出了企业价值观的概念，认为企业价值观是企业文化的核心，对于企业的战略发展、组织管理和员工行为具有重要的影响。他们强调了企业价值观的塑造和传播对于企业成功的重要性，并提出了企业价值观管理的具体方法和措施。吉姆·柯林斯在《企业文化与领导力》中则认为企业文化与领导力之间存在密切的联系。他强调了领导者在企业文化建设中的重要作用，并提出了领导者应该具备的素质和能力，如创新思维、沟通能力、领导力等。同时，他也指出了企业文化对于领导力的影响，认为一个良好的企业文化可以激发员工的积极性和创造力，提高领导者的管理效率和领导效果。

4. 人本学说

这一学说的提出者强调企业文化要以人为本，尊重员工、关心员工、培养员工，营造积极向上的企业氛围。例如，麻省理工学院资深学者埃德加·沙因在《组织文化与领导力》中提出，企业文化是一种更深层次、更持久的组织核心竞争力，而人本管理则是企业文化的重要组成部分。

5. 革命性学说

这一学说的提出者认为企业文化具有革命性，可以引领企业进行创新变革，推动企业不断发展壮大。例如克莱顿·克里斯滕森和杰瑞米·考夫曼在著作《创新者的解答》中，提出了颠覆性创新的理论，他们强调，企业文化应该鼓励员工敢于挑战传统观念，敢于尝试新的方法和技术，从而推动企业不断向前发展。

6. 批评学说

这一学说的提出者通过对企业文化的反思和批判，以期不断完善和改进企业文化。例如吉姆·柯林斯和詹姆斯·C. 柯林斯在《基业长青》中，通过对企业文化的反思和批判，提出了企业文化的核心价值观应该是“追求卓越”，并提出了企业文化的五大核心价值观：崇高目标、核心价值、卓越产品、精英团队和领导能力。他们认为，一个健康的企业文化应该能够激发员工的积极性和创造力，提高企业的竞争力和创新能力。

【同步案例】

“顾伯伯”民宿群的企业文化

走进上海市崇明区“顾伯伯农家乐”，30 多栋民宿外立面整齐划一，篱笆围栏上花团锦簇，家家户户门口张贴着家风家训，外墙统一挂着“顾伯伯农家乐”标识，品牌意识深入人心。在“顾伯伯”民宿群的建筑外墙贴满了标语（见图 9–2）。这些标语不仅体现了品牌形象的外在展示，还蕴含了文化的内涵，成为一种行为文化的约束。“顾伯伯”民宿群强调诚信和礼仪，注重服务的规范性和经营的理念，坚持以诚信、服务至上为宗旨，为顾客营造家的感觉。同时，这些标语也传递了传统民俗文化向外传播和传承的信号。

图 9–2　“顾伯伯”民宿群户外标语（供图：孙玉琴）

（1）“顾伯伯”民宿群物质文化

“顾伯伯”民宿群注重与自然环境的融合，营造出一种舒适、宁静的氛围。民宿内部设施设备齐全，并提供舒适的住宿环境，让游客感受到家的温馨。同时积极引入小酒馆、咖啡吧资源，民宿经营户、村民主动提供各类文化服务，以多元精彩的“夜间活动”及“夜间产品”吸引更多游客，不断丰富村民、游客的“夜生活”。举办荟萃丰富农产品与本土节目的“乡村民宿节”，打造了乡土风味浓郁的“农夫市集”，为民宿产业“升温加热”。镇职能部门在村交叉口处绘制、安装独具本镇特色的乡村指示路牌，既方便游客出行又美化道路；打造“顾伯伯”市民花园，占地约8亩，包含木栈道、凉亭、亲水平台等，为周边村民及游客提供游玩、休憩的舒适空间；积极引进自然卷卷牧野生态疗愈基地，不断增加镇域农文旅市场人气，为乡村振兴再添“新名片”。

（2）“顾伯伯”民宿群制度文化

2022年，建设镇牵头成立“乡伴·虹桥”民宿党建联合体，以组团式党建联合体为载体，将基层党组织的组织形式、运行机制等要素系统整合，以党建工作一体化推动乡村发展一体化，不断凝合扩容、强体的“拳头效应”，磨合多方联动的“齿轮效应”，聚合产业发展的“品牌效应”，为解锁乡村振兴“治理密码”增添新动能。党建联合体下设1名总召集人、2名召集人，在花乡度假主题区、合美家园服务区、农旅康养休闲区中设置3名民宿产业顾问团长、9名民宿导师，紧紧围绕建设镇的发展，出谋划策。并坚持“一季一会诊”机制，每季度定期召集民宿协会、民宿业主等的代表，对民宿配套政策、资金、品牌、服务等方面集中会诊，及时协调解决发展问题。

各民宿经营户积极健全民宿卫生管理制度体系，强化民宿的卫生标准，为游客提供更加优质的服务。同时，由民宿协会做好监督、指导工作，开展专项卫生检查，以查促改，以改促管，筑牢民宿卫生、安全屏障。并制定、完善《顾伯伯农家旅游经济合作社抱团守则》，规范和提升各类民宿服务标准与品质，加强行业监督、指导与培训，提升游客体验满意度。

（3）“顾伯伯”民宿群行为文化（见图9-3）

民宿会组织各种活动，增强游客之间的互动和交流，营造出一种和谐、友好的氛围。同时融合党群阵地资源，开展民宿管理技能大赛、粽香情浓、重阳敬老等丰富多彩的群众性文化活动，进一步引领乡风文明建设，推动乡村治理取得新成效。由“顾伯伯”民宿群和农本酒厂共同出资改造的崇明老白酒文化展示馆，从生产加工，到品尝，春节期间经民宿群推广介绍，吸引不少住宿游客走进酒厂，近距离感受崇明老白酒的酿造历史及文化。

图 9-3 “顾伯伯”民宿群对于行为的引导（供图：孙玉琴）

（4）“顾伯伯”民宿群精神文化

在社区共治的推动下，“顾伯伯”民宿群村民从被动变主动，以实际行动维护社区环境。为了更好地迎接第十届中国花卉博览会和四方宾客，村民们自发清理公共区域环境卫生，并主动参与“迎花博治五棚”专项行动，他们拆除了宅前屋后的旧棚舍，清理乱堆乱放的垃圾、杂物，开辟了小花园、小菜园、小果园，乡村颜值显著提升。在花博会期间，“顾伯伯”民宿群的人流、客流比较多，所有的民宿业主都加入志愿者团队，每天对整个区域里的客人进行引导，安排、协调好交通方面的事宜，还负责维护村庄的环境卫生。花博会结束之后，这个良好的习惯依旧保存了下来，即使节假日与周末人流较多，但几十家民宿周围整洁如常，垃圾不见踪影。

（四）政策、文件对企业文化的引导

国务院国有资产监督管理委员会在《关于加强中央企业企业文化建设的指导意见》文件中表示，企业要认真落实以人为本，全面、协调、可持续的科学发展观，充分发挥企业文化在提高企业管理水平、增强核心竞争能力、促进中央企业改革发展中的积极作用。

由中国企业联合会、中国企业家协会主办的全国企业文化年会，创办 7 年表彰、推出了 1700 多项优秀的企业文化成果，成为我国企业文化交流与对话的重要平台，为推进我国企业文化建设发挥了桥梁纽带作用。2023 年的全国企业文化年会分享了最新的

企业文化观点——企业文化的形成过程，就是企业家对未来奋斗路径思考的过程，就是对企业的愿景、使命和价值观等进行清晰表达的过程，新时代新征程，企业家们应当着力打造符合自身企业发展的企业文化；提高企业文化的影响力，要善于进行品牌传播，讲好企业故事，弘扬时代强音，特别是企业在国际化经营中要始终坚守中华文化立场，传播好中国声音和中华优秀传统文化，展示中国企业和品牌所体现出的中国精神、中国价值、中国力量和中国形象。

2022 年《关于促进乡村民宿高质量发展的指导意见》（文旅市场发〔2022〕77 号）明确提出，深入挖掘文化文物资源，充分展示地域特色文化，丰富乡村民宿文化内涵。尊重历史文化风貌，合理利用自然环境、人文景观、历史文化、文物建筑等资源突出乡村民宿特色，将农耕文化、传统工艺、民俗礼仪、风土人情等融入乡村民宿产品建设，注重与周边社区的文化互动，鼓励乡村民宿参与公共文化服务。这些无疑给民宿企业文化建设指明了方向。

民宿管家是民宿企业文化构成的重要一环，人力资源和社会保障部 2022 年公示了 18 个新职业，其中包括“民宿管家”“研学旅行指导师”等与旅游相关的新职业。民宿行业的蓬勃发展，短短几年便使“民宿管家”从业者实现由“0”到“百万”级规模跨越。根据 2023 年 9 月人社部发布的《民宿管家国家职业标准（征求意见稿）》，对于“民宿管家”有明确的职业道德要求：（1）遵纪守法，诚实守信；（2）爱岗敬业，规范运营；（3）文明礼貌，热忱服务；（4）团结协作，勇于创新；（5）安全高效，绿色环保。作为民宿管家，他们的工作和行为也会直接影响到民宿的企业文化。例如，在《民宿管家国家职业标准（征求意见稿）》中，强调民宿管家需要具备服务意识和沟通能力，以提供优质的服务和建立良好的客户关系。这些技能和素质有助于营造友善、亲切的民宿文化氛围，让游客感受到家的温暖和舒适。

根据《旅游民宿基本要求与等级划分》国家新标准，甲级为标杆型民宿，要求民宿有主题突出、氛围浓郁的公共活动区域，接待人员熟悉当地文化旅游资源和特色产品等，更加突出注重创新和个性化的企业文化；乙级为品质型民宿，要求民宿周边有医院和医疗点，有地方特色餐饮，更加突出注重规范化和标准化的企业文化；丙级为普通型民宿，要求周边环境整洁干净，客房配备必要的家具，卫生间提供冷、热水，厨房有消毒设施，床单、被套等每客必换，更加突出基础服务和设施。可见，甲级、乙级、丙级民宿在企业文化方面各有其特点。

此外，国内外政府也会举办一些评选活动或者利用政府补贴来促进民宿企业文化的建设与提升。例如，日本京都市旅游 MICE 推进室主办的“最具京都风情的住宿设施”评选活动，主要奖励能让入住客人感受日本传统文化魅力的传统旅馆。其评选标准主要包括经营状态、全年开放型住宿设施、设置日本式神龛“床之间”、提供日本料理、有房间管理员以及盛情招待外国客人等。法国政府会为民宿经营者提供培训补贴，鼓励他们参加相关的培训课程，并鼓励高校与民宿企业合作，共同开展培训和教育项目。

二、数字赋能民宿企业文化建设的作用

数字化已经不仅是一种工具使用，还是一场深刻的思维和文化变革。民宿企业在这个过程中需要积极拥抱变革，运用数字化技术重新审视自身在市场中的定位，力求打造与时俱进、独具魅力的企业文化。数字赋能民宿企业文化建设的关键在于如何运用数字化手段提升企业文化。它更关注以数字化技术为基础，以客户为中心，以创新为动力，注重团队协作和员工成长，追求可持续发展和共赢的企业文化。

数字赋能民宿企业文化建设的作用主要体现在以下几个方面：

（一）应用与创新

民宿企业通过运用先进的数字化设备和软件，提高服务质量和效率。例如，智能化的客房管理系统能更好地满足客户的个性化需求，提供更加便捷的服务。

（二）团队协作与员工成长

数字化手段促进团队协作和员工成长，建立线上与线下合作和内部培训机制，提高员工的数字素质和能力。定期的团队建设活动和数字化、在线化的内部培训使员工更深入地理解和认同企业文化。

（三）客户服务与体验

通过智能化、智慧化的方式了解客户需求和反馈，提供个性化服务，提高客户满意度。例如，通过大数据分析，民宿可以更精准地了解并满足客户的喜好和需求。

（四）可持续发展与共赢

民宿企业采用环保和可持续性发展的方式开展业务，同时与利益相关者合作，实现共赢。例如，通过采用环保材料和节能技术、低碳排放的智能化手段，民宿减少对环境的影响，同时与当地社区合作，为当地经济发展做出贡献。

第二节　数字化民宿企业文化建设的内涵与外延

一、数字化民宿企业文化建设的内涵

数字化民宿企业文化是指民宿企业在数字化转型过程中所形成的价值观、信念、行为准则和工作方式。它包括企业的使命、愿景、核心价值观、员工文化、客户文化、创新文化等方面，同时也包括企业在数字化领域的发展战略、技术应用、数据管理、客户体验等方面的文化特征。数字化民宿企业文化建设的内涵包括以下几个方面：

（一）创新精神

数字化时代，创新是推动企业发展的关键。数字化民宿企业文化建设注重创新精神，鼓励员工勇于尝试、不断创新，以适应市场的变化和客户的需求。

（二）以客户为中心

数字化民宿企业文化建设要求将客户的需求和满意度放在首位，通过数字化手段提高服务质量和效率，为客户提供个性化、便捷化的服务。

（三）数字化思维

数字化民宿企业文化建设要求员工具备数字化思维，善于利用数字化工具进行分析、决策和行动，以提高工作效率和质量。

（四）团队协作

数字化民宿企业文化建设注重团队协作，鼓励员工之间互相沟通、协作和支持，共同实现企业的发展目标。

（五）诚信可靠

数字化民宿企业文化建设强调诚信可靠，要求员工遵守职业道德和规范，保证数字化服务的安全性和可靠性，树立企业的良好形象。

（六）追求卓越

数字化民宿企业文化建设追求卓越，持续改进和提高，以实现企业的可持续发展和共赢。

（七）环保可持续

数字化民宿企业文化建设注重环保和可持续性发展，要求企业在经营过程中遵守环保法规，采用环保材料和节能措施，同时注重资源的循环利用，实现企业的可持续发展。

二、数字化民宿企业文化建设的外延

在数字化民宿企业文化中加入乡土文化元素，突出民宿的地方特色和独特魅力，同时提升客户体验和忠诚度。数字化民宿企业文化建设与数字化相结合、加入乡土文化的具体内容包括：

（一）传承乡土文化

注重对当地乡土文化的传承和保护，通过数字化手段记录和展示乡土文化，让客户更深入地了解当地的历史、文化和民俗。例如，在民宿内设置数字化展厅，展示当地的历史文物、传统手工艺品等，让客户了解当地的文化底蕴。

（二）融合乡土材料

在设计和装修中融入当地的乡土材料和元素，突出民宿的地方特色。例如，使用当地的木材、石材、陶瓷等材料进行装修和家具制作，让客户感受到当地的自然和文化气息。

（三）营造乡土氛围

营造出具有当地乡土氛围的环境，让客户感受到当地的传统文化和生活方式。例如，在民宿内设置当地传统手工艺品装饰、使用传统的生活用具等，营造出当地的民俗氛围和乡村气息。

（四）开展乡土活动

组织开展具有当地乡土特色的活动，让客户更深入地了解当地的文化和风土人情。例如，在民宿内举办当地的民间活动、手工艺品制作等，让客户感受到当地的文化和人情味。

（五）数字化乡土宣传

利用数字化手段宣传当地的乡土文化，提高民宿的知名度和美誉度。例如，通过社交媒体、旅游网站等平台展示当地的乡土文化、民俗风情等，吸引更多的客户前来体验。

总之，数字化民宿企业文化建设中加入乡土文化元素，可以让客户更好地了解当地的历史、文化和民俗，提升客户体验和忠诚度，实现企业的可持续发展和共赢。

第三节　数字化民宿企业文化建设方案的制定

一、数字化民宿企业文化建设的目标

数字化民宿企业文化建设旨在通过整合要素，构建一套独特、鲜明、富有吸引力的民宿企业文化体系，提升企业形象，增强员工归属感，提高客户满意度，促进企业长远发展。数字化民宿企业文化建设的目标主要包括以下四个方面：

（一）增强组织凝聚力和归属感

通过共同的价值观念、信念和行为规范，使员工产生认同感，增强他们对企业的归属感，从而提高员工的忠诚度和工作积极性。

（二）塑造积极向上的工作氛围

良好的企业文化可以营造出一种积极向上的工作氛围，使员工在工作中保持高昂的斗志和乐观的心态。

（三）提升企业形象

通过企业文化建设，可以展现出企业的独特魅力和良好形象，吸引更多的客户和人才。

（四）促进企业可持续发展

数字化民宿企业文化建设是企业的长期战略，它可以帮助企业在不断变化的市场环境中保持竞争力和活力，从而实现可持续发展。

【知识链接】

乡村民宿有别于传统酒店、宾馆，也不同于一般的农家乐。除了硬件设施、基本服务，乡村民宿本身所体现的文化特质、所蕴含的风土气息，是游客较为看重的。一栋栋矗立在乡间的建筑，不只是调适身体、放飞心灵的休闲驿站，更是观察自然变化、感受乡村文化的重要窗口。福建厦门的红砖古厝、安徽黄山的粉墙黛瓦……那些既保留地方传统肌理又考虑现代生活需要的乡村民宿，顺应自然山水格局，彰显乡村古朴之美，因此也更容易吸引游客前来打卡。

数字化民宿企业文化建设的目标，除了上述的通用目标外，还应考虑以下几个方面的独有目标：

其一，提高数字化能力：通过数字化技术的引入和应用，提高企业的信息化水平，提升运营效率和服务质量。

其二，打造数字化品牌形象：通过数字化手段塑造独特、鲜明、富有吸引力的品牌形象，增强企业在数字化时代的竞争力。

其三，推动数字化转型：通过数字化民宿企业文化建设，推动企业实现全面的数字化转型，以适应数字化时代的发展需求。

其四，培养数字化人才：加强数字化人才的培养和引进，为企业数字化转型提供有力的人才保障。

总之，数字化民宿企业文化建设的目标是在保持传统企业文化建设目标的基础上，结合数字化时代的发展需求，打造具有数字化特色的企业文化，提升企业在数字化时代的竞争力和持续发展能力。

二、数字化民宿企业文化建设的具体内容

数字化民宿企业文化建设是在保持传统企业文化建设内容的基础上，结合数字化时代的发展需求，培养员工的数字化思维，引入和应用数字化技术，打造具有数字化特色的品牌形象和社区平台，提升企业在数字化时代的竞争力和持续发展能力。具体内容包括以下八个方面：

（一）构建与重塑价值观

在数字化民宿企业文化建设中，首先需要树立以客户为中心，诚信、创新、团结、奉献的核心价值观。这些价值观不仅是企业的灵魂，也是员工行为的指南。为了确保员

工的行为与企业目标保持一致，需要不断传播和强化这些价值观，使其深入人心。通过培训、宣传、榜样示范等方式，让员工充分理解和认同这些价值观，从而在工作中自觉践行。在数字化时代，数字化民宿要对核心价值观进行重塑与升级，将这些价值观与数字化思维相结合，使其更符合当今市场的需求和未来的发展趋势。

（二）明确使命与愿景

民宿企业的使命是为客户提供优质的民宿体验，创造美好生活。这一使命不仅体现了民宿企业的核心价值，也指明了民宿企业的发展方向。同时，民宿企业还应提出具有前瞻性和挑战性的发展愿景，即成为行业内具有影响力的品牌。使命与愿景的明确，可以激发员工的奋斗精神和创新精神，引领民宿企业不断向前发展。

利用数字化工具可以更加清晰地传达企业的使命和愿景。如通过民宿企业官网、社交媒体、微博等，使内部员工和外部客户都能更好地理解企业的发展方向和目标。同时，通过数据分析和用户反馈，不断优化和调整使命与愿景，使其更加符合市场需求和未来趋势。

（三）实践可持续的经营理念

民宿企业应秉承绿色、环保、可持续的经营理念。这不仅符合当今社会的发展趋势，也是民宿企业实现长期发展的必然要求。在经营过程中，民宿企业应关注生态平衡，注重资源节约和环境保护，实现企业与自然、社会的和谐发展。同时，还需要将这种经营理念融入民宿企业的各个方面，包括产品设计、服务提供、市场营销等，让客户在享受美好住宿体验的同时，也能感受到民宿企业的环保理念和社会责任。

数字化民宿在实践可持续经营理念方面具有独特的优势和潜力。通过数字化手段，民宿企业可以实现资源的高效利用、减少浪费、降低对环境的不利影响，同时提升客户体验和满足市场需求。例如通过数字化管理系统，企业可以对房源、设施、人员等资源进行实时监控和调度，根据实际需求进行合理配置，避免资源闲置或浪费。同时，数字化技术还可以帮助企业精确掌握能源和水资源的使用情况，优化节能减排措施，降低运营成本。

（四）规章制度的数字化管理

建立健全各项规章制度是民宿企业文化建设的重要组成部分。这些规章制度可以规范员工行为，提高工作效率，确保企业稳定运营。在制定规章制度时，应充分考虑企业的实际情况和员工的需求，确保规章制度的合理性和可操作性。同时，还需要加大规章制度的执行力度，通过奖惩机制等措施，确保规章制度的有效实施。通过数字化手段与工具能够加强规章制度的执行，确保员工行为规范、工作效率提升和企业稳定运营。

（五）提升品牌形象标识

形象标识是民宿企业文化的重要体现，也是企业品牌建设的重要组成部分。设计独特的形象标识，可以用于企业宣传、产品包装等方面，提升企业品牌辨识度。在设计形象标识时，应注重创意和独特性，体现民宿企业的核心价值和品牌形象。同时，还需要加大形象标识的推广力度，通过广告、宣传册、社交媒体等多种渠道进行宣传和推广，提高民宿企业的知名度和美誉度。

民宿通过数字化手段塑造独特、鲜明、富有吸引力的品牌形象，可以增强企业在数字化时代的竞争力。利用数字创意和多媒体技术设计独特的形象标识，用于企业宣传和产品包装，提升品牌在数字化时代的辨识度和影响力。

【知识链接】

“为一间房，奔赴一座城。”这句话表达了人们对于民宿的美好印象和对于旅行的独特理解，也包含对地方文化和风土人情的深刻认同。文化和旅游部等十部门在2022年联合印发了《关于促进乡村民宿高质量发展的指导意见》，确定生态优先、文化为根、以人为本、融合发展、规范有序5项基本原则，为我国乡村民宿创新发展指明了方向。在民宿中，文化不仅是装饰和体验活动的叠加，还是一种贯穿于整个民宿的灵魂，赋予民宿独特的魅力。

文化是民宿可持续发展的保障。在许多地方，民宿行业的发展通常依赖于当地独特的自然风光和人文景观。而这些风光和景观的可持续利用和保护，也需要文化的助力。通过与当地居民建立紧密的联系，让当地文化得到传承与发扬，也让民宿实现可持续发展。例如，《黄山市民宿业发展规划》的出台，就是在扶持培育民宿发展过程中，以徽州文化为标签，探索制定徽州民宿地方标准，推进徽州民宿规范化、标准化建设，一座座独具风格的民宿如雨后春笋般涌现，包括山水间、塔川书院、拾庭画驿、西街一号、澍德堂等一批精品民宿，形成了一个有特色的民宿集群。黄山现有各类民宿2450余家，遍及全市七成以上行政村，带动10万农民就近就业。

（六）员工培训的数字化升级

员工是企业发展的核心力量，加强员工培训是民宿企业文化建设的重要任务。通过培训，可以提高员工的综合素质和业务技能水平，为企业发展提供人才保障。在制订培训计划时，应结合员工的实际需求和岗位要求，选择合适的培训内容和方式。同时，还需要加强培训效果的评估和反馈机制的建设，确保培训工作的有效性和针对性。

员工培训也需要与时俱进，加强数字化人才的培养和引进，特别注重培养员工的数字化思维，使他们能够更好地适应数字化时代的发展需求，提高企业的数字化水平。结合线上和线下的培训方式，加强员工对数字化技术的掌握和应用能力，培养适应数字化时代的思维模式和工作技能。

（七）团队建设

团队建设是民宿企业文化建设的重要环节之一。通过加强团队建设，可以培养员工线上与线下的团队合作精神和协作能力，提高企业凝聚力。在团队建设过程中，应注重团队文化的培养和传承，激发员工的归属感和荣誉感。同时，还可以通过团队活动、拓展训练等方式增强团队的凝聚力和向心力。

（八）社会责任

民宿企业应积极履行社会责任，关注公益事业，树立良好的企业形象。这不仅可以提升企业的社会声誉和影响力，也是实现企业可持续发展的必然要求。在履行社会责任时，民宿企业应结合自身特点和优势选择合适的公益项目并注重项目的可持续性和社会效益。同时还需要加强与社会各界的沟通与合作，共同推动社会的进步和发展。民宿可以借助数字化媒体积极宣传企业的社会责任，提高企业的形象，赢得公众信任和支持。

第四节　数字化民宿企业文化建设方案的实施

一、数字化民宿企业文化建设方案实施的原则

数字化民宿企业文化建设是一项长期而复杂的工作，需要遵循一系列实施原则以确保其成功。以下五个原则是数字化民宿企业文化建设的基础，它们相互关联、相互促进，共同推动民宿企业的可持续发展。

（一）一致性原则

一致性原则是民宿企业成功构建和实施企业文化的关键。民宿企业文化建设必须与

企业的发展战略、愿景和价值观保持高度一致。这意味着民宿企业文化应反映企业的核心价值和经营理念，成为企业发展的内在驱动力。通过确保民宿企业文化的一致性，民宿企业可以确保员工的行为和决策与企业目标相一致，从而推动民宿企业的长期稳定发展。

（二）以人为本原则

以人为本原则强调在民宿企业文化建设中关注员工的成长和发展。员工是民宿企业文化的承载者和实践者，他们的积极参与和贡献对于民宿企业文化的形成和落实至关重要。民宿企业应尊重员工的意见和建议，鼓励他们参与到民宿企业文化建设中，获得培训和发展的机会。通过培养员工的归属感和忠诚度，民宿企业可以激发员工的潜力，提升整体绩效，并增强企业的核心竞争力。

（三）创新性原则

创新性原则是数字化时代对民宿企业文化建设提出的新要求。随着技术的不断进步和市场的快速变化，民宿企业必须具备创新意识和创新能力以适应外部环境的变化。民宿企业应鼓励员工勇于尝试新的技术和业务模式，推动民宿企业的创新发展。通过不断地探索和创新，民宿企业可以创造出独特的竞争优势，满足客户需求，并在激烈的市场竞争中脱颖而出。

（四）落地性原则

落地性原则强调民宿企业文化建设的实际效果和应用。仅提出华丽的口号和理念是不够的，关键在于如何将这些理念真正融入员工的日常工作中。民宿企业需要通过有效的培训、教育和激励机制，使员工真正理解和认同民宿企业文化，并将其转化为实际行动。同时，民宿企业应不断评估和调整民宿企业文化建设的成果，确保其与民宿企业的发展目标相一致。通过确保民宿企业文化的落地实施，民宿企业可以塑造独特的企业氛围和品牌形象，提升员工的归属感和忠诚度，进一步推动民宿企业的发展壮大。

（五）安全与隐私保护原则

对于民宿企业而言，客户和员工的信息是其最宝贵的资产之一。在数字化民宿企业文化建设中，民宿企业在积极拥抱数字化技术，将数字化理念融入民宿企业文化的同时，还需要充分保护客户和员工的信息安全与隐私，树立良好的民宿企业信誉。

二、数字化民宿企业文化建设方案实施的具体步骤

数字化民宿企业文化建设方案的实施可以通过整体规划、分步实施的方式来实现。

（一）调研与评估

在开始实施数字化民宿企业文化建设方案之前，首先要对民宿企业的内部和外部环境进行全面的调研与评估，这包括了解员工对民宿企业文化的认知和需求，分析民宿企业文化的优势和不足，以及明确民宿企业文化建设的目标和方向。通过调研与评估，为后续的步骤提供基础数据和依据。

（二）制定整体规划

基于调研与评估的结果，民宿企业应制定整体的规划，这包括确定民宿企业文化的核心价值观、愿景和使命，设计民宿企业文化的标识和形象，制定民宿企业文化建设实施方案时间表等，确保整体规划具有可行性、可操作性和可持续性。

（三）数字化整合

将民宿企业文化的核心理念与数字化工具和平台相整合，以创新的方式推动民宿企业文化的传播和实践。例如，利用社交媒体、内部平台和数字营销工具来传播民宿企业文化，提高员工的参与度和认同感。同时，通过数据分析来了解员工的需求和行为，为后续的步骤提供数据支持。

（四）拆解与落实具体实施

在完成整体规划后，民宿企业应将文化建设的战略目标分解为具体可行的实施步骤，这些步骤包括培训和教育的阶段、活动策划与执行的过程、员工参与的计划等。通过将这些环节细化，民宿企业能够确保每个步骤都得到充分的关注和实施。民宿企业应确保每个步骤的实施都与整体规划保持一致，以确保民宿企业文化建设的连贯性和有效性。通过逐步推进这些步骤，民宿企业可以逐步建立起符合自身特点的企业文化，并推动其在日常运营中的落地实施。

在分步实施的过程中，民宿企业应明确每个阶段的责任人和具体任务。这有助于确保所有相关部门都清楚自己的角色和职责，避免在实施过程中出现职责不明或工作重叠的情况。同时，明确每个阶段的目标能够为团队提供一个清晰的方向，使他们知道何时完成某项任务以及如何衡量成果。

（五）培训与教育

为了使员工更好地理解和认同民宿企业文化，民宿企业应进行相关的培训和教育。这可以包括民宿企业文化理念的宣讲、员工行为规范的培训、领导力发展计划等。通过培训与教育，提高员工对民宿企业文化的认知度和认同感。

（六）活动策划与执行

为了营造积极的民宿企业文化氛围，民宿企业可以策划各种活动。例如，可以组织团队建设活动、员工座谈会、文化节等形式多样的活动，让员工在轻松愉快的氛围中感受民宿企业文化的魅力。同时，通过这些活动，增强员工的团队协作能力和归属感。

（七）考核与评估

在实施民宿企业文化建设方案的过程中，民宿企业应对建设方案施行过程中的每个阶段进行考核与评估。这可以通过问卷调查、员工反馈、业绩指标等方式进行。通过考核与评估，了解民宿企业文化建设的成果和不足之处，及时进行调整和改进。同时，对于表现优秀的员工进行表彰和奖励，树立榜样。

（八）持续改进与完善

民宿企业应定期审视和更新企业文化建设方案，使其始终保持与企业战略和发展目标的一致性。同时，鼓励员工积极参与企业文化的建设和发展，共同推动民宿企业的持续发展。

为了确保方案实施的效果，民宿企业还应通过持续的评估和调整，定期对建设方案施行过程中的每个阶段进行总结和反馈。这有助于及时发现和解决实施过程中遇到的问题，不断改进和完善方案，根据实际情况调整实施策略和步骤。民宿企业只有不断完善企业文化建设方案，才能最终实现民宿企业文化的可持续发展。

三、数字化民宿企业文化建设方案实施的对策建议

（一）以制度化为抓手

制度化是民宿企业文化建设的基础。通过制定明确的规章制度和工作流程，确保员工的行为和决策都符合企业的价值观和文化理念。同时，制度化也有助于提高企业的管理效率和员工的工作效率，确保企业稳定、有序的发展。为了实现制度化，民宿企业需要制定完善的管理制度，明确各个岗位的职责和权限，建立有效的沟通机制和决策

机制。

当然，制度的监督同样重要。仅制定制度是不够的，企业还需要确保这些制度得到有效执行。因此，对制度的执行情况进行定期评估和反馈变得尤为重要。通过评估，企业可以了解制度在实际操作中的效果，找出存在的问题并及时进行调整；而反馈则有助于加强员工对制度的认识和理解，进一步提高制度的执行效果。

在数字化时代，民宿企业制度化还可以与数字化技术相结合，进一步提高制度的执行效率和企业的管理效果。例如，利用数字化工具对制度进行统一管理，实时监控制度的执行情况等。通过这样的方式，民宿企业不仅能够实现真正的制度化管理，还能为企业的长期发展奠定坚实的基础。

（二）以文化为灵魂

文化是民宿企业发展的灵魂。优秀的民宿企业文化能够激发员工的归属感和创造力，提高企业的品牌价值和市场竞争力。因此，民宿企业需要注重文化的建设和传承，通过各种方式培养员工的文化意识和文化素养。

为了打造独特的企业文化，民宿企业首先可以深入挖掘自身的文化基因，明确企业的核心价值观和文化理念。这不仅包括对地域文化的挖掘，也包括对企业与行业文化历史和传统的了解。通过深入研究，民宿企业可以找到自身的文化特色和核心价值，为后续的文化建设奠定基础。在此基础上，民宿企业需要利用数字化工具和平台来传播企业文化。

（三）以细节再造为亮点

在当今竞争激烈的市场环境中，细节的再造与优化已成为民宿企业打造差异化竞争优势的关键。细节决定成败，尤其是在服务行业中。民宿企业要想在市场中脱颖而出，必须对每一个细节进行精雕细琢。这不仅包括对产品细节的关注，如房间布局、家具款式、装饰风格等，更包括对服务细节的打磨，如员工态度、服务流程、客户体验等。通过数字化工具，企业可以对这些细节进行实时监控和数据分析，以便及时发现问题并进行改进。

为了实现细节再造，民宿企业需要注重对产品和服务质量的把控。从设计阶段开始，企业就可以利用数字化工具进行模拟和预测，以便更好地把握市场需求和客户期望。在采购和装修环节，数字化技术同样可以帮助企业提高效率、降低成本。而在服务流程中，数字化技术则可以提供更加个性化的服务体验，如智能客房、电子门锁、在线预订和支付等。

【知识链接】

打造个性化民宿，彰显乡村文化优势

乡村民宿正日益从单纯的住宿场所演变为展示和交流乡村文化的载体，应注重彰显乡村文化优势。一是呈现乡村原有风貌。应最大限度地保留古旧民居原有建筑风貌和老物件，让人们从中“看得见乡愁，回忆得起童年的经历”。同时强化乡村民宿自然环境、乡土元素、时代特征与艺术设计的有机融合，增强乡村古旧民宿的舒适度和时尚感。二是体现生态营造理念。乡村民宿在建设中应提倡绿色、节能，广泛采用具有当地特色的营造方式、本土建材等，从材质到建构体现乡村民宿的生态发展。三是传播乡村历史文化。应深度挖掘民宿所在地的历史文化及其时代价值，赋予民宿生动的文化内涵。乡村民宿应该“有故事有情感”，让游客从入住的那一刻起就开启对当地文化的认知旅程，其自身也在保护、传承地域文化中拥有更强的吸引力、更持久的生命力。

（四）与时俱进，不断创新

随着市场环境和客户需求的变化，民宿企业需要不断地与时俱进、不断创新。只有不断创新才能在激烈的市场竞争中立于不败之地。要实现创新发展，首先要密切关注市场趋势和客户需求的变化。数字化技术为企业提供了强大的数据分析和洞察能力，可以帮助民宿了解客户的消费习惯、预订偏好以及服务评价等，从而为产品和服务创新提供有力支持。

在创新过程中，员工的意见和建议是宝贵的财富。民宿企业应积极鼓励员工发挥主观能动性，提出创新意见和建议。通过建立创新激励机制，激发员工的创新意识和创造力。

此外，民宿企业还应注重创新文化的建设。创新文化是培养员工创新意识、激发创造力的土壤。通过营造开放、包容、协作的工作氛围，鼓励员工敢于挑战传统、突破自我。企业可以通过组织创新活动、开展创意培训等方式，培养员工的创新意识，使其成为推动企业创新的强大动力。

【本章小结】

本章主要探讨了数字化民宿企业文化的建设，从定义、内涵、外延到实施方案，全面解析数字化如何助力民宿企业文化发展。理论方面，本章介绍了民宿数字化企业文化的概念、作用及构成要素等；实践方面，本章介绍了民宿企业文化数字化建设方案，包括总体战略规划、数字化人才队伍建设、营销推广及管理系统建设。此外，还探讨了数字化民宿企业文化的外延，包括如何将数字技术与企业文化相结合，拓展至产业链上下游。最后，基于民宿企业文化的数字化建设方案进行阐述，探讨数字化在民宿企业文化建设方面的具体实施步骤。综上所述，本章的研究内容为民宿业主了解和进行数字化民宿企业文化建设提供了重要的参考和指导。

【思考与练习】

1. 数字化在民宿企业文化的建设和发展中有什么重要作用？
2. 民宿数字化企业文化的外延有哪些？
3. 民宿企业文化建设中的数字化手段有哪些？
4. 尝试以一民宿品牌为例，探寻其数字化企业文化建设方案，并总结其成功经验。

【案例分析】

近期，迈点研究院发布 2020 年 6 月非标住宿品牌影响力榜单，花筑民宿酒店位居“客栈民宿”榜单榜首。这是自 2019 年 10 月至今，花筑民宿酒店连续超 9 个月在迈点 MBI 品牌指数“客栈民宿”榜单蝉联第一。此前，花筑还在 2019 年度中国旅游住宿业 MBI 颁奖盛典中连续第三年斩获“客栈民宿影响力品牌金航奖”。花筑民宿酒店具有非常领先的数字化的企业文化。

● 创新精神：花筑民宿酒店不断推出新的营销策略和产品服务创新，与百度、北京银行、支付宝、微博等跨界合作，打造游戏主题房等，展示了其创新精神和勇于尝试的态度。这种创新精神是企业文化的重要组成部分，推动企业不断进步和发展。

● 客户至上：花筑民宿酒店通过场景营销及 IP 流量等多维度的传播矩阵，不断扩大目标客群，通过精准运营锁定服务客群，提升品牌竞争力。这种以客户为中心的服务理念体现了企业文化中客户至上的价值观。

● 团队协作：花筑民宿酒店积极开展多店通用的超值花筑住享卡预售、花筑“微度假”周边游线路等举措，在 2020 年 5 月疫情防控进入常态后的首个五一小长假，交出了全国门店平均入住率超 70%、满房门店数量接近 400 家的优异答卷。这体现了企业文化的团队协作精神，员工们共同努力，取得了良好的业绩。

问题：

1. 从上述内容来看，花筑民宿酒店在数字化时代积极运用跨界合作、智能化服务等方式，构建了营销生态，请展开说说这些在案例中有哪些具体体现。

2. 花筑民宿酒店用什么样的服务理念提升品牌竞争力？

3. 花筑民宿酒店为什么能够在非标住宿品牌影响力榜单中连续超 9 个月第一？

4. 在数字化转型过程中，民宿企业应该如何调整文化以适应新的市场和技术要求？

第十章　民宿数字化运营产业链管理

【本章导读】

2023年11月，首届中国国际供应链促进博览会在北京开幕，这也是全球首个以供应链为主题的国家级展会。“链博会”聚焦五大供应链，不仅促进国内相关产业链的建链、延链和强链，也将进一步加强中国企业与国际企业挂钩建链。而今数字经济正成为重组要素资源、重塑经济结构、改变竞争格局的关键力量，建设现代化产业体系则是把扩大内需战略同深化供给侧结构性改革有机结合的重要支点。正因如此，产业发展的各个维度，包括产业分工模式、产业链布局、产业组织范式等也正发生着深刻变化。民宿数字化运营产业链以民宿为载体，以数字化平台为支撑，涵盖民宿产业的上中下游相关主体，为民宿业主和消费者提供线上线下的全方位服务。

近年来，随着民宿市场规模的扩大，民宿数字化运营产业链日趋丰富。一方面，一些新的细分领域不断出现，如智慧民宿解决方案提供商、新媒体策划推广服务商、民宿直播提供商、民宿综艺节目制作、民宿金融解决方案提供商等；另一方面，“民宿+”产品形态也日益丰富，除提供住宿外，民宿还为游客提供特色餐饮、野奢露营、温泉私汤、篝火晚会等配套体验项目，满足用户城市微度假、周边深度游、省内长线游、跨省长线游等多种需求。民宿数字化运营产业链的发展对提升民宿行业的服务品质和满足消费者多元化的需求意义重大。

【学习要点】

1. 民宿产业链的含义和民宿数字化运营产业链管理的作用，民宿数字化运营产业链管理的构成。

2. 民宿数字化运营产业链管理发展现状。

3. 民宿数字化运营产业链管理的发展趋势。

4. 民宿数字化运营产业链管理的策略。

第一节　民宿数字化运营产业链管理概述

一、相关概念

（一）产业链的定义

产业链是指各个产业部门之间基于一定的技术经济联系和时空布局关系而客观形成的链条式关联关系形态。产业链可以分为狭义产业链和广义产业链。狭义产业链是指从原材料一直到终端产品制造的各生产部门的完整链条，主要面向具体生产制造环节；广义产业链是指在面向生产的狭义产业链基础上尽可能地向上下游拓展延伸。产业链向上游延伸一般使得产业链进入基础产业环节和技术研发环节，向下游拓展则进入市场拓展环节。

产业链的实质就是不同产业的企业之间的关联，而这种产业关联的实质则是各产业中的企业之间的供给与需求的关系。

现代化产业链通常可以从价值链、企业链、供需链和空间链四个维度予以考察。价值链体现各环节的价值增值，企业链体现上下游分工的有序协同，供需链体现连接性的效率与安全均衡，空间链体现区域布局的集聚与扩散协调等方面。产业链运转形式则体现在产业链韧性、产业链协同和产业链网络化三个方面。

（二）民宿产业链的含义

民宿产业链的含义可以依据广义产业链而定，指民宿企业产品生产所关联的原材料生产企业和供应商到民宿企业产品和服务进入消费市场所依托的中间商和零售商等所有企业而形成的完整链条。

民宿产业链由上中下游三个层次组成，包括房源供应企业或个人、民宿交易平台、民宿产品生产原料提供商、保洁服务、修理维护、在线支付、位置服务、营销推广、金融服务（贷款等）、培训咨询、会展活动、市场销售等，组成了完整的价值创造链条。

（三）民宿数字化运营产业链管理的含义

民宿数字化运营产业链管理是指以数字化平台为支撑，以民宿为载体，提供线上线下的全方位服务，包括房源供应、客户服务、支付结算、营销推广等环节。民宿数字化运营产业链的发展，不仅满足了消费者对个性化、舒适化住宿的需求，而且也提升了旅游业的服务品质。

二、民宿数字化运营产业链管理的作用

（一）有利于企业降低运营成本

产业链的形成通过多个企业的分工协作，极大地提升了整体的运行效率，形成了规模优势，从而降低了单个企业的运营成本。在中国，不少区域形成了产业集群的优势，比如江苏丹阳的眼镜行业、浙江永康的五金行业、广东佛山的家具行业、浙江莫干山的民宿产业。这些区域产业链的形成，形成了完整的配套设施，减少了物流费用，提升了运营效率，大大降低了所在企业的运营成本。

（二）有利于形成良好的产业生态环境

产业链会形成良好的产业生态，包括高质量的基础设施、丰富的人才资源、良性的创新竞争氛围和低成本、高效率的伙伴资源，这样的环境有助于“独角兽”“小巨人”这样的创新企业出现。美国硅谷就是最好的例子，不断地催生出 Facebook 等创新企业出现。从民宿行业看，共享民宿始祖 Airbnb（以下简称“爱彼迎”）率先尝试民宿共享商业模式，受到了国内企业的学习和效仿。2011 年，国内首家中高端民宿预订平台途家网正式上线，随着产业链的日趋完善，木鸟民宿网、蚂蚁短租、城宿网等新的民宿平台企业不断涌现。

（三）有利于企业创新氛围的形成

产业链会形成鲶鱼效应，通过良性竞争和协作促进企业不断地创新，寻求技术和商业模式等领域的突破。比如上海的张江高科技园区吸引了大量优质的芯片制造和医药企业进入，相互“比学赶帮”不断催生技术和产品创新，形成了良好的创新创业氛围，吸引优秀人才不断涌入。而对于民宿行业，由于竞争者数量的增多，民宿企业也纷纷在设计和服务上下功夫、做创新。以莫干山为例，2002 年，夏雨清在莫干山开了第一家民宿——颐园。颐园早期以外国顾客为主，每间房能卖到 1800 元，还常常供不应求。陆陆续续地，更多的人到莫干山开起了民宿，“裸心谷”是最早的标杆。2009 年，南非来的高天成花 1.5 亿打造了“裸心谷”。裸心谷在莫干山定价最高一档，一晚房价超过 2000 元。有数据显示，2016 年裸心谷 120 间房年收入达 2 亿。裸心谷的成功吸引了很

多投资者竞相模仿，此后，莫干山出现了各色各样的民宿模式，百花齐放。知名品牌西坡、大乐之野、原舍等都是那段时期开始做的民宿。数据显示，2016 年莫干山民宿数量比 2015 年增加一倍，2017 年又比 2016 年增加一倍。到 2017 年底，这里的民宿品牌数量达到 1000 家。

（四）有利于打造区域经济品牌

浙江莫干山民宿、云南大理民宿、宁夏中卫黄河宿集等民宿现已经形成了产业聚集，这些民宿集群很多已经成为当地的创业明星和利润大户，同时创造了大量的就业机会，也让这些民宿享有较高的品牌知名度，对区域经济发挥了非常好的带动作用。

【知识链接】

首届“链博会”在京开幕

产业链关系到各产业的可持续发展，得到了国家及产业界的广泛关注。首届“链博会”于 2023 年 11 月 28 日在北京中国国际展览中心（顺义馆）开幕。“链博会”以“链接世界，共创未来”为主题，打造一个重点行业上中下游融通、大中小企业链接、产学研用协同、中外企业互动的开放型国际合作平台，积极维护全球产业链、供应链稳定。

首届“链博会”的原则是“共建、共促、共享”。链博会设置了智能汽车链、绿色农业链、清洁能源链、数字科技链、健康生活链和供应链服务展区，展示各产业链上中下游先进技术、产品以及银行、保险、贸易咨询、商事法律等供应链服务。

其中，“数字科技链”聚焦创新与赋能，重点展示基础端的发展趋势、产业端的孵化生态和应用端的解决方案，搭建起数字科技信息共享、需求匹配、精准对接的跨行业、跨领域、一站式交流平台，促进数字经济与实体经济深度融合。“民宿管理数字化”也是其中重要的一环。

供应链数字化程度的加深将更好地协同上下游资源、推动包括民宿行业在内的多领域融合、提升各行业的抗风险能力。

三、民宿数字化运营产业链管理的构成

民宿数字化运营产业链由上中下游三个层次组成。

民宿数字化运营产业链的上游主要是公寓、别墅、乡村院落、客栈等各类房源，这些房源的经营者包括房东、中介、二房东、一些房地产开发商及专门的民宿运营托管机构，此外，还包括规划设计、建筑装修、民宿用品行业等上游产品资源供应方。

民宿用品行业为民宿提供经营所需的原材料，主要包括棉织品、清洁用品等日常经营消耗品。

民宿数字化运营产业链的中游主要包括渠道分销、民宿数字化管理信息系统（包括PMS、RMS、CRM、HR 等）、保洁服务、修理维护、在线支付、位置服务、营销推广、金融服务（贷款等）、培训咨询、会展活动等。

民宿预订平台在整个产业链中起到了非常关键的作用，民宿产品多数通过一些民宿预订平台或者新媒体促成交易。主流的民宿预订平台包括：途家民宿网、美团民宿、爱彼迎、木鸟民宿网、小猪短租、自如民宿等；OTA（携程、去哪儿、美团、同程等）；主要的文旅 UGC 内容提供平台，如马蜂窝、穷游等；短视频、内容类平台，包括抖音、小红书、快手等。除了分销平台外，很多民宿还尝试建立自销渠道，如微信小程序、微信公众号等，进行私域流量的挖掘。

此外，民宿数字化运营产业链中游的一个重要组成部分是民宿管理信息系统行业。民宿管理信息系统涵盖的系统类型非常多，但主要的是民宿管理信息系统行业（PMS），市面上的主要民宿管理信息系统品牌包括“订单来了”、云掌柜、百居易等。这些系统往往与几十家分销平台对接，可以实现民宿产品的多渠道发布。此外，还包括 RMS（收益管理系统）、CRM（客户关系管理）、HR（人力资源管理）等信息系统构成。

此外，保洁服务、修理维护、在线支付、位置服务、营销推广、金融服务（贷款等）、培训咨询等多元化增值服务也是民宿数字化运营产业链不可或缺的组成要素。

民宿数字化运营产业链的下游主要为旅游出行与商务出行群体。根据渠道的不同客户可分为直接消费端与间接消费端，下游直销客户主要包括散客与协议公司，分销客户主要包括民宿在线预订平台与旅行社。

需要指出的是，真实的民宿数字化运营产业链是非常复杂的，涉及的企业和个体非常多，图 10–1 只是对产业链的一个简化和抽象。

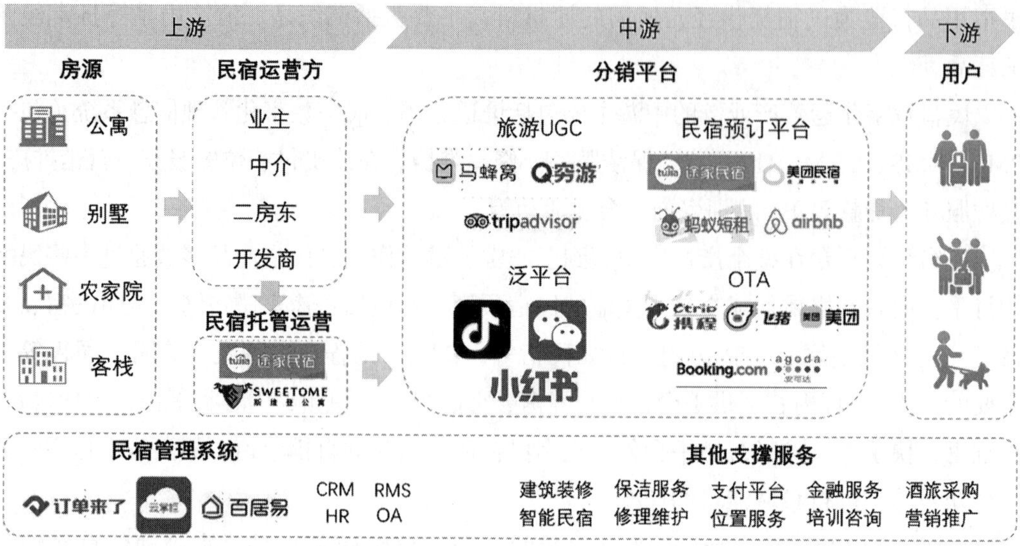

图 10-1 民宿数字化运营产业链

第二节 民宿数字化运营产业链管理发展现状

近年来，民宿数字化运营产业链管理发展迅速，已成为行业发展的趋势。通过互联网和信息技术，民宿业主可以实现在线预订、支付、客户管理等数字化管理，提高了管理效率。同时，数字化运营也促进了产业链的优化和升级，为民宿行业的发展带来了新的机遇和挑战。总体而言，民宿数字化运营产业链管理呈现以下现状：

一、民宿产业链服务的差异性明显

民宿属于住宿业大类，但被列入了“非标准”住宿接待业，故与标准化程度较高的酒店住宿业相比服务特色各异。在文化和旅游消费需求日趋个性化、多元化的今天，民宿可提供区别于酒店的多样化和差异化的产品和服务，从而更容易被市场消费者追崇。例如，浙江莫干山民宿群、上海崇明岛民宿群，近来都因建筑风格、服务内容和地域资源特色的融合区别于酒店，成为当前“现象级”的网红产品。

另外，民宿属共享经济的一个分支。共享民宿始祖爱彼迎的创业就是从共享气垫床开始的。如今，爱彼迎共享的民宿资源已经覆盖全球接近 200 个国家，在线的民宿资源超过了 500 万间。民宿的共享为游客带来了不同的体验，也为房东创造了额外的收益，节约了资源，因而也深受业主的欢迎。

二、民宿产业链发展出现调整整合态势

民宿产业链发展起步较晚，已经历过一轮快速增长。受疫情影响，出现了短暂的停滞。目前处于整合阶段，需求是现阶段的主要驱动因素。

2010—2014 年，是共享经济起步阶段，受爱彼迎的影响，国内开始出现了途家民宿网、木鸟民宿网等初创民宿平台。这一阶段，开始有部分城乡闲置房进入民宿领域，主要面对性价比高的低端市场，在三亚、云南大理等地开始发展壮大。

2015—2019 年，是民宿快速发展阶段。爱彼迎进入中国市场。阿里巴巴、携程、美团等互联网也纷纷进入民宿市场。不断有投资和并购事件发生。民宿数量开始激增，竞争不断加剧，高品质、差异化的民宿开始大量出现。

2020—2022 年，是民宿停滞阶段。受到新冠疫情影响，全球的旅游业遭受重创，出行人群锐减。爱彼迎在 2022 年宣布退出中国民宿市场。大量的民宿停业，不少民宿预订平台被收购或者倒闭，从业者大量退出。相关的投融资基本暂停。

2023 年至今，是民宿调整整合阶段。进入后疫情时代，随着疫情防控政策的调整，民宿需求得到有效释放，2023 年春节、“五一”等小长假期间迎来了旅游报复性反弹，一房难求、房价飙涨的现象出现。但国庆节后至今，有不少报道说民宿出现接待率下降的现象。如图 10-2 所示。

	2010—2014年 起步阶段	2015—2019年 快速发展阶段	2020—2022年 停滞阶段	2023年至今 调整整合阶段
环境	共享经济崛起	经济快速发展需求升级	新冠疫情按下暂停键	需求持续升级，政策加持
民宿生态	城乡闲置住房改造 旅游城市+知名景区 游客增加倒逼配套民宿，主打性价比	数量剧增形成规模 大旅游城市+知名景区 依靠旅游资源，个性化显现	房源持续增加， 低端民宿出清加速 旅游景区+乡村旅游 内容多元化，私域流量崛起	房源供给不断增加 民宿下沉市场 智能化、差异化、集群化
平台/渠道	大量民宿平台涌现 连接供需两端盘活闲置资源	平台整合加剧，大平台入局 房源争夺+定位差异化	海外巨头退出，梯队形成， 存量竞争加剧 流量争夺+运营模式转型	头部市场份额显著增加 存量竞争加剧 运营模式转型
资本	试水，推动行业扩张	资本涌入，推动产业升级	投资锐减，加速整合	资本回流，推动行业发展
人群/需求	主打性价比 “穷游”者居多	性价比需求延续， 个性化需求崛起 追求个性化年轻人群形成	需求持续升级 品质、差异化需求增加	需求更加多元化、个性化 体验经济，民宿+
驱动要素	渠道	渠道+需求驱动	疫情受阻+需求驱动	需求驱动

图 10-2　民宿数字化运营产业链发展阶段

（资料来源：新浪网，《中领：2022 民宿行业研究报告》，https://finance.sina.com.cn/tech/roll/2022-11-30/doc-imqmmthc6480884.shtml .2022-11-30。）

三、民宿产业链上游市场增量空间巨大

民宿数字化运营产业链上游房源供给充足，下沉市场增量空间巨大，呈现结构性的市场机会。

房地产市场经过40年的高歌猛进，已经进入一个滞胀阶段。主要的原因是：一方面，人口增长放缓，房价居高不下，需求减少；另一方面，房屋存量巨大，空置数量不断增加，特别是一些三、四线城市，人口不断外流，大量房屋空置，这也为民宿发展奠定了供给侧的基础。

2022年8月5日，为探索城市住房空置情况，贝壳研究院重点研究了国内28个城市的3万个小区，发布《2022年中国主要城市住房空置率调查报告》，首次盘点了主要城市住房空置率水平。调研结果显示，28个大中城市平均住房空置率为12%，处于相对较高区间。

具体到调研城市，南昌、廊坊、佛山住房空置率排前三位，均在15%以上，而深圳、北京、上海空置率最低，均在7%以下。据悉，本次报告基于贝壳平台交易数据，结合对5万经纪人的调研结果，横向比较各城市的住房空置现状，并从微观和宏观分析其影响因素，进而分析该地区市场的真实状况。如图10-3所示。

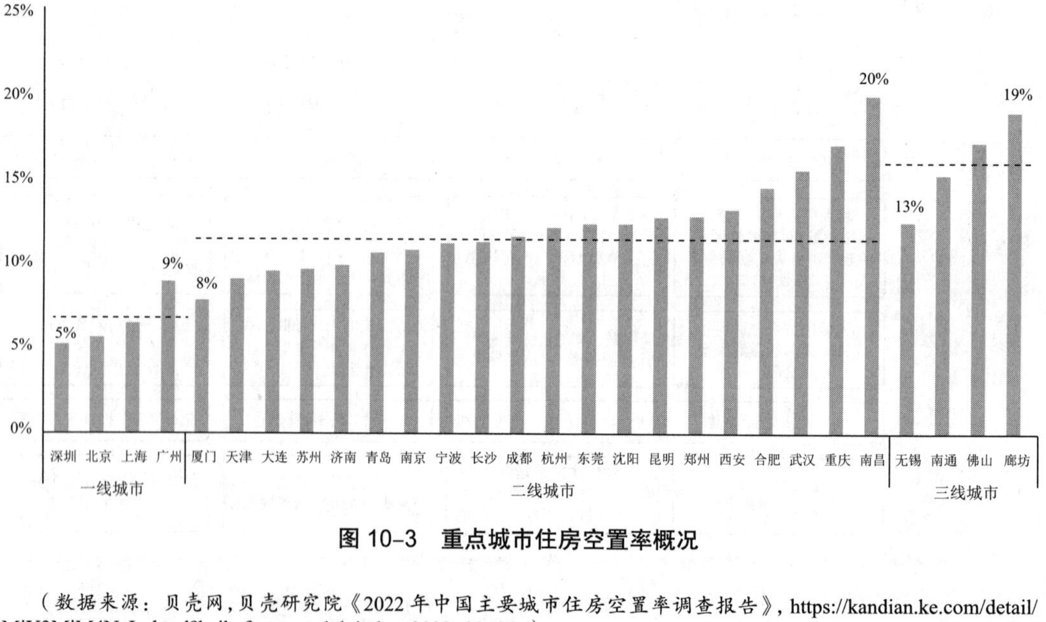

图10-3　重点城市住房空置率概况

（数据来源：贝壳网，贝壳研究院《2022年中国主要城市住房空置率调查报告》，https://kandian.ke.com/detail/MjY3MjM4NzI=.html?beikefrom=pc_kd_index，2022-08-05。）

2023年9月23日，十一届全国人大财经委副主任、国家统计局原副局长贺铿在2023中国实体经济发展大会上表示："现在房地产供应过剩，空置的房屋究竟有多少，

各个专家估计出来的数字相差很大，14 亿人可能住不完。”

大量的空置房屋进入民宿市场将推动行业的进一步发展，特别是三、四线城市和一些旅游资源较好的乡村。

飞猪旅行网和小猪民宿最新联合发布的《2023 年中国民宿行业洞察报告》显示，无论是从民宿订单增速还是从新增民宿房源增速都可以看出，民宿创业从一线“卷”到小众目的地，下沉市场未来可期。报告还显示，2023 年上半年民宿订单增速最快的 10 个目的地分别为延边、扬州、威海、淄博、吐鲁番、洛阳、西双版纳、柳州、开封和潮州，同比增长均超过 400%，其中延边订单增速高达 1221.13%。

第二个结构性的机会是中高端民宿市场。随着疫情结束、经济逐渐回暖，压抑已久的需求在逐渐释放，但是目前中低端的民宿供给过剩，市场竞争日趋激烈，已经呈现红海态势。市场呼唤高品质的民宿产品，很多高端民宿在节假日往往一房难求。2023 年 9 月，途家民宿发布的《2023 年上半年乡村民宿发展报告》显示，以 90 后为代表的年轻用户成为民宿消费的主力，其愿意为有特色、精致且有深度的乡村体验买单，上半年每晚支付价格超千元的民宿订单同比 2019 年增长近两倍。

四、产业链上游民宿品质和服务水平亟待提升

处在民宿产业链上游的民宿品质和服务水平亟待提升，上游民宿托管运营模式有助于解决痛点问题，存在发展机会。

民宿行业上游品质和服务水平良莠不齐。由于民宿业主大多缺乏必要的培训和运营经验，专业能力不足，引发大量无法回避的问题，如食宿标准随意、卫生状况糟糕、安全隐患众多、扰民事件频发等。有些问题和风险甚至威胁到客人的生命和财产安全，引发大量的投诉。因此，民宿品质和服务水平亟待提升。

另外，为了增加利润，很多经营者往往涉足多房源管理，由于管理效率低下，造成顾此失彼，管理不善，导致卫生条件恶化、口碑持续下降，引发一系列经营危机。

上游民宿托管运营模式对解决上述问题不失为一个较好的解决方案。民宿托管团队往往由有着多年行业经营经验的资深人士组成，已经形成了一套完整的运营管理体系。专业的人做专业的事情，通过专业化的服务，可以帮助一些房东建立完整的服务体系和营销体系，对提升民宿质量、提高服务水平、降低客户的投诉率、提升客户的满意度有着积极的推动作用。

五、产业链中游民宿预订平台发展相对稳定

民宿数字化运营产业链中游平台在一轮洗牌之后，已经形成了相对稳定的梯队，在整个供应链中掌握了很大的话语权。

民宿市场经过几轮洗牌，不断发展成熟。目前，民宿预订来源集中在以携程为代表的 OTA 平台和以途家民宿网、木鸟民宿网为代表的头部垂直类民宿平台上，且垂直类平台的市场占比不断提高，而其他平台则订单分散，占比有限。

特别是 2022 年，爱彼迎决定退出国内民宿市场，它之前的民宿房源多数转入木鸟民宿网、美团民宿等几个大的民宿预订平台，让这些平台的占有率得到进一步提升。

根据中国旅游与民宿发展协会提供的数据，携程集团等 OTA 的民宿市场占有率达 50%，占据了半壁江山；木鸟民宿网等其他垂直类民宿平台占比约 45%。如图 10–4 所示。

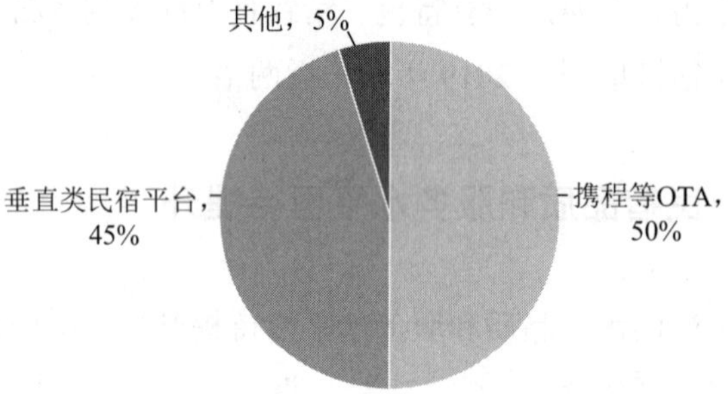

图 10–4　国内民宿市场占有率分析

数据来源：中国旅游与民宿发展协会

由于民宿的销售渠道日趋集中，使得这些头部平台在产业链上的话语权不断提升，对整个行业的影响力与日俱增。

另外，头部的 OTA 已经与头部的民宿预订平台形成了深度的战略合作关系，形成了稳定的竞争格局，民宿预订平台的进入壁垒不断提高。大的 OTA 为头部的民宿预订平台提供流量入口，大的民宿预订平台则为大 OTA 补充业务短板，丰富产品供给。

2016 年 10 月 20 日，途家民宿网宣布并购携程旅行网和去哪儿旅行网的公寓民宿业务，标志着与携程集团的深度合作。2018 年 6 月 21 日，阿里巴巴集团旗下旅行品牌飞猪旅行网宣布上线民宿短租频道，首批接入共享住宿品牌小猪短租的批量优质房源。2018 年 8 月，木鸟民宿网与阿里巴巴旗下的飞猪旅行网宣布达成战略合作，首批 5 万套精选房源上线飞猪民宿短租频道。2019 年 3 月 1 日，民宿短租平台途家民宿网与同程艺龙签订新采购协议，并宣布深化战略合作伙伴关系。根据协议内容，途家民宿网已

陆续把旗下全量房源同步至同程艺龙平台。同程艺龙微信端则开放一级频道民宿入口，与途家民宿网联手打造微信生态下的民宿预订平台。2019 年 10 月 12 日，美团网旗下的榛果民宿宣布将“美团榛果民宿”改名为“美团民宿”，如图 10–5 所示。

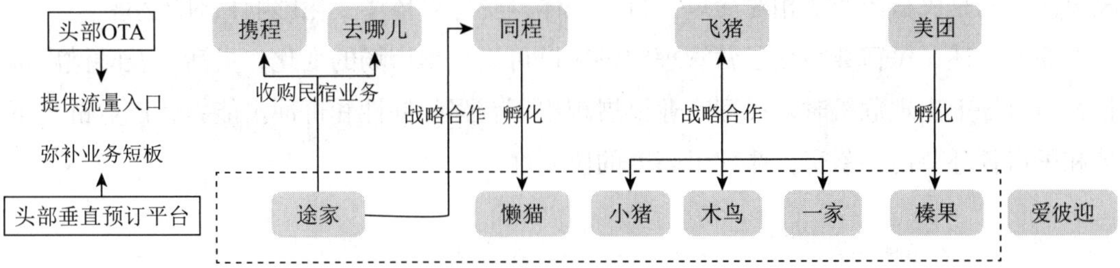

图 10–5　头部 OTA 和头部民宿预订平台的战略合作

（上图系本章编者对行业热点合作事件的整理）

六、民宿产业链下游消费者话语权不断增加

民宿数字化运营产业链下游消费复苏迹象明显，消费者的话语权增加。

随着民宿房源的不断增加，供需关系发生显著变化，除了“五一”“十一”这样的小长假和长假外，民宿的供给量总体大于需求量。另外，受疫情影响，客户的消费意愿和消费能力也受到影响，民宿之间的竞争日趋激烈，价格战不断上演。

供求关系的变化，直接决定了消费者话语权的增加。与之相对应的是，民宿企业不断地谋求品质提升、提高效率、改善服务，以期提升客户满意度，赢得市场竞争。

【知识链接】

2023 年民宿平台预订情况

2023 年，从订单增速来看，以途家民宿网和木鸟民宿网为代表的民宿预订平台普遍恢复情况要好于 OTA 酒店订单。这或许是因为民宿订单基数小、增速快，但也一定程度上反映了民宿市场的发展空间更大。“五一”期间，国内旅游收入恢复到 2019 年同期的 100.66%。同期，木鸟民宿订单量达到 2019 年“五一”假期订单的 5.17 倍，途家民宿网订单达到 2019 年的 2.7 倍。

七、现有民宿供应链运营更为灵活、高效

虽然疫情的发生让民宿业遭受重创，但相对于大批酒店企业，民宿业生产运营活动

恢复得更快，展现出了更强的灵活性和韧性。

究其原因，一是民宿行业普遍规模较小、运营成本较低、抗风险能力较强；二是民宿行业多数以民营企业为主，决策过程简单、市场化程度高、对外部环境变化敏感，手段灵活；三是民宿产业链相对简单、自成一体，受外界环境变化影响相对较小。

综上所述，民宿数字化运营管理中供应链可以根据市场的变化，灵活、及时做出调整，当市场上出现危机时，民宿产业链展现出了较强的韧性和抗冲击能力，产业链上下游和民宿各环节衔接紧密，体现了高度的协同性。

第三节　民宿数字化运营产业链管理发展趋势

结合民宿产业链的发展现状及外部环境的变化，初步形成了一些对民宿未来发展趋势的预判。当然，这些预判的前提是外部环境基本稳定，不发生诸如战争、重大公共卫生事件等巨型事件。

一、民宿数字化运营产业链上企业将日趋增多

随着民宿市场的规模扩大，产业链日趋丰富，一些新的细分领域不断出现，比如智慧民宿解决方案提供商、新媒体策划推广服务商、民宿直播提供商、民宿综艺节目制作、民宿金融解决方案提供商等。华为集团、腾讯集团、阿里巴巴集团、抖音、小红书、小米集团、科大讯飞、中国移动、中国联通、涂鸦智能、湖南卫视、新东方集团等企业和单位纷纷进入民宿市场，提供各自的产品和解决方案。

例如，新东方集团在2022年开始布局文旅赛道。2022年底，新东方旗下“东方甄选”的抖音账号矩阵增加了主打旅游产品的“东方甄选看世界”，与其他直播间不同的是，这个账号真正做到了“走出直播间，走进山河湖海”。

2023年2月27日，新东方集团董事长俞敏洪在直播间介绍京杭大运河历史时也曾提及：“未来新东方要做文旅。”时隔一个月后，俞敏洪在首届民盟乡村振兴发展论坛上发表的主题演讲中再次提道：“我的另一个目标就是‘美景’，并将布局文旅产业。”他指出：“不管有多少惊涛骇浪，都将带着新东方继续前行。”

越来越多的行业和企业进入民宿赛道，既意味着竞争不断加剧，也意味着新的模式、新物种的不断出现。例如，阿里巴巴集团和腾讯集团都推出了“无人酒店（民宿）”解决方案，小米集团提供了一系列“智能酒店（民宿）”软硬件。

这些全新的解决方案和应用及产品，都给了民宿行业新的创新和发展机会。

二、民宿数字化运营产业链管理效能将持续增长

后疫情时代，以旅游为主的消费在逐步恢复，民宿行业迎来了新的发展机会。2023年春节，途家民宿网与木鸟民宿网以接近6倍的增幅超过了以携程为代表的OTA平台，率先回到了稳健复苏的轨道上。到了2023年“五一”小长假期间，延续了这一走势，携程旅行网订单量相比2019年同期增长显著；去哪儿热门城市酒店预订量同比2019年超1.9倍；同程旅行三至五线城市酒店预订同比2019年涨幅均超过150%；北京市的高星酒店预订量同比2022年增长超5.3倍，民宿预订量同比2022年增长6.8倍。

图10–6中，根据“观研报告网”所提供的预测数据可以看到，相比2022年，民宿数字化运营产业链预计增长42.9%，市场规模达300亿元左右。未来，随着经济逐步复苏，消费回暖，这一趋势将得到延续。

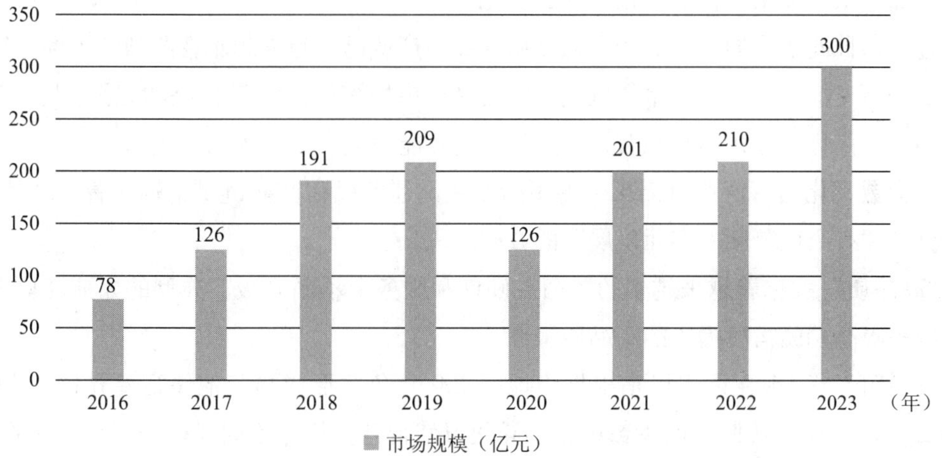

图10–6　2016—2023年我国民宿行业市场规模及增速预测

三、民宿数字化运营产业链上品牌化趋势将增强

民宿数字化运营产业链品牌化趋势显著，通过打造品牌，提升口碑，获得消费者的认可，提升品牌溢价成为很多民宿企业的发展战略。

在国内民宿发展政策法规和市场需求的推动下，品牌化成为民宿未来发展的一个大趋势，加快民宿品牌的塑造已经成为民宿业可持续发展的必然要求。

目前，国内已经形成一大批在市场上获得消费者好评与青睐的民宿品牌，诸如裸心谷、山里寒舍、浮云牧场、花间堂、原舍、西坡、山水间、喜悦秘境等。

许多民宿经营者敏锐地发现了机会，不断挖掘民宿的文化内涵，塑造民宿品牌形

象，实现了民宿品牌的扩张。同时，伴随着民宿产品房源的不断增加和平台用户活跃度的提升，用户对于个性化、多元化、差异化的住宿业态的需求也与日俱增。

2016 年，如家快捷酒店正式启动民宿项目，通过免费加盟形式把民宿业主纳入旗下品牌“云上四季民宿”，着力打造“民宿管理支持平台”“民宿预订平台”和“后台资源共享平台”三位一体的立体民宿生态圈。同时，一批具有一定知名度的国内民宿品牌，如花间堂、宛若故里也都在积极进行品牌连锁扩张。当然，品牌认知度和影响力的提升离不开品牌运营的持续优化。

四、民宿数字化运营供给端呈多元化发展趋势

供需关系是推动民宿数字化运营产业链健康发展的关键因素。随着民宿供给数量的不断增加，供需关系也在发生根本性的变化。

过去那种同质化的、粗放的、低品质的民宿产业已经越来越难在激烈的市场竞争中存活。经历疫情的洗礼，大量的低端民宿已经被市场淘汰，幸存下来的民宿企业，需要提升品质、优化服务，不断地改善用户体验，才能适应市场需求的变化。

民宿数字化运营产业链需求端的不断变化倒逼着民宿产业链供给端向着“高品质”“讲特色”“有个性”和“多元发展”的方向迈进。

“高品质”意味着越来越多的民宿在硬件和服务上不断升级，典型的如浙江莫干山的裸心谷等高端民宿所提供的高品质服务。

“讲特色”表现在许多民宿根据当地的文化特色，形成与其他民宿差异化的定位。如 26Life 族迹民宿按照云南少数民族差异化习俗特色，打造不同风格的“一站体验式”民族主题客栈，形成了独特的民宿产品定位。

“有个性”已成为民宿的生命和价值所在。个性化一方面源于文化主题，文化主题又延伸并统领个性化产品；另一方面源于“家”的属性，也就是亲情化诉求，这就需要保留原态风貌、原乡风情以及原味风物。

“多元发展”是指民宿超出了传统的“住宿”的范畴，与文化、自然风光、时尚、科技相结合，形成“民宿 +”“科技 +”等新的生态和模式，实现各种不同类型的民宿产品供给。

第四节　民宿数字化运营产业链管理策略

一、以产业融合理论为指导，打造“民宿 +”产业链

2023 年以来，满足 Z 世代新消费群体多元化、个性化需求的“民宿 +”产品形态和内容日趋丰富。除提供住宿外，很多民宿还为游客提供特色餐饮、野奢露营、温泉私汤、篝火晚会等配套的体验项目，满足民宿用户城市微度假、周边深度游、省内长线游等多种需求。同时，“民宿 +”新业态也成为乡村民宿留客的金钥匙，小猪民宿即是如此。相关套餐产品充分挖掘其在空间、场景和体验上与传统酒店差异化的吸引力和竞争优势，利用在地旅游资源优势，能最大限度地增加乡村民宿的“卖点”和吸引力，提高乡村民宿综合创收能力和盈利能力，助力乡村经济振兴发展。

随着消费者年轻化、需求个性化趋势的显现，加之民宿业竞争日趋激烈，新业态和新商业模式快速迭代，为了满足日趋多元的消费需求和迎合正在成为消费主体的年轻人，提供特色、趣味化的服务已经成为民宿平台发展方向。

2022 年以来，“民宿 + 电竞”“民宿 + 露营”“民宿 + 垂钓”等全新的场景化消费形式逐渐增多。2023 年春节，部分民宿纷纷推出写福字、放烟花、围炉煮茶、打糍粑等活动，受到消费者青睐。其中，围炉煮茶最为火爆，很多民宿都把这项服务当作特色招牌。据统计，围炉煮茶相关话题在社交媒体平台上的笔记分享就近 20 万条，而短视频平台相关话题的视频播放量已超 19 亿次。

此外，“民宿 + 围炉烤肉”“民宿 + 私人泡汤”“民宿 +cosplay”“民宿 + 剧本杀”等特色服务已为新生代消费者提供了真实而独特的民宿体验。未来，“民宿 + 康养”“民宿 + 冰雪”“民宿 + 文创”“民宿 + 研学”等主题产品，即“民宿 +”后面的内容，将成为决定消费者是否埋单的重要因素。

“民宿 +”，可以“+”的内容很多，如“民宿 + 演出”“民宿 + 音乐”“民宿 + 体育”“民宿 + 展览”“民宿 + 特产”“民宿 + 采摘”“民宿 + 文创”“民宿 + 康养”，民宿可以叠加的内容很多。民宿不再只是住宿，而是一种载体、一个空间、一种生态群体。

在数字化的加持下，“民宿 +”不是不同元素之间简单的叠加，而是以人为本，以文化为魂，以数字作为驱动力，融合而成的新模式、新物种，形成全新的“民宿 +”生态系统。

二、以客户需求为导向，提升民宿产业链品质

民宿数字化运营产业链上目前存在的最大问题就是商家良莠不齐、卫生状况不佳、隐私泄露等，这些问题影响客户的入住体验。民宿产业链上产品的品质提升是一个迫在眉睫、亟待解决的普遍问题。

品质提升并不意味着一定就是走高端路线，做奢华民宿。低价位的民宿也有服务质量好的、客户体验好的。中国经济这几年受到疫情冲击，多数人的收入是不升反降的，所以，一味地追求高端、奢侈的定位并不符合当前的市场行情，也不符合消费者的实际需求。品质提升，需要的是解决客户的一些核心诉求，比如卫生条件、食品安全、人身安全及隐私保护等。

为保证民宿品质，2023 年 7 月 31 日，国务院办公厅转发国家发展改革委《关于恢复和扩大消费的措施的通知》中就专门指出，要推动实施乡村民宿服务认证，培育发展一批等级旅游民宿，打造一批品质民宿。

2017 年，木鸟民宿网首次提出“四木房源”的概念，从房间软硬件设施到房东服务均对标四星级酒店。木鸟民宿网提出“四木标准”，从完善审核流程、硬件设施、软装配套、卫生质量到服务体系，涉及四个大项、二十五个小项、七十多个细化节点，保证四木房源的品质，供用户放心选择。此外，房源在经过综合评估后，木鸟民宿网还会提供标准化的软装方案，帮助房东迅速提高房源质量，共同提高平台房源品质。

三、以科技为手段，赋予民宿产业链“智慧”

随着数字化时代的到来，大数据、人工智能正在深刻地改变着各行各业，民宿行业也不例外。

民宿数字化将电子商务、大数据、云计算、人工智能等技术充分应用在民宿产业上，推动运营管理和服务的数字化、智能化、智慧化，从而实现更加优质、便捷的管理和服务。

智慧化给民宿客人带来便利、快捷的同时，也创造了一种新鲜的体验感，从根本上满足了消费者多元化、个性化的深度体验需求。一方面，民宿经营平台利用大数据技术，对相关数据加以挖掘、整合和分析，可以帮助民宿管理者洞察用户的消费行为，实现精准画像，从而不断设计、推送与用户个性需求匹配度更高的民宿产品和服务。另一方面，通过科技赋能，民宿可以打造丰富的场景体验。例如，自助入住、自助离店、人脸识别、语音互动及智能调节温度、灯光、窗帘等颇具科技含量的操作方式，可为消费者带来全新的体验，刺激了客人的消费欲望。此外，还可以根据不同的场景提供差异化

的应用。例如，在客人入住民宿之前，可以根据客人的到店时间提前调节好室内温度、欢迎音乐、民宿迎宾视频等，给客人带来回家般的温馨体验。

智慧民宿在提升消费者体验感的同时还能够节省民宿人力管理成本，提升民宿的运营效率。

目前，很多民宿已经进行了智能化的建设。未来，随着技术的不断进步、解决方案的日趋成熟，越来越多的民宿将成为“智慧民宿”。

四、以差异化产品定位、挖掘市场价值

民宿属于非标准住宿产品。如果民宿做得和酒店一样标准化了，也就失去了存在的价值。

一个独特的、差异化的定位是民宿获得用户青睐的关键，同质化的民宿产品和服务必将在激烈的市场竞争中趋于劣势。

事实上，中国是一个文化、自然、地理资源非常丰富的国家。有千年历史的古老村落、有雄奇壮丽的大漠雄关、有神秘瑰丽的高原明珠、有温婉秀丽的江南水乡。不同的文化、不同的自然环境都可以塑造出不同特质的特色民宿，正所谓“美美与共，和而不同”。

【同步案例】

26Life 族迹民宿项目的差异化定位

在云南乃至全国范围内，26Life 族迹民宿是首家按照云南少数民族差异化习俗特色打造的不同风格的“一站体验式”民族主题客栈，在民族文化元素介入下民宿发展研究上具有一定代表性，目前其在云南境内有 7 家分店，面临如何宣传品牌文化、提高服务质量等困境。

26Life 族迹云南少数民族创意民宿注重与云南少数民族文化的融合，把 26 个民族的文化镶嵌进 26 个主题房间里，处处体现着地域特色。

1. 云南少数民族元素在民宿设计中的应用

民宿的每一个房间都代表着一个民族，房间内的装饰、颜色等都与其代表的民族息息相关。民宿结合了丽江纳西族、大理白族、西双版纳傣族等民族的文化元素，将其融入民宿的装修设计之中，满足顾客的猎奇心理。

装饰元素：民宿的室内装饰元素是凸显房间风格的重要途径之一。民宿选用各民族有代表性的文化元素装饰房间，一是直接选择各民族的家具装饰，由民宿老板直接从该民族生活集聚区淘来；二是提取民族文化元素并将其视觉化、实物化。如：大理白族房

间以白墙青瓦装饰，古朴淡雅，极具大理白族传统民居的特色；床上用品、窗帘、地毯等均由色泽自然、经久耐用、消暑清凉的扎染布制作而成，如图 10–7 所示。

图 10–7　大理白族房间

色彩搭配：民宿丰富的色彩对顾客视觉感官有着强烈的震撼力，向顾客传达着其特有的民族风格。此外，每个民族的房间都有自己的代表色，这种代表色与各民族的传统技艺、日常劳作、生活环境等密切相关。如：白族房间的色调以蓝色为主，这是白族传统工艺品扎染的颜色；傣族房间以浓郁的绿色为主，灵感来自西双版纳的热带雨林。

2. 少数民族风俗的互动性体验

族长家宴：每月 26 日，民宿都会邀请入住客人参加“族长家宴”，让顾客品尝特色美食，了解当地饮食文化。民宿还提供傣族特色手抓饭，有一些蔬菜、肉、虫子之类，都是重口味、酸辣，非常具有云南特色。

族长家宴之所以定在每个月 26 日，是因为云南有 26 个民族在此定居，而且民宿是以云南 26 个民族的传统风格打造。

民族服饰体验：少数民族的日常服饰与当地人民的生活环境、图腾崇拜等密切相关，是少数民族文化元素的重要组成部分，如：彝族服饰一般比较宽松，绑扎腿，方便在山路上行走，防止蚊虫叮咬，这是为了适应高山生活环境的需要。彝族祖先将“虎”图腾绣到服饰上以求驱神避鬼，象征着吉祥如意。

在民宿里，顾客可以进行民族服饰体验，感受少数民族风情。穿着民族服饰游玩拍照的顾客，是民宿的一道亮丽的风景线。

五、民宿集群将加快产业链上企业的发展

近几年，民宿集群发展迅速。通过合理布局和统一规划，民宿集群可实现专业分工、业务互补、协同经营、整体营销、业务共享。

绝大部分民宿主和投资人意识到，单体民宿发展不仅有空间的局限性，更多的是面临运营的限制。因此，加快产业分工和专业化生产，加强与产业链上企业的合作，可以节约成本，更稳定地获得可观的回报，实现高效运营。而通过民宿集群的方式，能够吸引更多的关联企业加入产业链运营，更好地进行合作，实现共赢。

【本章小结】

人工智能、大数据、信息系统等技术已经广泛应用到民宿产业链的上中下游各个环节，数字化正在重塑民宿行业的方方面面。

民宿数字化运营产业链的日趋丰富和完善，使得民宿市场不断细分，新模式、新物种不断出现。“民宿＋数字＋多业态”融合构建起了全新的民宿生态系统，推动了以客户需求为导向，多元化、品质化、差异化、智能化的产品和服务的不断产生，让整个产业链变得更为高效、低成本和智能化，从而大大提升了民宿企业的运营效率和消费者的消费体验。

未来，“民宿＋数字＋”将不断进化迭代，这不是不同元素之间简单的叠加，而是孕育出全新的“民宿＋数字＋生态系统”。

【思考与练习】

1. 解释民宿产业链的含义和民宿数字化运营产业链管理的作用。
2. 解释民宿数字化运营产业链上游、中游、下游主要有哪些参与方？
3. 简答民宿数字化运营产业链的发展现状，其呈现哪些显著特点？
4. 论述民宿数字化运营产业链管理未来的发展趋势。
5. 简答民宿数字化运营产业链管理的策略。

【案例分析】

安徽黟县民宿供应链发展

作为古徽州六县之一，位于安徽省黄山市的黟县是徽州文化和徽商的重要发祥地。黟县拥有以世界文化遗产西递、宏村为代表的 6 处国家级历史文化名村，以及 44 处中国传统村落和 3900 余幢古民居。

丰富的乡村文化资源让民宿行业在黟县旅游经济中扮演了重要的角色。目前，常住人口不到 10 万的黟县，已有挂牌民宿和乡村客栈共计 903 家，形成了包括西递、宏村、塔川、碧山、南屏、龙江、柯村、美溪在内的8个民宿集群及塔川书院、御前侍卫等115家精品高端民宿，形成了较为完整、颇具规模的民宿产业链，如图10–8所示。

图10–8 精品高端民宿

2013—2018年，黟县民宿年接待游客超220万人次，年旅游综合收入近20亿元，占全县旅游总接待量和总收入的1/5。民宿旅游从业人员达2万多人，占全县劳动就业人口的1/4。乡村民宿旅游推进了黟县乡村振兴，农民人均可支配收入由10 090元增加到15 349元，年均增长8.6%。

民宿产业链的延伸和发展是黟县乡村民宿旅游快速发展的重要因素。围绕“民宿+”，黟县推动乡村民宿与摄影、农产品、节庆、赛事相结合，促进民宿与其他产业的融合发展，打造出民宿发展新模式，助力了民宿产业的转型升级。此外，围绕“‘宿’造美好生活”的发展理念，黟县积极引导民宿推进文创手作体验、深度度假休闲、户外运动、非遗文化体验、电竞、动漫等新业态的发展，延长了民宿的产业链，提升了游客体验的价值，形成了独具徽文化魅力的乡村民宿旅游产业。

启示：

黟县乡村民宿通过拓宽经营业态、完善民宿产业链、打造民宿集群，提升了盈利空间，把民宿由单一的住宿功能升级、转变为多元业态联动发展的“乡村文旅综合体”。这一举措有效推动了更多资本、人才、技术等要素向乡村流动，促进乡村的产业融合发展，培育了乡村振兴的内生动力。

问题：

1. 民宿产业链发展对地区经济有哪些带动作用？

2. 民宿产业链形成的内在动力是什么？

3. 哪些区域适合发展民宿产业链？

第十一章　民宿集群数字化运营与管理

【本章导读】

随着民宿产业的转型升级和发展，民宿集群和合作化运营模式应运而生且发展迅速，特别是近年来结合乡村振兴发展新要求、新举措，民宿集群发展形式更加多样。有资料显示，从 2018 年黄山屯溪老街引进开元酒店集团打造民宿集群项目开始，接着 2019 年延庆民宿集群项目、西安蓝田民宿集群项目陆续开工建设，特别是 2019 年开业的黄河·宿集连续两年成为中国最火爆的文化旅游项目，并带动宁夏成为中国年度游客最向往的旅行目的地后，民宿集群化发展引发了我国各地区政府部门、民宿业界和理论界的广泛关注，越来越多的地区开始重视当地民宿产业的集群化发展。这就需要我们首先必须理解民宿集群的概念、内涵、产品形态特征；其次我们要认识民宿集群运营与管理比较单体民宿的优势与劣势、我国民宿集群运营的主要模式、我国民宿集群运营管理趋势走向、民宿集群数字化运营管理的有效策略等。

【学习要点】

1. 民宿集群的概念和产品特征，我国民宿集群发展历程与主要分布地区。
2. 民宿集群数字化运营与管理的优势与劣势。
3. 我国民宿集群运营的主要投资模式、土地模式、产品开发模式和运营模式。
4. 我国民宿集群数字化运营与管理的发展趋势与策略。

第一节　民宿集群数字化运营与管理概述

一、民宿集群的概念与产品特征

（一）民宿集群概念的提出

Ali A.Poorani、David R. Smith（1995）最早对民宿集群进行了研究，发现规模大的民宿具有更明显的经济效益，民宿行业中也存在显著的规模经济。不久之后，M.Porter提出了产业集群的概念："产业集群是一组在地理上靠近的相互联系的公司和关联的机构，它们同处或相关于一个特定的产业领域，由于具有共性和互补性而联系在一起"，由此引发了产业集群研究的热潮，而民宿集群正是产业集群的其中一类。

在我国，对于民宿集群概念的界定大致分为两种：一种是从空间角度出发，如学者傅为、傅玉敏提出的"民宿集群是指在特定区域中，具有竞争与合作关系的民宿和配套服务机构在地理上集聚而形成的群落"；另外一种则聚焦于产业和供应链角度，强调产业的集群化。如李跃军和汤蓉岚认为，民宿集群是指"在一定区域范围内，民宿以及相关的娱乐业、商贸业、休闲服务业、物流等，近距离聚集在某个村庄或邻近几个村庄的现象。"上海市著名的"顾伯伯民宿集群"便是以整村为单位、关联产业共同发展的一个民宿集群。

（二）民宿集群的概念

民宿集群是指在特定地区或社区内聚集了大量的民宿和关联配套服务设施，从而形成的一个集中且规模庞大的民宿群体。民宿集群发展可以对体系内单体民宿品牌实现多元化的统一管理，供需配比可以在集群内部得到相应的调整，使单体品牌可以得到良性发展，综合提高其区域影响力和市场份额。

民宿集群数字化运营与管理则是指在数字化背景下，在特定区域内，通过运用数字技术和互联网平台，将多个民宿及民宿上下游服务产业链企业连接起来，形成的具有广泛影响力和强大资源整合力量的群落。这种集群通过合理分配和统一规划，实现业务互补、协同经营、整合营销和消费共享，形成集群效应，对抗外部冲击和降低内耗，带动区域经济发展。

民宿集群朝数字化方向发展在带动乡村振兴、经济发展、文化传承等方面起到正面而积极的作用，已经成为我国“十四五”规划期间全域旅游的一大热点。

（三）我国民宿集群发展历程

我国民宿集群发展大致可以分为三个阶段。

第一阶段，形成民宿品牌集聚，由民宿主自发形成，通过集聚形成民宿单一业态的集群，其初期往往以提供基本的住宿服务为主，业态相对单一。随着集群的发展，部分民宿可能会开始提供餐饮、旅游咨询、文化体验等附加服务。如浙江的莫干山民宿集聚区、西湖民宿集聚区、楠溪江景区民宿集聚区、乌镇民宿集聚区、西塘古镇民宿集聚区，以及广东的丹霞山民宿聚集区、深圳较场尾民宿聚集区等。这些民宿集聚区或布局在本地开发成熟的优秀景区周边，或集中于交通通达度较高的区域。

第二阶段，吸引、叠加其他相关业态，形成民宿业态与其他多种业态“民宿 +N”的格局。国内知名的如 2017 年初千里走单骑发起的“5+N”民宿战略，5 代表 5 家民宿品牌，包括大乐之野、蕾拉私旅、过云山居、紫一川、千里走单骑；N 则代表产业上下游不同的业态，包括餐饮、娱乐、亲子农场、艺术馆等。以及 2017 年末，由借宿牵头的飞集、大乐之野、西坡、朴宿、过云山居 5 家民宿签约开启的崇左民宿集群。此外，太湖西山岛、威海里口山、长沙莲花镇、南京市等地也纷纷出现了“民宿 +N”的发展新路径，为游客带来深度体验的同时，也以“吃住行游购娱，商养学闲情奇”为特色的休闲文旅产业，带动百姓增收致富。

第三阶段，形成民宿集群旅游区。民宿集群旅游区是一种新型的微度假旅游目的地，呈现特色“民宿 +N”的模式，将民宿特色发展成品牌，成为核心吸引力，联动多种业态共同发展，形成以民宿（住宿体验）为核心特色的旅游度假区。例如，东归西海部落民宿体验区，突出“文化、休闲、健康、体验、生态”的主题，以“文化漫步 · 民宿体验”为核心，共设有民宿文化体验区、民俗非遗产品制作销售区、民俗非遗文化展示区、民族特色美食餐饮体验区四个功能区。

【知识链接】

青浦民宿集聚发展，打造“民宿度假村”

上海市青浦区文化和旅游局结合乡村振兴示范村、美丽乡村建设、村庄改造等工程提出了全新的民宿度假村理念，东厍村作为青浦区首家民宿度假村的试点，将采用组团化、集群化的方式进行民宿业态的发展。

该村将在保留乡村特色的原则下建设成为沉浸式自然美学民宿度假村，共包含水乡文化核心区、风情商业服务区、乡居康养社区、运动康养区、禅修主题颐养区和农业生产体验区六大功能区。此外，青浦区文化和旅游局还推出了“民宿管家”微信小程序，集成了“共享厨师”“共享服务员”“优选布草”和“田间小店”等多项创新功能，以提升民宿服务质量，满足游客个性化需求，并为专业人员提供灵活就业机会。这些措施共同推动了青浦民宿产业的发展，标志着其已进入民宿 4.0 时代。

（四）国内外部分地区民宿集群产品特征

民宿集群最显著的产品特征就是特定区域内单体民宿的集中性和不同区域间民宿产品特色的差异性。以下是我们选出的国内外部分较为知名的民宿集群地，它们展示了国内外不同地区民宿集群的特点和发展情况。这些民宿集群结合自身的资源特色，为游客提供了多样化的住宿选择，丰富了旅游体验，也促进了当地旅游产业的发展。无论是追求自然风光、文化体验、探险探奇还是城市生活，民宿集群都能满足游客的需求，为游客带来独特而难忘的旅游经历。

1. 国外部分地区民宿集群产品特征

民宿集群名称	所在国家和地区	资源吸引力	民宿建设风格	游客体验
韩国首尔（Seoul）民宿集群	韩国首尔市中心和传统的韩屋村	传统文化和现代都市风光	传统韩屋、公寓型住宅	传统文化、民俗游戏、现代都市生活
京都（Kyoto）民宿集群	日本京都	历史文化	传统的日式建筑和庭院设计	日本传统生活和文化
纽约市（New York City）民宿集群	美国纽约市曼哈顿地区	丰富的文化资源和城市风景	时尚公寓、豪华的酒店	各类风格的住宿设施
阿尔加夫（Algarve）民宿集群	葡萄牙阿尔加夫地区	美丽的海滩、迷人的乡村风光	豪华的度假别墅和海景民宿	海滩和乡村度假、海岛游
巴黎（Paris）民宿集群	法国巴黎	巴黎风情艺术氛围	市中心的公寓或郊区的别墅	享受城市浪漫风情
乌布（Ubud）民宿集群	印度尼西亚巴厘岛的乌布地区	自然风光、文化氛围	传统风格的木屋、竹楼等	巴厘岛传统的生活方式
悉尼（Sydney）民宿集群	澳大利亚悉尼港湾附近和海滩沿岸	各类建筑艺术、海岸风情	海滩别墅或市区公寓	悉尼度假的惬意
皇后镇（Queenstown）民宿集群	新西兰皇后镇的湖边和山脚下	自然风光和世界著名的冒险家乐园	家庭旅馆、农场木屋、公寓	美丽的自然景色和刺激的户外活动
开普敦（Cape Town）民宿集群	南非开普敦市区和海滩沿岸	海滨自然风光和世界级葡萄酒产区	欧式酒店或非洲家庭建筑风格	度过一段放松和享受自然的假期

2. 中国部分地区民宿集群产品特征

民宿集群名称	所在地区	资源吸引力	民宿建设风格	游客体验
合宿·延庆姚官岭	北京市延庆区	各类特色建筑、四季花海	江南徽派、清新北欧等不同风格	国外和国内不同地域文化特色
莫干山裸心谷民宿集群	浙江省湖州市	风景名胜、森林公园	树顶别墅、夯土小屋	回归自然、修身养性的体验
"粤乡古韵"塱头古村民宿集群	广州市花都区	岭南特色古村落、立体荷塘	岭南古村落"梳式"居住格局、粤中传统民居	传统文化与潮流生活元素的结合
婺源篁岭民宿集群	江西省婺源县	徽式古建筑、自然风光	徽派建筑	现代设施与徽派文化的融合
丽江民宿集群	云南省丽江市	历史文化名城、少数民族风情	古城区民族建筑、现代城市和乡村民宿	中国传统文化和少数民族风情
南国乡村特色主题民宿集群	广西壮族自治区南宁市	特色村寨、自然山水资源	壮寨、侗寨、苗寨、瑶寨等少数民族特色农房	乡村自然环境、少数民族风情
雪乡民宿集群	黑龙江省牡丹江市	冰雪景观	传统的东北木屋、现代设计的别墅等	东北的传统文化、美食，冰雪娱乐活动
黄河·宿集	宁夏回族自治区中卫市	沙漠自然风光、黄河古村	本土化建筑风貌	历史文化气息、远离喧嚣的宁静

（注：表中内容系本章根据相关书籍和网络资料分析、整理。）

二、我国民宿集群的地区分布

民宿集群的形成因受到地理环境、旅游资源、政策支持和周边市场需求等多种因素的影响，故各地区呈现出不同的发展形态，且发展水平不一。参考《中国旅游民宿发展报告（2019）》（主编：过聚荣教授），结合近几年民宿集群发展现状，发现中国大陆民宿集群主要集中在9个地区，后续发展势头更猛。现将这9个地区民宿集群的区域位置、资源吸引力和主要客源市场分布介绍如下：

（一）北京地区

以北京为中心，旅游资源丰富，特别是文化资源特色突出，国际国内旅游市场发展较早且一直领先全国。尤其是北京作为我国政治、经济和文化中心，四大直辖市之一，常住人口有 2000 多万，加上外来旅游者，对周边民宿的需求较为旺盛。加上政策的加持，北京郊区和周边地区是我国民宿发展较早也是较好的区域，为全国民宿业发展提供了前期案例。

（二）江浙东部地区

以苏州、无锡、杭州、湖州、嘉兴等为中心。这一区域旅游资源丰富，人文环境优美，经济发展政策灵活，城乡差别较小，居民生活富裕，旅游度假需求旺盛。加上这一区域周边小商品市场众多，对外来游客和经商者的吸引力巨大，对旅游民宿的需求量也较大。

（三）福建、广东等东南部地区

以厦门、广州、深圳为中心。近年来，越来越多的游客在厦门过夜，因此，促进了厦门旅游民宿业的快速发展，厦门成为福建省内发展速度最快的城市。东南部区域位于珠三角城市群，地区经济总量巨大，区域内人民的消费能力也较强，据统计，这一区域的人口数量接近 5000 万，是中国人口最密集的地区之一。另外，福建、广东沿海旅游资源比较丰富、气候适宜，尤其在冬季，北方地区游客更青睐于东南部地区的民宿。

（四）安徽、江西等徽赣文化地区

这两省的民宿特色主要体现在安徽黄山和江西婺源等地的传统徽文化居民居住区，其徽派建筑文化底蕴与人文特色享誉全国乃至全世界，受到游客的喜爱。该区域内拥有的多项世界自然和文化遗产景观也为该地区旅游民宿发展赢得了国内外市场的青睐。另外，该区域还有多个国家森林景区，借助良好的生态旅游资源，民宿业发展也很有特色，如江西靖安三爪仑国家森林公国景区附近乡村民宿对区内市场及苏浙沪居民吸引力很大，暑期度假旅游市场旺盛。

（五）云贵川等富有民族特色的地区

云贵川地区的丽江、大理等古城、古镇是我国旅游民宿的发源地之一。这里旅游民宿特色浓郁，古城、古镇文化底蕴和文艺气息浓厚，悠闲的生活节奏和高山流水的环境相互映衬，构成了旅游民宿的独特风光与风情。到古城、古镇来开办民宿的外来者都被这里的风景与文化所吸引，选择这样的地方经营民宿也是情怀的表现，到这里旅游的游客也热衷于选择民宿。

（六）湘黔桂地区

这一区域的民宿主要分布在湖南、贵州、广西三省区交界处，这里山水相交，景色绝美，同时也是多民族聚合交融、和谐共处之地。民宿为游客带来别样体验。因此，这一区域民宿较为发达。

（七）西北地区

由于经济发展水平的制约，西北地区的民宿发展相比南部地区滞后，但随着美丽乡村与全面决胜小康社会建设步伐的加快，这些地区民宿近几年发展非常迅速，且形成了自身的特色。例如，2019 年开业的黄河・宿集，连续两年成为中国最火爆的文化旅游项目，并带动宁夏成为中国年度游客最向往的旅游目的地。西北地区民宿业的发展将地域特色和文化融合，覆盖了从宁夏中卫的大湾村到陕西宁强青木川村等多个具有独特文化背景的乡村。这些民宿集群依托于当地的自然风光和历史文化，如黄河的壮阔、传统村落的风貌以及少数民族的文化遗产，为游客提供了深度的文化体验和现代、舒适的住宿条件。同时，西北地区的民宿业也利用大数据和技术创新，通过在线预订平台如途家等，实现了精准营销和个性化服务，吸引了大量游客，尤其是在特定假期如清明节期间。西北城市如天水的民宿预订量增长显著，带动了周边城市如兰州、酒泉的民宿业发展。此外，延安等地的民宿集群通过打造浸入式体验，再现历史街景和院落文化，进一步增强了游客的体验感和新鲜感。整体来看，西北地区民宿业的发展不仅促进了当地经济和文化的振兴，也为游客提供了丰富多彩的旅游选择。

（八）东北地区

东北地区利用气候环境优势，近几年来打造了一批融登山、滑雪、冰上运动等于一体的冰雪旅游度假区，统筹周边乡村旅游，推出冬季复合型冰雪旅游基地和夏季避暑休闲度假胜地，加速了地区民宿业的发展。现已形成了以哈尔滨为中心，辐射至延边、鹤岗、锦州等多个地区的民宿集群。哈尔滨凭借冰雪文化和历史建筑成为民宿热点，元旦假期订单量居东北首位。延边光东村以朝鲜族文化和稻田主题吸引游客，民宿增速显著。二浪河景区的 90 后创业者利用冰雪资源发展民宿，成为亚雪公路上的重要驿站。横道河子镇以其俄式建筑和宜人气候成为避暑胜地。大连则以其海滨特色提供不同于内陆的民宿体验。这些民宿集群不仅丰富了游客的旅游体验，也推动了当地经济和文化的发展，展现了东北地区民宿业的活力和潜力，近几年对国内游客的吸引力极大。

（九）上海市涉农地区

上海市民宿集群发展可谓后起之秀。近几年，由于国家和各地方政府加大了对民宿产业发展的指导和扶持力度，新的一批民宿聚集区出现且发展快速。2023 年 11 月 2 日，为贯彻落实市委、市政府关于促进本市乡村民宿高质量发展的要求和《上海市人民政府办公厅印发〈关于进一步促进上海乡村民宿健康发展的指导意见〉的通知》，又下发了《关于推动上海乡村民宿高质量发展的若干措施》，措施第二条明确重申“重点培育和打造乡村民宿集聚点”。近年来，依托国际大市场，上海市以崇明区为代表的多区民宿聚居区正迅速崛起，且形成了集群态势。

【知识链接】

崇明虹桥村：民宿产业集群与乡村振兴的共治之路

在崇明岛中部的建设镇虹桥村，一个充满活力的民宿产业集群正在成为村民致富和基层治理的新亮点。依托“乡伴·虹桥”民宿党建联合体，虹桥村的“顾伯伯民宿集群”不仅为村民带来了经济上的实惠，还探索出了一条民宿产业赋能乡村振兴的发展新路径。虹桥村凭借其优越的地理位置和优美的生态环境，成功将民宿产业打造成为推动乡村振兴的新引擎。全村民宿数量占崇明区总量的 1/6，形成了集住宿、餐饮、采摘、农产品销售等功能为一体的民宿集中区域，吸引了大量游客，成为远近闻名的“网红民宿村”。

此外，虹桥村还注重提升民宿产业的软实力，通过打造线上服务平台、举办乡村旅游地图和官方抖音号等多元宣传活动，增强了民宿产业的吸引力。同时，通过引入小酒馆、咖啡吧等资源和举办“乡村民宿节”等活动，丰富了村民和游客的夜生活，为民宿产业增添了新活力。

虹桥村的民宿产业集群不仅为村民带来了实实在在的经济收益，还通过共治共享的模式，提升了村民的获得感、幸福感和安全感。这个曾经的普通村落，如今已成为全国乡村治理示范村和中国最美乡村，展现了乡村振兴的生动实践和美好前景。

第二节　民宿集群数字化运营与管理的优劣势

民宿集群化发展之所以如此迅速被各界认可和接受，是因为与单体民宿相比这一模式具备较多的优势。当然，这些优势所带来的资源迅速集聚，也增加了许多经营风险。

一、民宿集群运营管理的优势

（一）资源共享

集群式运营可以实现资源共享，包括基础设施、产品服务、营销资源、人力资源等。

1. 设施设备共享

一些常见的、共性的设施设备，如停车场、烘干机、洗衣机等，在民宿集群内无须每家民宿单独配备，可将其建设成独立、公用的设施，在集群内的不同民宿之间共享。例如，集群内的民宿可以通过合作协议，共同设立具备洗烘功能的洗衣房，既节约了资金投入，又提升了服务档次。

2. 服务共享

与设施设备共享类似，民宿集群也可以提供统一的接待服务、接送服务等。我国的民宿或民宿集群大多地处乡村或景区景点附近，民宿集群中的企业可以互相提供行李寄存服务，共享接送服务，共用导游服务等。

3. 营销共享

集群发展能够解决目前民宿单打独斗的营销痛点，集群成员之间可以借力各个品牌的传播和客流量的共享进行联动销售，最终实现“以小博大”。如“黄河・宿集”，借助引入的几家民宿品牌已有的品牌影响力而迅速获得关注，而实际该集群整个前期营销工作基本为零投入。

4. 人力资源共享

民宿集群内的人力资源共享体现在临时人力调配、人力成本控制等方面。如上海市青浦区文化和旅游局开发的“民宿管家”小程序，能够实现网约“共享厨师”和“共享服务员”等，民宿集群完全可以效仿以降低用工成本。

5. 经验共享

目前民宿运营相关的理论研究远落后于其实践，在民宿的实际运营过程中，多是依靠民宿管理者的行业认知和经营经验。基于共享合作的本质，集群内部的民宿在民宿数字化运营的知识和经验上可谓近水楼台。通过各种交流活动，成员可以学习到其他民宿的经营模式和经验，甚至有的集群会为新加入的民宿设立“导师计划”，由集群内经验丰富的成员对其进行指导和帮助。

资源共享不仅可以降低成本和风险，还可以提高整个集群的竞争力和盈利能力。通过共享资源，民宿集群可以形成规模效应和协同效应，提供更加优质和多样化的住宿体验，满足游客的不同需求。同时，资源共享也可以促进集群内的合作和互动，增强集群的凝聚力和向心力。

（二）品牌效应

集群式运营可以形成品牌效应，集群中大的民宿品牌往往有其成功的运营经验和大量品牌忠诚度高的客户群，可以带动正在成长中的民宿品牌，使整个旅游产业形成互补互通，将民宿集群打造成一个自带流量、自带话题的集群生态圈。每个民宿品牌利用各自的流量资源，能够为集群带来初始的种子用户，他们多为精品民宿、度假旅游的资深爱好者，能够帮助整个集群迅速打开消费市场。

1. 品牌知名度提升

打造民宿集群区域公共品牌，以集群整体形象参与旅游行业的市场竞争，能够将单体品牌的带动效应转换成民宿集群的区域品牌效应，从而提升集群的整体知名度。民宿集群以区域品牌支持域内民宿的发展，同时民宿的发展也将反哺区域品牌的声誉积累。

2. 品质保障

在民宿集群中，各个民宿品牌通常会遵循一定的品质标准和服务规范，以确保游客可以获得一致的、高质量的住宿体验，从而提升游客对整个集群的信任感和满意度。

3. 口碑传播

单体民宿资源相对有限，而通过民宿集群区域品牌的系统化集中推广，能够为区域整体的民宿业带来持续的口碑效应，形成品牌价值，避免单体民宿对 OTA 平台的过度依赖，丧失打造自身品牌的能力。

4. 合作共赢

通过集群式运营，各个民宿之间相互竞争与合作，民宿与其他旅游产品之间形成业务互补、协同经营、整合营销、消费群共享的关系，通过相互合作、相互协调进行资源整合，增强抵抗外部冲击的能力，吸引更多的客流，带动更多的产业，产生集群效应。

（三）规模经济

民宿的集群式运营能够保证每个民宿品牌小而美的属性及个性化的属性，同时也可以解决“规模不经济”的问题，通过批量采购、标准化管理等手段，提高议价能力，降低采购、营销、风险管理等成本，增加盈利。

1. 降低企业成本

相较于单体民宿，民宿集群统一对床上用品、日用品、清洁用品等进行批量采购，对供应商的议价能力提高。各民宿能够对固定成本进行分摊，更有可能降低单位成本。采购来的物料由集群统一进行运输与仓储，能够有效降低采购供应成本。

2. 提高风险抵御能力

通过集群式运营，民宿可以共同应对市场变化和风险挑战，降低风险管理成本，提高风险抵御能力。例如，集群内的民宿可以共同建立风险管理体系，分享风险信息和应对策略，减少单体民宿面临的风险。

3. 增强营销效果

民宿集群可以统筹各个民宿集中投入资源和资金进行营销，从而获得更好的营销资源和更高的曝光度，各民宿之间也能够互相推荐、互相合作，形成良好的协同效应。

4. 实现客户导流

除了营销共享带来的优势外，民宿集群还可以借助数字化工具，在集群内对客户偏好、市场行情等数据进行共享和分析，通过精准营销实现目标群体的导流。

（四）政策支持

单体民宿的体量很小，能撬动的地方政府资源非常有限，还会面临政策的不确定性。而若是民宿集群项目入驻一个地区，则更可能得到地方政府的重视和支持，在拿地与村民沟通方面也会更加顺畅。

1. 政策扶持

民宿集群运营可以带动一个片区的经济发展，特别是在乡村建设中作用更为明显。因此各级政府对民宿集群化发展会给予更高度的重视，出台系列扶持政策指导和支持民宿集群化发展，如资金补贴、税收减免、土地租赁优惠等。

2. 规划引领

政府在民宿集群化的规划和建设方面发挥引领作用，制定相关规划和标准，引导民宿集群朝着规范化、品质化、特色化方向发展。

3. 基础设施建设

政府加大对民宿集群基础设施建设的投入，如道路、供水、供电、通信等，提升民宿集群的接待能力和服务水平。

4. 公共服务配套

政府加强民宿集群周边的公共服务设施建设，如旅游厕所、停车场、游客服务中心等，为游客提供更加便捷、舒适的旅游体验。

另外，一些乡村民宿集群还可以争取政府的其他建设资金支持。例如上海市崇明区依托市级乡村振兴示范村项目的“美丽庭院示范区建设工程项目”，目前已有横沙乡东兴村、新河镇井亭村、堡镇桃源村等多个乡村参与建设。这些美丽庭院（小三园）建设典型案例大多申请并获得了政府的资金、土地等资源的支持，通过对农宅、自留地和其他闲置土地等的合理规划利用，培育出一大批星级民宿，形成了多个民宿产业集群。类似地，安徽泾县蔡村镇结合财政衔接和推进乡村振兴补助资金、招商引资等项目，大力打造特色精品民宿，涌现一批特色精品民宿的聚集区，基本形成了以民宿旅游带动多业联动、多业融合的乡村旅游新业态。

可以预见，未来会涌现更多不同的民宿集群成为我们的旅游目的地。

二、民宿集群运营管理的劣势

（一）竞争激烈

集群式发展会导致竞争更加激烈，价格定制的自主性，旺季还好，淡季民宿之间可能因为争夺客源而陷入价格战等恶性竞争。其市场竞争激烈主要体现在以下四点：

1. 市场饱和度增加

随着民宿行业受到大量资本的关注和投资，市场上涌现大量的民宿集群，特别是在一线城市和景区周边等区位优势明显和旅游资源丰富的地区。由于供给过剩，民宿集群之间的竞争更加激烈，经营风险加大。

2. 同质化明显

我国的民宿集群普遍存在一定的同质化现象，如装修上多采用木质材料营造乡村风格、采取相似的定价策略、采用一致的营销渠道等，甚至在线平台上的网络评价都呈现出一定的相似性。由于差异化不够明显，民宿特色缺失，在一定程度上降低了民宿集群的吸引力。

3. 价格战

由于竞争加剧，一些民宿集群可能会采取价格战策略以提高民宿入住率，甚至还出现了低于成本价的恶性价格战现象。然而，过度的价格竞争会导致民宿集群的盈利能力下降，甚至入不敷出。

4. 客户需求变化

随着旅游市场和游客需求的变化，民宿集群需要及时调整产品和服务以满足客户的需求。然而，一些民宿集群可能难以对市场变化做出即时性反应，导致竞争力下降。

（二）管理难度加大

集群式发展会增加管理的难度和复杂性，需要更加专业的管理团队和更高效的管理系统，主要体现在：

1. 分散化经营

集群化发展最关键的一点就是需要共同的理念和价值观，这样才能够建立完整、健康、稳定的集群生态。而民宿集群中的各个民宿通常由不同的业主或管理机构运营，在经营理念和价值观上达成共识对分散化经营来说有一定难度。

2. 服务标准难统一

为确保整个集群的运营和用户体验的一致性，民宿集群通常会制定基本的服务标准，但由于各个民宿可能有不同的理念和经营模式，因此在实际中并不会采用完全统一的服务标准。而且过度的标准化可能会抑制民宿服务的个性化，如何在一致性服务与民宿独特性之间寻求平衡对集群管理来说也是一个挑战。

3. 人员流动性高

员工流失率高是住宿业的共性问题，民宿集群也不例外。频繁的人员流动可能导致服务中断、培训成本增加以及团队协作效率下降等问题。无论经营酒店还是民宿，员工流失率高现已成为一个共性问题，这也增加了民宿集群在人员管理上的难度。

4. 缺乏利益联结

不同于单体民宿，民宿集群涉及多个利益相关方。尤其是大部分民宿集群建于乡村，主要由社会资本投资建设，在自身利益与农民利益面前易倾向于前者，民宿集群的利益主体与当地居民之间缺乏合理有效的利益联结机制。

5. 数据管理复杂

民宿集群运营涉及大量的数据和信息，包括房源信息、订单信息、客户信息等。随着集群规模的扩大，数据管理的复杂性也会相应增加，如何高效、准确地处理和分析这些数据成为对管理的一大挑战。

（三）投资风险大

由于集群式发展需要大量的资金投入，投资风险较大被认为是民宿集群运营管理的一个明显劣势，其具体原因为：

1. 初始投资成本较高

民宿集群建设初期进行基础设施建设、房屋改造、室内装修等，需要大量资金投入。另外，为了确保高品质的服务体验和持续创新的升级，通常还需在设备采购与升级、员工培训等方面进行额外投资。

2. 回报周期较长

民宿行业的投资回报通常不会立即实现，而是需要一定的时间来积累客户和建立良好的口碑，其间投资者需要承担持续的运营成本。

3. 市场预测难度较大

市场需求受到季节变化、地域特色、经济形势等多种因素的影响，市场的不确定性较大；而且，民宿集群的运营多依赖经营者的主观经验，难以量化和评估，使得预测民宿集群的盈利能力较为困难。

4. 政策法规限制

民宿行业受到建筑安全、消防、环保等相关政策法规的严格监管。为符合标准，民宿需投入资金进行合规性改造和建设，一旦政策变化将导致已投入的资金无法完全回收。

为了降低投资风险，投资者需要在项目规划初期进行充分的市场调研和风险评估，制定合理的投资策略和运营计划，并在运营过程中持续关注市场动态和政策变化，以便及时调整策略应对风险。

第三节　我国民宿集群运营管理的主要模式

2022 年 7 月，文化和旅游部、国家乡村振兴局等十部门联合印发了《关于促进乡村民宿高质量发展的指导意见》(以下简称《指导意见》)。《指导意见》在创新经营模式方面提出，要积极吸引农户、村集体经济组织、合作社、企业等多元投资经营主体参与乡村民宿建设。另外，《指导意见》在保障措施中提出要保障用地用房，要推动落实乡村旅游用地政策，在充分尊重农民意愿的前提下，鼓励依法盘活利用农村闲置宅基地和闲置住宅等资源。要求各地要依据国土空间规划，通过全域土地综合整治、城乡建设用地增减挂钩等方式有效盘活利用存量建设用地用于乡村民宿建设，探索灵活多样的供地方式。国家政策的支持为民宿集群提供了更灵活的发展空间和土地利用方式，促进了集群的规模扩张和多样化发展。

一、民宿集群建设投资的主要模式

根据对目前我国民宿集群建设投资的案例分析，我国民宿集群建设投资的模式主要有如下三种：

(一)“政府 + 社会资本 + 文旅公司 + 服务商”模式

该模式的做法是政府整合多方资金，推进园区的基础建设；社会资本通过文旅项目进行投资经营，文旅公司负责管理，投资部分引领性项目；服务商协同咨询、规划、运营、推广的整个流程。由于政府在前期做了大量的培育工作，给文旅公司后期进入提供了很大的便利，使得这种模式广受市场的青睐。

【知识链接】

浙江省温州市霞关镇的归心湾民宿群项目总用地596.3亩，总投资10亿元。该项目利用所在地的特有地貌、自然风光及休闲度假文旅的概念，全线引入智慧旅游系统，打造有影响力的海湾休闲度假文旅民宿集群示范区。

该项目的投资采用了多元化的投资方式，包括政府、文旅平台、服务商和社会资本等多个投资主体。其中，浙江旅投集团和苍南县旅游投资集团作为主要投资主体共同签署了战略合作协议，此外还有一些投资机构和民营企业等社会资本参与。大丰实业是归心湾民宿集群项目的主要服务商，其作为EPC+O，将为归心湾民宿集群提供咨询、规划、设计、采购、施工和运营等一站式服务。

（二）"政府 + 文旅公司 + 运营公司"模式

该模式的做法是政府（指村集体公司）将村民宅基地、民房农地等资源打包，流转给文旅公司（一般是市级国有单位）；文旅公司负责投资建设，持有项目资产，村集体公司与文旅公司以及社会企业共同成立项目运营管理公司；村集体公司与文旅公司将资产租赁给项目运营管理公司，收取保底租金及项目运营分红。乡村旅游目的地民宿适合采取这种模式。

（三）"政府 + 文旅公司 + 社会企业"模式

该模式的做法是政府（指村集体公司）将村民宅基地、民房农地等资源打包，流转给文旅公司（只收租），或者资源入股与文旅公司合资建立运营公司（收租 + 分红，村集体一般不参与经营管理），文旅公司负责招商社会企业投资以及公共空间的建设，社会企业可分为完全自投自建、部分投资（只投软不投硬）、完全不投资。

不管上述哪种模式，都需要一个有着超强整合运营能力的运营公司规划管理，它们以空间租赁和空间运营来盈利。

实际上，目前一些地区受自身区域环境、资源条件和民宿产业发展现状等因素影响，也出现了有别上述模式之外的多样化集群投资和运营模式。无论哪种模式，只要能保障本地区民宿产业的可持续发展都可以尝试。

【知识链接】

“小瘾·半日村”：创新模式下的乡村振兴与民宿集群发展

小瘾·半日村项目位于横山坞村，是一个以民宿集群为核心的乡村振兴典范。曾经，这里只是一个普通的小村庄，但随着浙江省“千村示范、万村整治”工程的推进，它焕发出了新的生机与活力。

“小瘾·半日村”的转变始于对村道、河沟、卫生等基础设施的改善，实现了从荒地到公园、从村庄到景区、从农房到民宿的华丽转身。项目采用“专业公司＋街道＋合作社＋农户”的合作经营模式，通过统一征收农房并租赁给运营公司，横山坞村实现了资源的优化配置。运营公司负责区域景观设计、房屋装修及配套硬件设施建设，村民则可以选择出租房屋或参与经营活动，形成了一个多方共赢的局面。

该项目由归乡设计师陈谷发起，他根据每位民宿主的个人特质和擅长领域，量身定制了民宿的文化主题和风格，图书馆、咖啡甜品店、乡村酒吧、个性小店、艺术家工作室等配套业态也一应俱全，其中，“深夜食堂”由猪圈改造而成，成为当地网红打卡点之一。这种“一宿一品”的原则不仅丰富了村落的业态，也实现了差异化发展。

“小瘾·半日村”的成功不仅在于其硬件设施的改善，更在于它能够吸引和留住人才。许多年轻人被这里的发展潜力所吸引，选择回乡创业，将“空心村”转变为充满活力的“网红地”。其不仅带动了周边农业农村的发展，还解决了近200名本地农民工的就业问题。

横山坞村成功转型为“小瘾·半日村”，不仅提升了村民的收入和生活质量，还吸引了大量游客，成为乡村振兴的典范。它不仅展示了乡村振兴的无限可能，也为其他地区提供了宝贵的经验和启示。

二、民宿集群用地的主要模式

民宿集群不是简单地将一些民宿聚集在一起，而是将那些具有公共服务功能的设施分离出来供大家共享，实现资源互补，比如餐饮、娱乐等，形成一个小型的旅游综合体模式。而民宿集聚地公共服务和娱乐等设施的建设，都离不开土地供给，从某种意义上说用地模式决定了民宿集群投资和运营的模式。

经过几年的实践，我国民宿集群运营的用地模式主要呈现以下几种：

（一）“空心村”活化模式

在乡村振兴实践中，“空心村”活化有两种模式：一是村民及村级组织自主“在地活化”；二是引入产业赋能空心村。在民宿集群运营的用地模式中，该模式指利用闲置的民房宅基地，引入相关产业，将空心村改造为民宿集群。该模式下发展较早的如北京的山里寒舍，将闲置甚至濒临倒塌的31个农宅以及果园和荒地进行了统一租赁，并开发了会所、高尔夫球场、马术场、SPA中心、会议中心、多功能娱乐中心、泳池、手工坊、农耕博物馆、观光车等配套设施，形成了各具特色的高端民宿院落群。除此之外，延庆的民宿集群，以及广州的从化米社，也都是典型的“空心村”活化模式。

（二）“闲置公益设施”改造模式

“闲置公益设施”改造模式是一种将废弃或闲置的公益设施，如旧学校、旧祠堂、茶场、林场场部等，改造为民宿，以创造新的社会价值和经济效益的模式。该模式下较为典型的案例为广东惠州禾肚里稻田酒店，该酒店是由废弃的小学校舍改建而成，是一个集生态旅游、农业体验和休闲度假于一体的度假区。

（三）“旧厂房”改建模式

“旧厂房”改建模式是指对特殊的老旧厂房的结构、外观、内部空间等进行改造和装修，以适应新的使用需求。一般用来进行改造的老旧厂房产权比较单一，大部分是国有；或者有些建筑的形态较为奇特，可以改造成艺术氛围颇具文创风格的民宿集群。例如，桂林的阿丽拉阳朔糖舍酒店就是在20世纪60年代广西壮族自治区唯一的糖厂基础上改造建设而成，现已成了全国乃至全世界的网红项目。此外，南京的苏家原舍也是该模式的典型应用，该民宿是利用南京市白鹭湖畔最深处一间临湖的废弃公房改造而成，在保持“原址、原尺度、原地貌、原材质”的基础上进行了重建。

【知识链接】

云水间民宿——旧厂房的华丽转身

在广州增城正果镇，一家名为云水间的民宿，以其独特的工业风格和后现代设计，从一座废弃的旧厂房华丽转身，成为当地的一个热门打卡地。这家民宿的改造项目不仅展现了城市更新的无限可能，更是对旧有空间再利用的一次成功尝试。

云水间民宿的前身是一处被时代遗忘的旧厂房，荒废多年，四周环境荒凉。然而，在青年设计师的巧手下，这片被忽视的土地被赋予新的生命。保留了厂房原有的高大空间和粗犷架构，改造后的云水间民宿内部空间开阔，以灰色水泥墙面和木质家具为主调，营造出一种简约而温馨的氛围。每个房间都配备了先进的新风系统，确保室内空气质量；同时，房间内的装饰细节，如每一幅独特的青花瓷画作，都体现了设计师对艺术与生活品质的追求。室外，庭院景观的打造同样用心，利用狼尾草、毛竹林等植物，为游客提供了一个与自然亲密接触的空间。在这里，游客可以在宽敞的露台上品茶观江，或在庭院中漫步，享受宁静与舒适。

云水间民宿的改造不仅是一次简单的翻新，更是对旧厂房的一次全面再生。这个项目不仅提升了当地的文旅产业，也为游客提供了一个远离城市喧嚣、体验乡村慢生活的绝佳场所。通过这样的改造，增城区不仅活化了闲置资源，也为城市的可持续发展提供了新的思考和方向。

（四）多利农庄模式

多利农庄模式是一种基于农业、文旅和地产相结合的田园综合体建设模式，由多利农庄提出并实施。民宿是文旅产业的重要组成部分，在该模式下，多利农庄利用闲置农房进行改造和装修，提供游客独特的农村生活体验。

位于成都市郫都区的多利农庄在红光镇等地建设了多个项目，包括有机小镇、家庭农庄和生态农业示范基地等。多利农庄的民宿由闲置的农舍改造而成，外部保留了原有的建筑风格和特色，内部则经过精心设计和装修，融入了现代元素和配套设施。

（五）点状供地模式

点状供地模式是指政府或相关机构将土地划分成若干个独立的点状用地，将其提供给民宿经营者作为建设用地的供地模式。在这种模式下，民宿项目能够与周边的闲置宅基地和民房进行联动，充分利用这些闲置资源，进行改造和装修，形成具有一定规模和特色的民宿集群。

湖州莫干山裸心谷作为我国知名的民宿项目，便采取了点状供地模式。该项目在保留自然环境原始性的基础上进行精心设计和改造，将闲置宅基地和周边民房转化为具有独特风格和舒适度的民宿。重庆武隆归原小镇是该模式下另一个较为成功的案例。归原小镇以“活化乡村，留住乡愁”为理念，通过点状用地修建方式，保留原始风貌，将农田、果园、乡土风情、乡宿、农产品等串联起来，吸引游客前来体验。

（六）片状供地模式

片状供地模式是指将相对较大的土地划分为若干个小块，以片状形式进行开发和建设。根据不同的主题、风格或市场需求，每个小块上可以建设一个或多个民宿，从而形成具有一定规模和特色的民宿集群。与点状供地模式相比，片状供地模式更具灵活性和可操作性。

长沙的铜官窑项目在土地利用方面就具有片状供地的特点。在铜官窑古镇的开发中，相对较大的土地被划分为若干个小块，每个小块上进行独立的建筑和景观设计，已经引入了19家民宿客栈企业来整体运营，形成了具有一定规模和特色的民宿集群。

三、民宿集群产品开发的主要模式

民宿集群产品设计与开发首先要遵循民宿数字化运营管理的相关理论，其次要符合开发地的现实情况。通过这几年的实践，我国民宿集群的产品开发模式主要有如下几种：

（一）“民宿 + 产业”模式

“民宿 + 产业”模式是一种将民宿与当地特色产业相结合、形成民宿与产业良性互动的开发模式。以民宿为优势产业，搭建“民宿 +”生态圈，以点带面带动全产业链发展，实现多元态经营。较为常见的有“民宿 + 乡村旅游”“民宿 + 文创产业”“民宿 + 互联网”“民宿 + 医美产业”“民宿 + 体育产业”等。通过“民宿 + 产业”模式，可以形成产业链和价值链的延伸，提升民宿集群的附加值和盈利能力，但需避免过度商业化。

（二）“高端化 + 品牌化”模式

“高端化 + 品牌化”模式是一种注重品质提升和品牌价值塑造的开发模式，旨在通过提高民宿产品的品质和服务水平，打造具有影响力和竞争力的民宿品牌，吸引高端市场和消费者。一方面，高端化是为了吸引更多高收入人群和海外游客。另一方面，许多民宿集群注重品牌形象的建设，或与知名设计师或品牌合作，或形成区域品牌联盟，纷纷走起“品牌化”路线。

（三）“精品化 + 特色化”模式

“精品化 + 特色化”模式是一种注重独特性和高质量的开发模式。其中，“精品化”强调民宿集群产品和服务的高品质和高水准，可通过使用优质的建材、家具和设备，提供高品质的设施和服务，以及关注细节和用户体验等。“特色化”则更关注民宿集群产品的独特性和吸引力，可通过创意设计、文化元素的融入、特色体验项目的开发等方式体现地域特色；或提供具有当地特色的美食和活动，使游客深入体验当地的文化和生活方式。

（四）“智能化＋环保化”模式

“智能化＋环保化”模式是一种注重智能化技术应用和环保理念贯彻的民宿集群产品开发模式。一方面，该模式强调利用智能家居系统、智能安防系统、智能导览系统等智能化技术，提升民宿的便捷性和舒适度。例如，游客可以通过手机 APP 或智能语音助手控制房间内的设施，享受智能化的住宿体验。另一方面，该模式注重降低民宿对环境的影响，建议采取节约水资源、选择环保建材、采取节能设备等环保措施。

（五）“标准化＋个性化”模式

从单体民宿到民宿集群，一定会走向标准化之路。因为只有标准化才能规模化，只有规模化才能形成规模效应。而民宿的根基与核心竞争力又体现在尊重人性与差异体验上，这又要求民宿集群走个性化的道路。“标准化＋个性化”模式是指在民宿集群产品开发中，既要遵循一定的规范和标准，确保产品的基本质量和服务水平，同时也要注重产品的独特性和吸引力，以满足游客的个性化需求。

当然，以上几种模式不是单独施行的，各地区常常会根据自己的区域资源禀赋和特色开发多种适合自己的产品模式。

【同步案例】

老渔村的蝶变：北海民宿业的集群式发展

北海市海城区冠头岭山脚下的流下村曾是一个拥有 300 多年历史的老渔村，如今，这个古老的村落已然从“老渔村”变身为充满活力的“艺术村”，成为北海市民宿集群发展的典范。其转型始于 2014 年，当时两位北海的“海归”创业者看到了流下村的潜力，决定在这里打造高端民宿项目。经过两年的精心打造，“邻舍设计师酒店”成为流下村的第一家高端民宿。吸引了更多的投资者后，随着“半山半海”民宿和国际品牌梵俪酒店等项目的加入，流下村逐渐形成了一个集特色民宿、艺术文创、科教研学和休闲活动为一体的“山海艺术村”。这些民宿不仅提供了一个舒适的住宿环境，还成为文化交流和创新的平台，吸引了众多游客前来观光和体验。

北海市的民宿发展策略注重与景区景点的融合，支持在景区周边、特色旅游村镇、历史文化街区和旅游度假区等区域建设特色鲜明的民宿集群。银海区的民宿数量已超过 600 家，主要集中在疍家小镇、海泰别墅区、侨港镇电建村等地；海城区着力打造流下村高端民宿聚集区；涠洲岛则推动火山岛文化主题民宿集群的建设。除了住宿服务，北海市的民宿还推出如赶海、挖螺、捕鱼等突出本地特色的体验活动，以及旅行会议、特色餐饮、户外拓展、专业摄影、茶艺培训和主题派对等增值服务。

为了支持民宿业的发展，政府投入了大量资金完善基础设施，包括建设道路、安装路灯和排污管道、新建文化广场和停车场等。而流下村的民宿集群发展也带动了当地经济的繁荣。政府鼓励村民以入股合作或出租的形式参与旅游业，将民房交由品牌酒店装修和管理，并优先安排村民到酒店工作。这种模式不仅促进了村民的就业，还让村民成为旅游发展的受益者。

北海市的民宿集群式发展策略，不仅成功将传统渔村转型为旅游热点，还为当地民宿业的未来发展奠定了坚实的基础。通过突出地方特色、提升服务质量和丰富旅游体验，北海市的民宿业正在成为推动当地经济发展和文旅产业升级的重要力量。

第四节　我国民宿集群数字化运营管理的发展趋势与策略

数字化驱动不仅加速了我国民宿集群化的发展，而且促使了民宿集群化运营和管理模式日新月异。

一、管理模式创新将成为热点

随着民宿集群规模的不断扩大，集群内民宿数量增加，管理难度也随之提升。传统的管理模式已经无法满足集群化发展的需求，民宿集群将进行管理模式创新以适应新的市场环境。管理模式的创新主要包括技术创新模式、市场创新模式、战略创新模式和平台创新模式。

（一）技术创新模式

民宿集群将不断寻求先进的技术手段提升数字化运营管理的效率和智能化水平。除了对人工智能、物联网等技术的应用更加深入，未来民宿集群还可能在管理中引入区块链等技术，以实现交易环境的透明化，为客户财产与个人信息的保护提供保障。

（二）市场创新模式

通过数字化平台，民宿集群可以拓展新的销售渠道和市场，考虑到民宿的特色，其未来还可能更加注重用户生成内容的管理。民宿集群还可以与其他旅游相关产业进行合作，共同打造旅游生态圈，通过虚拟旅游技术和目的地推广合作开发新的获客方式。

（三）战略创新模式

战略创新模式能够帮助民宿集群识别新的市场机会、开发创新产品和服务，并构建可持续发展的商业模式。因此，未来民宿集群必须把战略创新作为持续发展的关键驱动力，合理利用机器学习、大数据算法等辅助管理决策，以适应快速变化的市场环境并实现长期成功。

（四）平台创新模式

民宿集群可以利用数字化平台，构建生态系统，实现与其他相关产业的互联互通。例如，可以与电商平台、金融机构等合作，提供支付、融资等金融服务。另外，还可以打造民宿共享平台，吸引更多的民宿加入集群，实现资源共享和协同发展。

二、全面的数字化平台建设成为常态

新形势下，文旅民宿产业正在被重构，数字化转型不仅能从内部对民宿集群进行提质升级，更能融合外部资源打造“文旅 + 民宿”的新生态。数字化平台以数字技术为依托，辅助民宿经营者智能决策，能够多维度、全场景为民宿集群赋能。例如“云掌柜”为入驻集群的民宿提供 CRS 中央预订系统，能够解决业主多渠道营销管理的难题；“百居易”的 PMS 能够直连所有主流平台，实现一键改价、自动关房、自动调度保洁等；“订单来了”PMS 支持多种住宿业态个性化经营，包括民宿集群的包栋出租、管家分配等住宿管理。

数字化平台在提升运营效率、优化客户体验、拓展市场渠道、精准把握市场需求以及推动产业升级等方面展现出巨大潜力，成为民宿集群适应市场变化、实现创新发展的关键支撑。这种综合性的优势让全面的数字化平台建设成为民宿集群未来持续发展的关键因素之一。

三、智能化的客户服务体验

随着客群的年轻化与客人对数字化技术的学习程度和适应程度的增加，智能化的客户服务体验成为民宿集群数字化运营管理的发展趋势中重要的一环。这主要是因为智能化技术的运用能够显著提高服务效率，并且根据客户的个人喜好和需求，提供更为精准、个性化的服务体验。

例如，民宿集群可设置智能迎宾，指引客人连接 Wi-Fi，介绍民宿内外部环境，解答游客食、住、行、游、购、娱等各种问题；集群内部自动连通服务平台，由保洁、外卖、物业、周边超市配合完成清洁、送餐、维系、补充用品的事务，增强客户体验；将室内任意柜体升级成为微便利柜，满足顾客烟、酒、计生用品、零食、饮料等商品需求，后台自动记账并扣费，提高客人住宿的便利性等。

四、强化营销和推广力度

面对日益激烈的市场竞争和多样化的客户需求，为了传递自身特色、拓展销售渠道，强化营销和推广力度成为我国民宿集群数字化运营管理不可避免的趋势。一方面，借助如社交媒体营销、搜索引擎优化、大数据分析等，民宿集群精准定位目标客户并制定针对性的营销策略，提升品牌曝光度和市场占有率；另一方面，集群中的民宿能够突显自身特色，在差异性营销中取得领先优势。

例如，民宿集群可以利用社交媒体，发布用户生成内容、扩大粉丝基础以提高民宿集群的曝光率；与旅游博主、意见领袖等合作，进行口碑营销和内容营销；开展线上线下活动，如特色文化体验、节日庆祝活动等，吸引更多客户。

五、绿色环保和可持续发展实践

受到消费者对环保和可持续发展日益增长的关注的推动以及政府相关法规政策的引导，未来民宿集群的运营管理方向将转向绿色环保和可持续发展。为提高竞争力、降低运营成本、体现企业社会责任、保护生态环境等，民宿集群必须积极采取环保和可持续的措施，如：

（1）使用环保清洁产品，减少对环境的影响。

（2）推广节能措施，如使用太阳能热水器、LED 灯具等。

（3）鼓励游客参与节能活动，如减少用水、用电等。

六、合作共赢与产业链协同

目前我国很多民宿集群在实质上并非“集群”，而只是类似房产开发的“群”。一个真正意义上的民宿集群不单单是整合民宿，更重要的是将高端定制游以及各种业态整合起来，成为生活方式的集群。未来这些自发型的民宿集群将慢慢由“无业态”走向“多业态”，合作共赢与产业链协同也是未来民宿集群数字化运营管理的必然趋势。民宿将持续与旅游、农业、文化等产业跨界合作，打造一个完整的产业链，实现产业间的互补与共赢。例如，民宿企业可以与当地农户合作，采购绿色有机食材；文化企业可以为民宿提供丰富的文化活动和体验项目。

七、持续改进与创新机制

持续改进与创新机制是各个行业发展的必然趋势和关键动力，对于民宿集群而言也不例外。

首先，民宿集群应定期收集游客和民宿主人的反馈意见，针对问题进行改进，这显示了民宿集群对服务质量和用户体验的深度关注。对细节的敏锐洞察和及时调整，能够确保民宿集群始终与市场需求和期望保持同步，从而维持其在竞争激烈的市场中的优势地位。

其次，鼓励民宿集群进行创新尝试，如开发新的服务模式、推出特色主题房间等。这将帮助民宿集群在同质化严重的民宿市场中与竞争对手区分开来，形成差异化竞争优势。

最后，建立激励机制，如优秀员工奖励、客户满意度调查等，提高服务质量和管理水平。这种对优质服务和客户满意度的持续追求，不仅提升了民宿集群的品牌形象，更深化了其与游客之间的情感连接，为建立长期稳定的客户关系打下坚实的基础。

八、数据安全与隐私保护更受重视

随着数字技术的迅速发展和民宿行业的不断壮大，数据安全和隐私保护已经成为民宿集群不可忽视的重要问题。这不仅是因为其符合严格的法律法规要求，更是因为其满足了现代消费者对个人信息和隐私权益的日益关注的需求。在这一趋势下，未来民宿集群可以采取如下措施：

（1）建立严格的数据管理制度，确保游客和民宿主人的个人信息不被泄露。

（2）使用加密技术和安全措施，保护交易和支付数据的安全。

（3）定期对系统进行安全审计和漏洞检查，及时发现和解决潜在的安全风险。

九、民宿集群将更加注重企业文化建设

文化是民宿区别于其他形式住宿的显著特征，也是民宿发展的必要因素之一。在目前的民宿市场中，大多数民宿致力于营造住宿环境，很多小规模单体民宿，甚至也有很多高星级民宿，都未曾重视自身的文化注入。

民宿集群是由多家民宿和相关产业集聚而成，团队凝聚力和共享协作能力对其至关重要。通过建立企业文化，打造共同的文化氛围，能够提高民宿集群成员对集群的归属感，增强对集群的价值认同。

十、民宿集群化发展和美丽乡村建设紧密结合

《中共中央 国务院关于做好2023年全面推进乡村振兴重点工作的意见》提出“实施文化产业，赋能乡村振兴计划”。乡村振兴，产业先行，而民宿产业正是增加农民收入的重要支撑之一。依托得天独厚的自然资源与生态环境，乡村地区民宿的集群化发展形势喜人。在“十四五”规划的引领下，各地针对民宿的利好消息频传，纷纷出台政策支持民宿集群化发展，并带动关联产业，以民宿经济撬动乡村振兴，目前已取得一定成效。预计未来该趋势将持续增长，民宿集群发展和美丽乡村建设将更加紧密融合、渗透。

【本章小结】

本章主要对民宿集群的数字化运营与管理进行了全面、深入的探讨。首先，本章对民宿集群的概念、发展历程以及产品特征进行了概述，并列举了我国民宿集群的主要分布地区。通过了解民宿集群的基础知识和背景，为后续的数字化运营与管理讨论奠定了基础。其次，本章分析了民宿集群数字化运营与管理的优劣势，包括资源共享、品牌效应、规模经济、政策支持等优势，以及竞争激烈、管理难度加大、投资风险等劣势，以便于更全面地理解民宿集群数字化运营与管理的挑战与机遇。

在此基础上，本章详细介绍了我国民宿集群运营与管理的主要模式，包括建设投资模式、用地模式以及产品开发模式，并为读者提供了丰富的参考和实践案例。最后，本章讨论了我国民宿集群数字化运营与管理的发展趋势，指出了如管理模式创新、全面的数字化平台建设、智能化的客户服务体验、强化营销和推广力度、绿色环保和可持续发展实践、安全管理系统建设、合作共赢与产业链协同、持续改进与创新机制、数据安全与隐私保护以及员工培训与团队建设等方向。这些发展趋势不仅描绘了民宿集群数字化运营与管理的未来蓝图，也为行业的发展提供了指导方向。

【思考与练习】

1. 解释民宿集群的概念，并思考它与单体民宿有何区别。

2. 我国民宿集群运营管理的优劣势是什么？思考数字化如何帮助其克服劣势。

3. 在数字化运营的趋势下，我国民宿集群投资建设模式和用地模式可能会如何发展或变化？

4. 结合我国民宿集群数字化运营管理的发展趋势，讨论在数字化背景下，民宿集群如何提供更优质的客户服务体验。

【案例分析】

黄河·宿集：沙漠与黄河的交响诗

在宁夏中卫，黄河的波涛与腾格里沙漠的沙海交织出一幅大自然最为壮阔的画卷。在这幅画中，有一颗璀璨的明珠——黄河·宿集，它不仅是一种新兴的旅游业态，更是当下多元化、个性化民宿市场中的和璧隋珠。

1. 文旅融合——诗意二重奏

黄河·宿集位于中卫市沙坡头区常乐镇的大湾村，这里曾是一个因兴建水利工程而搬迁的古村落。2018 年，浙商陈祖品在此引入多个民宿品牌，共同打造了一个全新的旅游度假目的地。黄河·宿集，这个名字本身就蕴含着诗意。它不仅是一片民宿的集合，更是一种文化的传承与创新。在这里，古老的黄河文化与现代的旅游理念交织，为游客带来了一场穿越时空的旅游。

黄河·宿集的成功，不仅在于其独特的地理优势和深厚的文化底蕴，更在于其深度挖掘和展示黄河文化的能力。黄河·宿集的设计理念是“尊重在地文化，尊重自然融合”，建筑材料主要选用当地的石头、木头和泥巴，力求复原当地建筑的原始风貌。走在用当地石头铺就的小径上，仿佛能听到历史的回声；坐在由木头和泥巴建造的民宿中，又能感受到现代生活的舒适与便利。这种文旅融合的新模式，让游客在享受自然美景的同时，也能深入体验到黄河文化的深厚底蕴。

2. 商业模式——活力新乐章

黄河·宿集的商业模式，就像一首充满活力的进行曲。它打破了传统的旅游业态，引入了集群效应，让各家民宿品牌在这里相互辉映，共同成长。

创始人陈祖品，就像一位精明的指挥家，巧妙地调动着资源，让每一个参与的品牌都能发挥出最大的潜力。他投资 70%，为各家民宿品牌建造房屋和设施，然后租给这些品牌运营，极大地减轻了投资者的压力；黄河·宿集还组织物业团队，通过平摊物业管理费用，实现了良性发展。

黄河·宿集内的民宿品牌各具特色，相互之间形成了互补和共赢的局面。这种集群效应不仅吸引了大量游客，也为当地创造了更多的就业机会。黄河·宿集的商业模式不仅为投资者带来了可观的经济收益，也为当地经济发展注入了新的活力。

3. 企业使命——爱的赞美诗

黄河·宿集的发展，始终伴随着对社会责任的深切关怀。它不仅为游客提供了一个回归自然、体验文化的平台，更为当地居民提供了就业机会，帮助他们改善生活。黄河·宿集的员工大多来自本地，他们的脸上洋溢着自豪和满足，这是黄河·宿集给予他们最宝贵的礼物。同时，黄河·宿集还致力于保护和传承当地的传统文化，让古老的手工艺在这里焕发新生。例如，为了复原当地建筑房顶特有的手工席子，团队跑遍宁夏寻找老手艺人。此外，黄河·宿集还邀请了当地从事古建筑保护的手绘师参与规划设计，修复当地特色建筑。同时，黄河·宿集还通过推广当地特产和手工艺品，帮助当地村民增收致富，实现了旅游发展与社会责任的有机结合。

4. 政策扶持——和谐交响乐

黄河·宿集的发展离不开政府的积极推动。中卫市政府充分利用当地的自然资源和文化优势，大力支持文旅产业的发展。政府通过提供政策支持、改善基础设施、提升公共服务等措施，为文旅产业的发展创造了良好的环境。

政府还通过推动文旅融合，打造了一系列具有标志性、引领性、带动性的文旅 IP，如“沙漠水城、云天中卫”等，进一步提升了中卫的品牌形象。此外，政府还积极参与到文旅项目的规划和推广中，如沙漠星星酒店、沙漠星空探秘营地等，这些项目不仅丰富了旅游产品，也推动了当地经济的高质量发展。

黄河·宿集，这个在黄河之畔、沙漠之边崛起的旅游新地标，正以其独特的魅力吸引着全世界的目光。它不仅是一个旅游目的地，更是一种生活态度的展现。在这里，每个人都能找到属于自己的诗和远方，感受到黄河文化的无穷魅力。随着文旅产业的不断发展，黄河·宿集必将成为全国乃至全球文旅融合的新典范，继续书写它的辉煌篇章。

问题：

1. 民宿集群相比单体民宿在运营管理中有哪些优势？
2. 用本案例分析政府在民宿集群建设中可以如何作为。
3. 黄河·宿集能迅速被市场和社会关注，其卖点在哪里？
4. 为什么说社会责任是企业家的使命担当？

参考文献

［1］过聚荣．民宿蓝皮书：中国旅游民宿发展报告（2019）［M］．北京：社会科学文献出版社，2020.

［2］文化和旅游部，公安部，自然资源部，等．文化和旅游部 公安部 自然资源部 生态环境部 国家卫生健康委 应急管理部 市场监管总局 银保监会 国家文物局 国家乡村振兴局关于促进乡村民宿高质量发展的指导意见．文旅市场发〔2022〕77 号［EB/OL］．（2022-07-08）［2023-12-07］. https://zwgk.mct.gov.cn/zfxxgkml/scgl/202207/t20220718_934745.html.

［3］林馥榆．体验“秋水共长天一色”的浪漫江南 青浦民宿邀你“居家江南”浪漫赏秋［EB/OL］.（2023-10-18）［2023-12-07］. https://www.cnr.cn/shanghai/tt/20231018/t20231018_526455571.shtml.

［4］李琳．解锁崇明网红民宿村的红色共治财富密码［EB/OL］.（2023-10-27）［2023-12-07］. https://sghexport.shobserver.com/html/baijiahao/2023/10/27/1161702.html.

［5］冉梦蝶．霞关将建民宿群酒店 总投资 10 亿元［EB/OL］.（2019-12-31）［2023-12-07］. https://www.cncn.gov.cn/art/2019/12/31/art_1255455_41398239.html.

［6］上海市人民政府．关于进一步促进上海乡村民宿健康发展的指导意见．沪府办规［2022］4 号［EB/OL］.（2022-03-18）［2023-12-07］. https://www.shanghai.gov.cn/cmsres/d3/d3a9032ceff143adb833275b8c9ac4f9/751ebfa38b269046d1de6b496b8d0887.pdf.

［7］上海市农业农村委员会．关于推动上海乡村民宿高质量发展的若干措施．沪农委规［2023］14 号［EB/OL］.（2023-11-22）［2023-12-07］. https://nyncw.sh.gov.cn/shsnwgfxwj/20231122/5bc621c2baf74879a7cd3d6ca5f37bbb.html.

［8］醒醒的设计本儿．如何通过民宿集群打造乡村品牌？［EB/OL］.（2023-09-22）［2023-12-07］. http://www.sydcch.com/chanyedichan/xiangcunzhenxing/2023/0922/9727.html.

［9］民宿设计师．民宿改造丨阳朔糖舍——带着记忆的老糖厂，变身新时代精品度

假村［EB/OL］.（2019-03-11）［2023-12-07］. https://baijiahao.baidu.com/s?id=1627677227460443142&wfr=spider&for=pc.

［10］广西新闻网 . 北海推动民宿业特色化集群式发展 民宿与景点相融 老渔村变“网红村”［EB/OL］.（2023-06-05）［2023-12-07］. https://baijiahao.baidu.com/s?id=1767834986047112158&wfr=spider&for=pc.

［11］谢斌 . 黄河・宿集：奏响文旅融合高质量发展的“春之曲”［EB/OL］.（2023-06-04）［2023-12-07］. http://www.nxgcdr.net/sz/tbbd/202306/t20230604_733746.html.

［12］Porter M E. Clusters and the new economics of competition［J］. Harvard business review，1998，76（6）.

［13］傅为，傅玉敏 . 皖南民宿集聚化发展探析［J］. 安阳工学院学报，2020，19（05）：46-48.DOI：10.19329/j.cnki.1673-2928.2020.05.012.

［14］李跃军，汤蓉岚 . 浙江省民宿业空间集聚驱动机制与优化路径［J］. 台州学院学报，2020，42（05）：43-49.DOI：10.13853/j.cnki.issn.1672-3708.2020.05.009.

［15］新旅界研究院 . 新旅界研究笔记 | 上海迪士尼加速扩建新项目 民宿市场开始集群化发展（第 50 周）［EB/OL］.（2019-12-16）［2023-12-07］. https://xueqiu.com/8032522061/137448536.

［16］旅游大百科 . 民宿集群的本质是社区运营［EB/OL］.（2023-08-10）［2023-12-07］. https://www.sohu.com/a/71090548_121119242.

［17］刘颖，张磊 . 安徽泾县：民宿产业助力乡村振兴［EB/OL］.（2023-09-13）［2023-12-07］. http://ah.people.com.cn/n2/2023/0913/c374164-40568706.html.

［18］罗仲伟 . 如何理解产业基础高级化和产业链现代化［EB/OL］. 光明网，2020-02-04. http://news.gmw.cn/2020-02/04/content_33521478.htm.

［19］2022 年中国主要城市住房空置率调查报告 . 贝壳研究院，2022-08-05.

［20］飞猪旅行网 . 小猪民宿发布《2023 年中国民宿行业洞察报告》，“旅游 +”造就城市“出圈”名场面 . 环球旅讯，https://traveldaily.cn/article/176247.

［21］2023 年上半年乡村民宿发展报告 . 途家民宿网，2023-09-06.

［22］马勇，唐海燕 . 中国民宿发展的新趋势、关注焦点与系统创新 . 民宿蓝皮书：中国民宿发展报告（2020—2021）.

［23］尹效国 . 管理哲学视域下企业文化建构探析［J］. 企业经济，2016（9）：74-78.

［24］理查德・巴雷特和罗伯・戈夫 . 企业文化与绩效［M］. 北京：中国人民大学出版社，2004.

［25］约翰・P. 科特，詹姆斯・L. 赫斯克特 . 企业文化［M］. 北京：机械工业出版

社，1992.

［26］刘光明．企业文化学［M］．北京：中国人民大学出版社，2007.

［27］特伦斯·迪尔，艾伦·肯尼迪．企业价值观管理：实践指南［M］．北京：中国人民大学出版社，1989.

［28］吉姆·柯林斯．企业文化与领导力［M］．北京：清华大学出版社，2002.

［29］埃德加·沙因．组织文化与领导力［M］．北京：中国人民大学出版社，1999.

［30］克莱顿·克里斯滕森，杰瑞米·考夫曼．创新者的解答：颠覆性创新如何改变竞争格局［M］．北京：中信出版社，2014.

［31］吉姆·柯林斯，詹姆斯·C. 柯林斯．基业长青：企业永续经营的法则［M］．北京：中信出版社，2005.

［32］甘胜军，孙玉琴．邮轮运营管理［M］．北京：旅游教育出版社，2020.

［33］中华人民共和国民法典［Z］．北京：中国法制出版社，2021.

［34］李昌麒，许明月．消费者保护法［M］．北京：法律出版社，2021.

［35］《〈中华人民共和国旅游法〉解读》编写组．《中华人民共和国旅游法》解读［M］．北京：中国旅游出版社，2013.

［36］中华人民共和国文化和旅游部等政府官方网站．

［37］Hon，A. H.，& Lu，L. The mediating role of trust between expatriate procedural justice and employee outcomes in Chinese hotel industry［J］. International Journal of Hospitality Management. 2010，29（4）：669-676.

［38］李燕萍，李乐，胡翔．数字化人力资源管理：整合框架与研究展望［J］．科技进步与对策，2021，38（23）：151-160.

［39］韩晓莹．酒店及旅游业人力资源管理［M］．杭州：浙江大学出版社，2019.

［40］汤秀丽．新时代人力资源管理理论创新与实践研究［M］．北京：中国水利水电出版社，2019.

［41］刘凤瑜．人力资源服务与数字化转型：新时代人力资源管理与新技术融合［M］．北京：人民邮电出版社，2020.

［42］姜红．酒店运营管理［M］．武汉：华中科技大学出版社，2020.

［43］李志刚．酒店人力资源管理［M］．重庆：重庆大学出版社，2016.

［44］李勇，钱晔．数字化酒店［M］．北京：人民邮电出版社，2021.

［45］张正堂，刘宁．HR 共享服务整体架构与数智技术下的升级［M］．北京：中国人民大学出版社，2022.

［46］菲利普·科特勒．营销管理（第 13 版）［M］．北京：中国人民大学出版社，2009.

[47] 吴玮 . 台湾民宿业发展现状及数字化营销策略研究 [J] . 泉州师范学院学报，2015，33（03）：100–105.

[48] 黄春萍，王芷若，马苓，等 . 跨界营销：源起、理论前沿与研究展望 [J] . 商业经济研究，2021（04）：80–82.

[49] Gassmann O，Zeschky M. Opening up the solution space：The role of analogical thinking for breakthrough product innovation [J] . Creativity and Innovation Management，2008，17（2）：97–106.

[50] 时炼波，张俐华 . 论精准营销的内涵与实施策略 [J] . 企业经济，2009（08）：90–92.

[51] Zabin J，Brebach G. Precision marketing：The new rules for attracting，retaining，and leveraging profitable customers [M] . John Wiley & Sons，2004.

[52] 李怀斌 . 市场营销学 [M] . 北京：清华大学出版社，2007.

[53] 欧阳卓飞 . 市场营销调研 [M] . 北京：清华大学出版社，2016.

[54] Schmitt B. Experiential marketing [J] . Journal of marketing management，1999，15（1–3）：53–67.

[55] 郭国庆 . 体验营销新论 [M] . 北京：中国工商出版社，2008：4–7.

[56] 郑锐洪，杨蕾 . 体验营销：顾客体验价值形成与实现的二维路径 [J] . 经济问题探索，2012（08）：86–89.

[57] Peter F. Drucker. 管理的实践 [M] . 北京：机械工业出版社，2018.

[58] 刘磊 . 现代企业管理 [M] . 北京：北京大学出版社，2019.

[59] RichardMetters，KathrynKing–Metters，MadeleinePullman. 服务运营管理 [M] . 金马，译 . 北京：清华大学出版社，2004.

[60] 菲茨西蒙斯 . 服务管理 [M] . 北京：机械工业出版社，2013.

[61] GRONROOS C.Service Management and Marketing：Managing the Moment of Truth in Service Competition [M] . UnitedState：Lexington Book，1990.

[62] 企业内部控制编审委员会. 企业内部控制基本规范及配套指引案例讲解 [M] . 上海：立信会计出版社，2017.

[63] Hewett T T，Baecker R，Card S，et al. ACM SIGCHI curricula for human–computer interaction [M] . ACM，1992.

[64] Dove G，Halskov K，Forlizzi J，et al. UX design innovation：Challenges for working with machine learning as a design material [C] //Proceedings of the 2017 chi conference on human factors in computing systems. 2017：278–288.

[65] 赵沁平 . 虚拟现实综述 [J] . 中国科学（F 辑：信息科学），2009，39（01）：

2–46.

［66］宋荟柯 . 把握“数字游民”崛起新趋势［EB/OL］.（2023–08–28）. https://mp.weixin.qq.com/s?__biz=MzA3ODMwNDgxNQ==&mid=2650634519&idx=3&sn=37a2447cb9a3f590d9022158a8c14267&chksm=874d1a57b03a9341789c6d106b98f04ffeb63978933db7afdbfdb5c4bd182efdf544067594a0&scene=27.

［67］张艺驰 . 旅游民宿发展的现状、问题与对策［N］. 中国旅游报，2023–09–08.

［68］魏正聪 . 探索场景理论的乡村文旅融合发展思路［EB/OL］. 光明网，2023–01–12. https://m.gmw.cn/baijia/2023–01/12/36298485.html.

［69］梁汉 . 在地建造理论引导下的南宁民宿设计策略研究［D］. 广西大学，2022. DOI：10.27034/d.cnki.ggxiu.2022.002266.

［70］孔琳 . 智能家居在民宿设计中的应用研究［D］. 广西师范大学，2020.DOI：10.27036/d.cnki.ggxsu.2020.000170.

［71］中原新闻网 . 智能化带来民宿入住新体验［EB/OL］.（2023–10–18）［2023–11–17］. https://baijiahao.baidu.com/s?id=1780086428914106932&wfr=spider&for=pc.

［72］朱文文 . 安徽：插上“智慧翅膀”的乡村民宿更有活力［EB/OL］.（2023–06–01）［2023–11–17］. https://www.mct.gov.cn/whzx/qgwhxxlb/ah/202306/t20230601_944147.htm.

［73］梦思特科技 MLCN. 拥抱你的数字化用户：旅游酒店行业用户体验设计案例分享［EB/OL］.（2021–07–07）［2023–11–17］. https://baijiahao.baidu.com/s?id=1704610812162390322&wfr=spider&for=pc.

［74］Jeon M M，Lee S，Jeong M. e–Social influence and customers’ behavioral intentions on a bed and breakfast website［J］. Journal of hospitality marketing & management，2018，27（3）：366–385.

［75］Jeong M. An exploratory study of perceived importance of web site characteristics：The case of the bed and breakfast industry［J］. Journal of Hospitality & Leisure Marketing，2004，11（4）：29–44.

［76］Zekanovic–Korona L，Grzunov J. Evaluation of shared digital economy adoption：Case of Airbnb［C］//2014 37th International Convention on Information and Communication Technology，Electronics and Microelectronics（MIPRO）. IEEE，2014：1574–1579.

［77］Troisi O，Visvizi A，Grimaldi M. Digitalizing business models in hospitality ecosystems：toward data–driven innovation［J］. European Journal of Innovation Management，2023，26（7）：242–277.

［78］李燕琴，于文浩，柏雨帆 . 基于 Airbnb 网站评价信息的京台民宿对比研

究［J］. 管理学报，2017，14（01）：122–128，138.

［79］房孟春，曲颖 . 基于文本评论的在线民宿信誉评价指标关注度研究［J］. 地域研究与开发，2018，37（05）：123–127.

［80］LEO L，刘键，谭颖玲 . 基于群智能与案例推理的民宿酒店服务设计探究［J］. 包装工程，2022，43（04）：348–356.DOI：10.19554/j.cnki.1001–3563.2022.04.043.

［81］刘羽嘉，潘滨，李东泽，等 . 民宿无人值守智能管理系统设计与实现［J］. 工程设计学报，2020，27（03）：389–397.

［82］杨明川 . 企业数智化转型之路［M］. 北京：机械工业出版社，2022.

［83］小红书“抢食”民宿市场［EB/OL］.http://www.380322.com，2023–05–02.

［84］宁夏“酒旅”融合绘出贺兰山下新风景［EB/OL］.https://baijiahao.baidu.com，2023–12–23.

［85］天津打造“民宿 +”产业，培育乡村旅游新引擎［EB/OL］.https://www.tj.gov.cn/sy/zwdt，2022–01–18.

［86］旅游民宿基本要求与等级划分［M］. 北京：中国标准出版社，2022.

［87］史丹 . 酒店个性化服务的八大策略［J］. 企业活力，2006（9）：48–49.

［88］黄爱时 . 谈酒店个性化服务［J］. 中山大学学报论丛，2007，27（12）：289–291.

［89］Lee D，Larose R. The impact of personalized social cues of immediacy on consumers information disclosure：a social cognitive approach［J］. Cyber Psychology Behavior & Social Networking，2011，14（6）：337–343.

［90］鲁瑶 . 酒店标准化服务与个性化服务的创新融合［J］. 环渤海经济瞭望，2021（3）：44–45.

［91］黄果树旅游区：“民宿 +”为民宿发展注入新活力［EB/OL］.https://baijiahao.baidu.com，2023–12–23.

［92］中国饭店协会 . 乡村文旅产业振兴需新模式、新活力［EB/OL］.（2022–11–09）［2023–12–08］.https://mp.weixin.qq.com/s/K5p18Cn83IUrO011Y_fYJw.

［93］色宁科技 . ChatGPT：招聘流程中的虚拟招聘专家［EB/OL］.（2023–06–01）［2023–12–10］. https://baijiahao.baidu.com/s?id=1767478188611607534.

［94］潮宿 . 潮宿“AI 赋能民宿管家”遗产教育项目［EB/OL］.（2023–10–01）［2023–12–10］. https://mp.weixin.qq.com/s/zQRQjycaFeUS15eyz9dZxg.

［95］罗赟鹏 .“数字木兰”民宿管家培训计划持续进行　打通民宿管家的职业进阶之路［N/OL］. 中国旅游报，（2023–10–09）［2023–12–12］.http://www.ctnews.com.cn/rcjy/m/content/2023–10/09/content_150464.html.

［96］伙伴云．景咖美宿：高品质民宿的数字化管理之道［EB/OL］．(2023-09-12)［2023-12-15］. https://www.huoban.com/blog/article/anli_jingkameisu.

［97］空间秘探．Z 世代民宿房东——高学历的斜杠青年［EB/OL］．(2023-08-07)［2023-12-20］. https://baijiahao.baidu.com/s?id=1773532574565654253.

［98］天创文旅．三皮说文旅：民宿 +，一种新生活场景的营造［EB/OL］．(2022-09-07)［2023-11-28］. http://www.tianchuangren.com/a_910.html.

［99］"北京白塔寺'未来之家'/ dot Architects"［Baitasi House of the Future / dot Architects］18 10 月 2017. ArchDaily. Accesed 8 4 月 2024. https://www.archdaily.cn/cn/881718/bai-ta-si-wei-lai-zhi-jia-dot-architects.

［100］王真真，曲亭亦．途家联手京东打造的"生活美学屋"上线 住宿领域的跨界热度持续［EB/OL］．(2018-10-12)［2023-11-28］. https://www.bjnews.com.cn/detail/155153336314420.html.

［101］周衿沉．裸辞的年轻人，困在"数字游民"里［EB/OL］．(2023-08-09)［2023-11-28］. https://www.tmtpost.com/6652204.html.

［102］智哪儿媒体．语自在老杭州：质朴素颜的杭州老墙门民宿，全智能心脏［EB/OL］．(2018-11-08)［2023-11-28］. https://www.163.com/dy/article/E046RVQH0511TS61.html.

［103］蓝永前．北海推动民宿业特色化集群式发展 民宿与景点相融 老渔村变"网红村"［EB/OL］．(2023-06-05)［2023-12-07］. https://baijiahao.baidu.com/s?id=1767834986047112158&wfr=spider&for=pc.

［104］章丽华．未来民宿行业升级之路——集群开发模式探讨［J］．西部旅游，2022(04)：70-72.

［105］中国警察网，https://news.cpd.com.cn/n3559/1123/t_1111454.html，2023-11-16.

［106］张楷欣．途家民宿升级线上房源审核机制确保房源信息真实合规［EB/OL］．中国新闻网，https://www.chinanews.com.cn/business/2019/11-13/9006247.shtml，2019-11-13.

图书在版编目（CIP）数据

民宿数字化运营管理 / 刘灵傲主编. -- 北京 : 旅游教育出版社, 2024. 8. -- ISBN 978-7-5637-4740-5

Ⅰ. F719.2

中国国家版本馆CIP数据核字第2024BK5627号

全国旅游专业规划教材

民宿数字化运营管理

主审　孙玉琴

主编　刘灵傲

副主编　余楚凤　王雨璇

责任编辑	陈　志
出版单位	旅游教育出版社
地　　址	北京市朝阳区定福庄南里 1 号
邮　　编	100024
发行电话	（010）65778403　65728372　65767462（传真）
本社网址	www.tepcb.com
E - mail	tepfx@163.com
排版单位	北京旅教文化传播有限公司
印刷单位	三河市灵山芝兰印刷有限公司
经销单位	新华书店
开　　本	787毫米×1092毫米　1/16
印　　张	17.75
字　　数	295 千字
版　　次	2024 年 8 月第 1 版
印　　次	2024 年 8 月第 1 次印刷
定　　价	45.00 元

（图书如有装订差错请与发行部联系）